你知道 我的感覺 很好

披頭四、普魯斯特、希區考克的快樂找尋

梁濃剛——著

目錄

第二章　你知道我的感覺很好／95

第三章　美星、美食、母親、死亡動力／151

第一部分　希區考克／152

序

本書所寫的文化記憶，為數不多，只有二三個案，這顯然意味了作者的某種選擇，甚至是一種價值的取捨。然而，作者感覺到，這些選擇和取捨，又並非真正是作者本人所主宰和主控的：這些個案似乎是在長期的記憶流程中自然確立的結果。換言之，記憶替我們作出了決定。

個案雖然為數不多，卻又歷時甚長，甚至跨越世紀的界線，遠遠超出個人的生命週期，因而，它們又不能說真正是作者本人的記憶。可以說，記憶有着某種先於個人的生命，集體記憶不由分說地支配了個人的記憶。

這裡的五項個案中，最早的兩人，「余生也晚」，在我還沒有記憶之前，早已經是眾人的文化記憶中重要的部份。他們是維也納的精神分析始創人佛洛伊德（一八五六—一九三九）和法國小說家普魯斯特（一八七一—一九二二）。雖然近在咫尺，兩人生平素未謀面，但是，透過不同的途徑，兩人不約而同地扭轉了我們的記憶觀，讓我們看到：記憶是不可靠的。但兩人引伸而出的訓示，又幾乎完全沒有甚麼共鳴的地方。在佛洛伊德那裡，記憶是一切精神困擾的大溫床，滋生出來的種種精神病症是無可治癒的。普魯斯特未敢苟同。只要將記憶放回到時間的長河中，「放縱」自我，瞻前顧後，生命即會展現出豁然開朗的境界。兩種記憶觀，選擇似乎擺在你的面前，任由取捨。是否就是這樣？

其餘的三個個案，或多或少，分屬作者的同代人，因而，在記憶的運作體系中，作者又有點「與有榮焉」的感覺，一些劃時代的文化時刻關頭能夠成為個人的第一身和第一手的記憶體驗，老兄，「你真不知道你是多麼的幸運！」一九五九年，美國電影導演希區考克（原為英國人）的《觸目驚心》（*Psycho*）令全球觀眾為之膽破心驚，從黑暗的電影院出來，外面的世界同樣那麼黑暗。同年，法國電影導演高達（原瑞士裔）完成第一部劇情片《斷了氣》（稍後在一九六零年公映），雖然戲中主角最後斷了氣，但人們從影院走出來，感覺到巴黎沐浴在一片春天的氣息中，主調是一片生機，電影和人生，充滿無限可能性，人們走起路來，步履彷彿也變得特別輕快。但是，在當年的一手記憶過程中，有多少人會即時那麼敏銳地感覺到，希區考克和高達會一再被評為世界最傑出的兩位電影導演，更不要說可以即時整理出這兩者的歷史性衡接：頂峯的千錘百煉的希區考克開始其衰落之路，看似雜亂無章的高達所展示的一條新路向，則標誌了一個新電影紀元的誕生。這兩部精彩的影片同步在一九五九年完成的新舊交替，適逢其會的觀眾能不感到「與有榮焉」？

"You don't know how lucky you are, boy!"這是保羅．麥卡尼的一句歌詞。在二十世紀的集

體文化記憶中，論披頭四的普及性和卓越性，恐怕再沒有另一個可堪比擬的個案例子了。不可思議的是，時至今天，樂隊的生命週期雖早已結束，樂隊的記憶生命仍在不斷地更新和再生。「結他樂隊現在落伍了。」當年迪卡唱片公司行政人員狄克．盧的這一名句，今天，我們覺得有其某種「親切」、「可愛」的失誤味道，儘管在當事人的記憶中，他當年並沒有說過這句話。

記憶並不可靠，或至少是富爭議性的，不管是眾人或個人的記憶。但我們無法避開或否認記憶。事實上，思考記憶是我們偏愛的一種活動。我們要追問：某一經驗，某一事件，某一人物，某一特定時空的內容，意義在哪裡，對自己的意義，對身邊的人的意義等等，一切一切。然而，我們發現，記憶並不是一回被動的事情，靜待我們的翻查。我們每次打開某一記憶的檔案，這個檔案即會自動更新，快速搜至當下的這一刻，內容更新，意義同步更新。我們以為找到了某一記憶的意義，實際上是「更新」後的記憶自行為我們賦上它們的意義。

在卷一這裏，作者引述了披頭四另一成員約翰．藍儂的一句曲詞：「你知道我的感覺很好。」感覺好與不好，涉及到快樂或者不快樂，這正是時下不少人樂此不疲的一個討論課題。但在這裡所討論的文化個案中，藍儂的特定快樂觀只屬例外而非常規，更多的聲音在訴說感覺並不那麼好的一面。不但這樣，在這項世紀文化個案的記憶思考過程中，不斷更新的訊息在在提示我們這樣的一種情況：不好的感覺如果是常規而非例外，那麼，今後的情況恐怕依然如此！

情況困難的時候，我們相信披頭四。「我們總會找到辦法的。」（“We can work it out”）我們相信，樂觀是我們思考文化記憶的快樂指引。

出版說明

1.〈世紀文化二三記憶〉系列共三卷，卷一《你知道我的感覺很好》可以稱之為「快樂篇」，卷二和卷三分別為「愛情篇」和「歷史篇」，往後出版。

2.本書的資料引述，出處不另作注釋說明，但全部會用引號表明，而上文下理也應該有助於區分何者為引述，何者不是。作者會在卷三提供一項主要的參考書目名單，以作補充。

3.本書涉及的外語姓名、作品名稱等等，台灣、香港、中國大陸的中譯各有不同，這裡並無統一的處理，而較多採用了台灣的譯法，但基本上會用括號提供原文名稱。

4.普魯斯特的法文小說 **À la recherche du temps perdu**，第一個英譯者為查爾斯・斯科特・蒙克里夫（**Charles K Scott Moncrieff**）。他在一九二二年完成小說第一卷（**Du Côté chez Swann**）的英譯，取名為《斯璜的路》（*Swann's Way*），但借用了莎士比亞第三十首十四行詩的半句話 **Remembrance of Things Past** 作為英譯的總書名。英譯版本面世不久，普魯斯特即告離世。但臨終前，病危的普魯斯特仍然奮力用法文給蒙克里夫寫了一封信，在表示謝意之餘，對卷一和對全書的總名譯法，提出了意見，特別是總書名的部份。他說，法文中的temps perdu含有一種逝去了的時間和浪費了的時間（Lost Time/Wasted Time）的曖昧性，這個題旨在最後一卷「再次尋回時間」中會重新浮現。這是他的一種刻意構想安排，而現在的英譯似乎表達不出這種意思。新近去世的美國文學評論家哈羅德．布魯姆（Harold Bloom）在其《西方正典》（*The Western Canon*／台灣、中國大陸均有中譯本，書名譯法一致）一書中申述了同樣的意見，指出蒙克里夫的書名譯法，意思有誤導之嫌，但是，憶起種種前塵往事的說法詩意盎然，極富意境，早已深入民心，恐怕不易取代。然而，隨著時間的推移，英國企鵝出版社在二〇〇〇年推出的由七人組成的翻譯團隊合力完成的全新譯本，總書名已追隨蒙克里夫的翻譯「接班人」特倫斯．基爾馬丁（Terence Kilmartin）的修訂，改為In Search of Lost Time。布魯姆的「恐怕」憂慮，「恐怕」也會慢慢成為過去了，但蒙克里夫英譯整體的卓越表現，其奠基性的地位，則「恐怕」也是無可動搖之事。

二〇〇一年，中國譯林出版社出版了由十五人合力完成的中譯本，稱為《追憶似水年華》。書前「編者的話」有此交代：「關於此書的譯名，我們曾組織譯者專題討論，也廣泛徵求過意見，基本上可歸納為兩種譯法：一種直譯為《尋求失去的時間》；另一種意譯為《追憶似水年華》。鑒於後一種譯名已較多地在報導上採用，按照「約定俗成」的原則，我們暫且採用這種譯法。」中譯本至今已重印多次，最後一次我看到的日期為二〇一五年五月的第十五次印刷，書名並無改動。作者在這裡則選擇譯為《找尋失落了的時間》。純粹追憶逝去了的光陰，只能徒增感傷，顯然不是普魯斯特的本意，只有找尋，才有重新得回的喜悅，只有用心細思我們為何虛渡和浪費了時間，我們才能真正領略再生的意義。普魯斯特垂危之際，仍要向蒙克里夫「刻意」強調消逝和失落的曖昧二重性，他的話不能說得再清楚的了！

5.佛洛伊德的英譯運程與普魯斯特的情況彷彿如影隨形，進退一致。他的第一代英譯者同樣成為其著作在英語世界中的廣泛傳播的奠基者。從一九五三年至一九七四年，英國人詹姆斯．斯特雷奇（James Strachey）在三數人（包括佛洛伊德的女兒安娜）協助下，實際上有如單槍匹馬，完成了合共二十六大卷的《佛洛伊德心理學著作全集》標準版的英譯，被稱為所有語文中最完備和最具權威性的一個佛洛伊德著作版本；到了七十年代初期，企鵝出版社在這個全集基礎上，編選出共十五卷平裝本的「塘鵝版佛洛伊德叢書」，成為佛洛伊德學說在英語世界中普及化的最大貢獻因素。像蒙克里夫一樣，詹姆斯的一番功業，其奠基性的地位可說也是無可動搖的。

然而，隨著時間的推移，企鵝出版社在二〇〇〇年同樣推出了由亞當．菲利普斯（Adam Phillips）主編的合共十五卷的「新企鵝佛洛伊德」叢書（The New Penguin Freud），因應新時代的情況，作出了一系列的編選改動。作者在本書所引述的佛洛伊德資料也主要以這套新叢書為依據。至於新舊兩個版本的一些異同比較，在本系列的內文中會有所說明。

作者

二〇一九年十二月

For Judy

A Celebration of the Colours of Rainbow

第一章

二十世紀最大的兩宗文化遺棄

I. 披頭四（The Beatles）

狄克．盧（Dick Rowe，迪卡唱片公司高層）：「吉他樂隊落伍了。」

一、三城記：利物浦、巴黎、漢堡

2-3-5-4-4。

2是一切的開始。這是一個抹除過去、開闢未來的數字，這是一切偉大特性的界定條件。這個2並非純粹只是天才的組合，雖然天才毫無疑問是不可或缺的元素，更重要的是，這個2的形成和存在，似乎只為了一個目的：為世上帶來喜悅與歡樂，尤其當喜悅與歡樂已普遍成為人們遺忘或者失落了的條件。這個2，一旦形成，就是一種日以繼夜、心無二用的勞動存在，凝固為一股澎湃力量，一往無前。但是，在其目標完成之際，2的解散，就像其當初的結合，同樣是那樣的不可避免，這是一切神話特性的界定條件。不過，2在當前的任務，是先要完成其最終的組合。3早就受命在側，其迅速的歸位，彷彿是一種設定的安排：在餘下的相對「漫長與迂迴的路途」中，3似乎默默地在提供一種化危為安的輔航作用。從3到5則是一種野心過大的膨脹，意味了有所犧牲勢所難免。返回到4，看來這才是它的真正命運，但4的重複出現，則說明了真命天子的最終到位，有所犧牲同樣是勢所難免之事，但5的曇花一現，卻顯露了另外的玄機。5會在這條神奇的數字鍊中發揮其特殊的作用：它不在組合之內，但它又是組合如影隨形的一項成分。5的邊緣存在反襯出4的絕對不可分割性：4雖然源於2，落實為4，它的最終威力卻是4的無窮倍數的增值。為此，它需要動員5的兩次出現，一次負責催生，一次負責扶育，才能共同完成使命。

這條數字鍊，無須多說，就是二十世紀英國流行樂隊披頭四（The Beatles）的組合過程。它訴說的是一隊最精彩的樂隊的一個最精彩的故事。一個重複又重複、百聽依然不厭的故事，這則是所有締造歷史的傳奇的界定條件。

四個利物浦的年輕人，約翰（John Lennon）、保羅（Paul McCartney）、喬治（George Harrison）和靈高（Ringo Starr），當他們於一九五七年開始走在一起，年齡正處於真正令人吃驚的年輕階段。當我們年輕的時候，我們是無敵的，世界正等待我們的征服。到了一九六九年前後，當他們征服了世界，歷史已告改寫完畢，他們的年齡仍然處於令人吃驚的年輕階段。然而，我們不要輕易被他們的青春所欺騙，因為他們的青春歲月與世紀的種種積累與記憶有著深沉的溝通呼應；我們也不要輕易被他們的喜悅與歡樂的樂聲挾以俱去，因為，這些樂聲同時無可避免地提醒我們，喜悅與歡樂又是人生與歷史中多麼難以充分把握的條件。為什麼披頭四能夠成為披頭四？這是因為他們的天才，抑或是因為他們的辛勤努力？對此，我們沒有輕易的答案，正如還有不少其他的披頭四問題我們也一樣沒有輕易的答案。

時代在轉變中，但是五十年代中期，當約翰．藍儂拉雜成軍組成一隊尚不知專業為何物的樂隊，演奏當時流行的skiffle音樂（一種脫胎自爵士樂即興形式而比爵士樂更為即興的輕鬆音樂），英國社會正在經歷一種有別於尋常的新舊交替的時代轉變。在半個世紀內經歷兩次世界大戰創傷的歐洲國家，各自在埋頭重建自己的生活之餘，同時也在尋求恢復彼此之間的互動往來，雖然人們不能就此忘記剛過去的歷史，也不敢真正相信戰爭從此不再出現；而在戰後成長的新生代，青春可以讓他們暫時將這一切延後考慮，可以讓他們全情擁抱未來，而在此時，美國主義在文化藝術方面的影響，繼電影、建築、現代繪畫之後，以樂與怒（rock and roll）為主的另一波，連同美式生活的時尚項目牛仔褲、皮帶、皮靴、牛仔T恤、等等項目，也開始伸展至歐洲，作為英國主要港口之一的利物浦，近水樓台，通過往往來來的海員活動，樂與怒及其種種幾乎同步抵達。可以說，此時的約翰．藍儂及其領導的採石工人樂隊（The Quarry Men）所披上的skiffle外衣，現在已形同虛設，而在披頭四歷史中的第一個里程碑日子，一九五七年的七月六日，在利物浦的聖彼得教堂的一個遊園會的演奏場合，他在隊友介紹下認識了保羅．

麥卡尼，這已經是兩個志同道合的樂與怒信徒。同年八月，採石工人在剛開幕不久的俱樂部式咖啡館「洞穴」（The Cavern）初次登場表演，藍儂已然無法克制（保羅雖然已經加入樂隊，但當時正在放假），激情唱出「貓王」普里斯萊（Elvis Presley）的〈獵犬〉（Hound Dog）和〈藍皮靴〉（Blue Suede Shoes）：現場觀眾仍未完全準備好，樂隊成員中也有反對派，而俱樂部經營人阿倫．史特納（Alan Sytner）則是瘋狂的爵士樂迷。他警告藍儂：不能再有樂與怒！但藍儂就是藍儂，除了稍後另一次演出外，在其後三年內，採石工人／披頭四基本上沒有再在「洞穴」登場。

不過，這個同樣是年輕人的阿倫．史特納事實上有其敏感的頭腦。他在巴黎的左岸地區流連了一段時間，常是當地的「洞穴」（Le Caveau）爵士樂俱樂部的座上客，令他產生了要將巴黎的左岸氣氛帶到利物浦去的想法，一九五七年一月開幕的「洞穴」就是這一念頭的產物。「洞穴」設在利物浦馬太街（Mathew Street）一座建築物的防空地牢內，俱樂部只在晚上營業，不設酒牌（沒有酒、沒有樂與怒）！防空洞埋藏了戰爭的黑暗留痕，但戰後的年青一代需要新的消遣與娛樂，則屬不能等候的渴求，阿倫的「洞穴」項目不能不說有其走先市場一步的眼光，儘管他的樂與怒節拍可能慢了半拍。

在史特納徘徊於巴黎左岸的這段期間，另一名同樣二十來歲、同樣來自利物浦的英國年輕人阿倫．威廉斯（Allan Williams）與他的華裔妻子貝露．張（Beryl Chang，姓氏為音譯）也正在這個學生區四處張望尋覓，為他的創業頭腦捕捉商機靈感。威廉斯的父親是建築裝修行業的家具木匠，阿倫離開中學後，入行當水喉渠務技工。但他同時具有音樂歌唱的興趣，業餘的時間則在合唱團展露他的男高音身手，正是他音樂表演的這一面，配合他的靈活多變的商業頭腦，引導他走上了五光十色的娛樂表演事業之路。從巴黎返回利物浦後，阿倫迅即結束他的水渠業務，傾盡所有，投資一所音樂表演俱樂部性質的咖啡吧「藍色楹」（Jacaranda），在五七年九月開幕，距離年初的「洞穴」相隔不足一年。大戰過後，經歷十年的喘息之後，新時代新環境下的新生代正在催生新的娛樂消遣活動。然而，不管在那個年代，娛樂事業總是特別的變化無常，滑不黏手。如果「洞穴」的阿倫．史特納成為警告藍儂不能再搞樂與怒的人，阿倫．威廉斯則後來居上，成為「白白讓披頭四從手中溜走的人」（The Man Who gave The Beatles Away），一句概括他充滿唏嘘色彩、起落人生的墓誌銘。

採石工人已告遠離爵士樂的「洞穴」，skiffle之聲業已招架無力，藍儂與保羅的學生身分基本上也名存實亡，二人在每天的逃學時段中，關在後者家中的房間內，對面而坐，兩具吉他不斷地在磨擦出日後天衣無縫的合作，同時向著作曲作詞的世紀突破目標進發。一九五八年三月，在保羅介紹下，更年青的喬治加入採石工人，他的一手「漂亮」的樂與怒吉他彈奏，克服了十八歲的藍儂對喬治的十四歲稚齡的戒心。至此，披頭四的某種核心已告形成。各種相關命運開始靠攏，故事在迅速開展中，而阿倫．威廉斯的創業傳奇，在無形的命運之手牽動下，開始為這場即將展開的文化大革命安排一眾角色登場。

「藍色楹」的所在地距離藍儂就讀的利物浦美術學院（Liverpool Art College）不遠，順理成章成為該校學生群消磨時間的熱門咖啡館，事實上，咖啡館內部的一些壁畫就是學院的一名教師唐・麥克堅萊（Don Mckinlay）繪畫的。藍儂與他的特別要好的同學斯圖亞特・沙克里夫（Stuart Sutcliffe），以及同樣就在附近的利物浦學院（Liverpool Institue）就讀的保羅都是這裡的常客。斯圖亞特具有無可置疑的美術天分，但樂與怒並非他的藝術傾向，或者說，他主要是一個視覺的人，而不是音符的人。儘管這樣，藍儂與他成為了一對幾乎形影不離的親密校友，並且多次嘗試邀請他加入樂隊，擔任低音吉他手，雖然後者對吉他彈奏一竅不通。自從喬治・哈里遜在五八年到位之後，採石工人組合餘下的問題，就是長期不穩定的鼓手與低音吉他手人選，藍儂及其樂隊要急於處理這一情況，可以理解，但無論在當時或事後看來，斯圖亞特這個人選，則不能不說是一項奇怪的考慮（藍儂的未來妻子辛西亞認為，這可能是因為藍儂想有更多時間與斯圖亞特在一起），同樣奇怪的是，視美術為既定志向的斯圖亞特，竟然會接受了這一邀請（事實是藍儂對他同樣有著難以抗拒的引力）。過程的突破點發生在一九六〇年一月初，斯圖亞特的一幅畫作竟然以九十英鎊的價錢賣出（在當時是一筆不小的財富）！斯圖亞特的錢也就等於是藍儂、保羅、與喬治的錢，在三人的「疲勞壓迫」下，斯圖亞特於一九六〇年一月二十一日步入Frank Hessy's樂器店，以將近六十英鎊的「巨資」購買了一具Hofner333的四弦電子吉他。從技術上而言，他在這一天正式成為採石工人的一分子。

斯圖亞特的第一項貢獻是在他和藍儂的互動下，樂隊改名的動力迅速加強，經過一大堆的提議，The Beatals的稱號出現，跟著演變為Long John and The Silver Beetles，然後縮短為The Silver Beetles，Beetles的串法再而改為Beatles，一步一步向前走。採石工人的日子一去不復返了。

樂隊的核心人員從三增加至令人擔心的「四」，斯圖亞特在台上演出時，半身背向觀眾，半遮半掩他的半生不熟的吉他彈奏技術（保羅自言這一「情緒化」、好像「愛理不理」的姿態造型是他設計的），而鼓手的席位則繼續懸空。但在另一方面，企業家阿倫．威廉斯的娛樂事業則正方興未艾。這一年的三月，倫敦演唱會籌辦人拉里．帕內斯（Larry Parnes）策畫美國搖滾樂新星吉恩．文森特（Gene Vincent）和艾迪．科克蘭（Eddie Cochran）到英國巡迴演唱，其中幾場就在利物浦的帝國戲院上演，這個城市的年輕一代體驗了前所未有的樂與怒亢奮和刺激。年屆三十的阿倫在這一群中已被視為「長者」，他非樂與怒的追隨者，但其創業觸覺驅使他要前來一看究竟。他的結論非常清楚：「這就是未來。」

阿倫馬上與帕內斯接觸，查詢文森特與科克蘭二人在英國的表演行程還有沒有空檔。情況是，二人會返回美國一趟，隨即重回英國，完成其餘的演出，但五月三日這天肯定有空。阿倫立即與帕內斯落實協議，重金禮聘二人於五月三日在利物浦拳賽館（Liverpool Stadium）「增演一場」：阿倫決心要在利物浦舉辦一場規模史無前例的大「秀」！他最後一共召集了十二隊樂隊參與，與主角文森特炮製出一場超越三小時的馬拉松狂歡，連這些樂隊本身也初次驚覺利物浦的新興音樂力量，陣容如此「鼎盛」。但阿倫同時也親身體驗到娛樂事業的風雲旦夕生態。在四月中旬，科克蘭在英國境內一次車禍中喪生。（事實上，科克蘭對美國另一搖滾樂明星畢地·荷利因飛機失事而死一直存有心理壓力。）阿倫以為音樂會計畫要告吹了，但柏尼斯告訴他：文森特表示他會如期登場。「秀」必須繼續下去。這是阿倫領會的另一人生要義，尤其如果他要在娛樂事業中創出天地。

這一役令柏尼斯進一步看到威廉斯的召集能力。這一晚演唱會完了之後，二人在藍色楹內把酒再聚，柏尼斯主張阿倫在利物浦建立起自己的藝人班底，事實上，他在稍後還計畫再安排倫敦的歌手北上到這一帶演出，包括他旗下的二三線歌手尊尼·占圖（Johnny Gentle）六月份在蘇格蘭進行七場的巡迴演唱，以及他的首席當紅歌星比利·富里（Billy Fury）八月份在利物浦登台。他要阿倫再安排一批樂隊試音，挑選伴奏樂隊。朝著這個方向走的阿倫看來無需任何的推動力。

在利物浦五月三日這熱鬧的一天，亮相的還有另一位二十六歲的年輕人：舉止溫文、衣著（竟然是西裝）光鮮醒目的布萊恩·艾普斯汀（Brian Epstein），利物浦市內最大的唱片店鋪「北區音樂總匯」（North End Music Store，縮寫NEMS）的經營者。他的商店是這次音樂會入場券的銷售代理之一。艾普斯汀要到場一看究竟，確保沒有樂隊是他所不知情的，這是他對自己的一貫專業要求：他的店鋪不能走漏任何唱片產品，這同娛樂企業不能走漏任何演出藝人，同樣那麼重要！這一天，他唯一走漏的，就是藍儂與他的樂隊，因為陣容不整、水平實在仍然粗糙的The Silver Beatles尚未入流，並不在阿倫的議程表上。然而，天上風雲已在轉色，布萊恩與披四頭快將後會有期。

風聞艾普斯汀即將替比利．富里的伴奏樂隊進行選拔試音，藍儂即遊說阿倫讓他們也參與角逐。阿倫並不知道他有一隊樂隊，而斯圖亞特是其中的成員。阿倫覺得欠了斯圖亞特一個人情，因為他曾幫忙繪畫「藍色楹」的壁畫，因此同意伸出幫忙之手。起初，阿倫對藍儂一夥評價並不高，但隨後有所改觀：「這主要是因為他們與眾不同的個性，這些樂隊通常都是沒有多少頭腦的，但我發覺他們這幾個人卻是有見地和有表達能力的人。」在知道他們的殘缺組合之後，阿倫甚至託人替他們找來了湯美．摩爾（Tommy Moore），一個年紀稍大的、爵士樂背景的鼓手，為他們客串演出。這次試音並不成功，但阿倫卻成功爭取他們成為尊尼．占圖的蘇格蘭巡迴演唱會的伴奏樂隊。如此這般，在六月中旬，藍儂一眾包括摩爾擠進了一輛小型的客運車，朝著蘇格蘭長驅直上，The Silver Beatles正式踏上了他們的職業音樂事業之路。這次的演出合約是阿倫爭取回來的，披頭四的演出報酬是由阿倫商定的，從中阿倫也正式拿到他的佣金，在技術上而言，阿倫是披頭四不折不扣的經理人。但是，他們之間並無簽署任何合約。

披頭四的第一次，是歌星占圖幾可忘記的一次，伴奏樂隊的「伴奏」近乎不知所謂，而奇怪的是，台下少女觀眾的尖叫，似乎衝著幾名披頭四成員更多於是衝著他的反應；對於摩爾來說，則肯定是苦不堪言的一次，不僅他的擊鼓技術難以盡展所長，在巡迴演出期間，更因車禍導致他頭破血流，門牙脫落，返回利物浦後，未幾即收拾起他的擊鼓配套，從此改行；不過，對籌辦人阿倫．威廉斯來說，披頭四的第一次他迅即置諸腦後，他現在的視線正瞄向遠方更刺激的一個目的地。

早前，阿倫從他人口中獲知，漢堡市現在的晚間娛樂場所非常熱鬧。晚間的「娛樂場所」同樣是阿倫「夜生活」娛樂業務的組成部分，他在利物浦同時經營一家叫做「新歌舞藝人俱樂部」的脫衣舞廳，但是規格不高，事實上最近他才急就章把披頭四拉到這裡，為一名來自曼徹斯特的脫衣舞孃珍尼絲提供背景音樂，因此，珍妮絲的脫衣舞表演獲得少有的樂與怒待遇，而披頭四的履歷表上也增添了脫衣舞伴奏樂隊這一項。保羅憶述：「我們在珍妮絲的背後彈奏。當然我們看到了她的一切。我們都是血氣方剛的一群，每一幕完結時，她轉過身來，我們都為之面紅耳赤。」另一方面，阿倫又在籌備一所走豪華路線的夜總會，名稱叫做「藍天使」（Blue Angel），取自奧地利導演馮．史登堡（Josef von Sternberg）和德國女演員瑪蓮．德烈治（Marlene Dietrich）的同名電影。阿倫看來對藍色情有獨鍾，而德國緣分則將他帶到漢堡去。

在他的利物浦吉恩．文森特演唱會項目之前，他已經到漢堡市有名的紅燈區雷巴班街

（Reeperbahn）進行了一次考察，認識了區內一所叫做「帝皇地窖」（Kaiserkeller）俱樂部的經營者布魯諾・科施密德（Bruno Koschmider）。阿倫揚言他可以安排精彩的英國樂隊到此表演，並即嘗試播送一捲準備好的示範錄音帶給科施密德參考，誰知錄音帶出了毛病，令其推銷功虧一簣。返回利物浦後，他的漢堡發展大計看似要擱置一旁了，然而峰迴路轉，曾經在五月份比利・富里伴奏樂隊選拔賽中擊敗披頭四的戴里群英樂隊（Derry and The Seniors）現在情況欠佳，找不到演出工作，向經理人阿倫求助。不失其奔放的性情中人本色，阿倫親自開車載送樂隊南下到倫敦當時最有名的「2i’s」樂與怒俱樂部找尋機會。難以相信的是，甫入內見到的一位客人，赫然就是科施密德！如果結合其後的故事，這更是不可思議的奇緣中的奇緣。科施密德並沒有忘記早前撞入「帝皇地窖」的這個英國推銷員和他的失靈錄音帶，姓名也許記得不太準確，更可能沒分清楚利物浦和倫敦，然而，後者可供應精彩的樂與怒樂隊卻令他念念不忘，因為他看到這是他今後生意的機會所在。憑著本能的分析考慮，他親身來到倫敦，直接找上這所熱門的樂與怒俱樂部，打探情況。他與在場的鋼琴師（Iain Hines）交代來龍去脈之後，後者快人快事，即為他安排了身手確實不俗的湯尼・謝里登（Tony Sheridan）迅速湊成一隊五人的吉他樂隊 The Jets 前往漢堡登場。英式的樂與怒輸出果然有其吸引力，「帝皇地窖」俱樂部的生意明顯熱鬧起來，可是不多久，謝里登和他的樂隊即跳槽至區內檔次較高、待遇較好的樂與怒俱樂部「十大」（Top Ten），剝削與競爭往往就是構成娛樂事業的變幻無常時的推動力。因此，今天已是科施密德的第二次來到倫敦，急謀招聘替代人選。這次阿倫・威廉斯不容有失了，現成樂隊在他旁邊，合約藍本就在公文袋內，而科施密德的口袋中也準備好公司的蓋印圖章，聘書一揮而就：聘約為期兩個月，樂隊每周表演三十小時，工資每周為一百英鎊，阿倫從中提取百分之十的佣金，淨額由樂隊成員瓜分。這天為一九六〇年七月二十四日，戴里群英成為阿倫輸往德國的第一支樂隊。不出七天，樂隊已出現在漢堡的「帝皇地窖」內。

利物浦、漢堡、威廉斯、科施密德、湯尼・謝里登，大舞台上的主要成分相繼到位，大故事的開展可說萬事俱備，只待東風。從倫敦返回利物浦，威廉斯對剛發生的一切或許仍在疑真疑幻，漢堡的電話幾乎接著就到（這一天是八月八日）。戴里群英果然不負所託，他們的亮相令「帝皇地窖」大收旺場之效，科施密德決定將他的另一所低檔次的夜生活場所「印特拉」（Indra）徹底轉型，改裝為百分百的搖滾樂俱樂部，他要阿倫火速再安排樂隊到漢堡。但有兩項條件：這必須是一支五人樂隊，因為之前的湯尼・謝里登的隊伍由五人組成，戴里的群英也是五人（不計歌手在內）；其次，新俱樂部八月十七日開幕，樂隊必須如期報到。阿倫一口承諾！

期限逼在眉睫。阿倫的第一考慮是利物浦的首席樂隊羅里・史當姆的烈風樂隊（Rory Storm and the Hurricanes），他們有一個實而不華的鼓手靈高・史達（Ringo Starr）。但是，樂隊在八月份並沒有空檔。次選和三選分別是卡斯與情場浪子（Cass and the Cassanovas）、傑里與領先者（Gerry and the Pacemakers），然而，這兩者都是四人樂隊，他們無意增加人數，而且也不願意成行，這樣，命運的無形之手又在默默操作，阿倫將眼光轉到披頭四身上。但其附加的條件是：他們必須在這幾天內找到鼓手，湊成五人樂隊！

二、跟我一塊去卡斯巴

5與4這兩個數字開始在披頭四的議程表上閃起紅燈。在他們的蘇格蘭巡迴表演中擔任鼓手的湯美·摩爾，門牙脫落，記憶猶新，擊鼓生涯已成過去，其後客串了一段時間的另一位鼓手，因為服兵役的關係，也告離開，樂隊的節奏拍子的元素不能光靠斯圖亞特半遮半掩的低音吉他提供，儘管他在美術方面才華洋溢，外表英俊不凡，又是藍儂親密的同學兼朋友，可以預見，當鼓手到位後，這是另一要解決的情況。但在當前，鼓手必須先到位！這個鼓手往哪裡找呢？

在八月八日即阿倫一口承諾科施密德的這一天（另一說法是八月十日），利物浦的《迴響晚報》分類廣告欄內刊登了一則求職啟事：「年青鼓手，自由身，待聘」，披頭四顯然看到了這則廣告，保羅親筆寫了一封信寄回報館去：「親愛的先生，就閣下於週三的《迴響》上的廣告，現在誠邀你參加我們樂隊的鼓手職位試音。不過，你需準備短期內陪隊出發，前往漢堡，為期兩個月，週薪大約十八英鎊，另包費用。如感興趣，請致電藍色楹俱樂部找披頭四樂隊成員阿倫・威廉斯洽談（原文如此），或者留下訊息，告訴我們你什麼時候有空。」發信人的簽署是「披頭四樂隊的保羅・麥卡尼」。但這位求職者於十五日致電藍色楹時，得到的回覆是披頭四樂隊已在當天離開利物浦了。

這早已是人所熟悉的一節小插曲。有趣的是，保羅這封親筆信事隔半個世記之後，竟然在二〇一七年利物浦的一項雜物銷售活動中被人發現摺藏在一冊舊書內，「物主」同年交由「Christie's」拍賣，估計憑此取得近一萬英鎊的收入。這封信證實了，在漢堡之行前夕，樂隊名稱已最後敲定為「披頭四」（The Beatles），將前置的「銀色」（Silver）一字刪去。其次，信件的簽署日期為八月十二日，距離出發的日子只有短短三天，說明了鼓手彼得・貝斯特（Peter Best）加盟披頭四是在最後關頭的事情。到底是這位不知名的求職者失諸交臂，抑或真正是彼得・貝斯特時來運到？在披頭四的神話鉅構中，誰能輕下結論？

披頭西有否真正看過貝斯特的打鼓表現，情況有點模糊，但保羅的招聘信清楚說明了，作為鼓手人選，貝斯特基本上一直不在他們的考慮範圍內，但他們的相識則已有一段時間。位於利物浦西打比（West Derby）區海曼綠徑八號地窖的咖啡廳俱樂部「卡斯巴」（Casbah）於一九五九年八月開業時，披頭四就是俱樂部首隊長駐的表演樂隊，當時他們的名稱仍處於從「採石人」轉變為《銀色披頭四》（*The Silver Beetles/Beatles*）的過渡期中，彼得・貝斯特正是俱樂部女主人蒙娜．貝斯特（Mona Best）的長子。

蒙娜原姓蕭（Shaw），父母俱為愛爾蘭人，在印度相識，在印度結婚，蒙娜於一九二四年一月在德里出生。在第二次世界大戰期間，她認識了其後的丈夫、來自利物浦的尊尼．貝斯特（Johnny Best）。尊尼是駐印度英軍的一名體能訓練長官，更是英軍裡頭的一名中量級拳賽冠軍。一九四五年大戰結束時，蒙娜陪同丈夫和兩名兒子乘船回到利物浦。貝斯特實際上為蒙娜與之前的另一伴侶所生，於一九四一年在印度港口市馬德拉斯（Madras）出生，彼得．貝斯特這次踏足另一港口城市時，未到五歲。

回到利物浦，尊尼開始大展拳腳，發展拳賽事業。事實上，有名的利物浦拳賽館就是他經營的，阿倫．威廉斯一九六〇年在利物浦主辦的破天荒大型樂與怒演唱會也正是假此舉行。對幼童彼得．貝斯特來說，他的自然成長，與其他同齡的人一樣，與利物浦的戰後重建構成一致的步伐。對蒙娜來說，利物浦則是一種與印度截然不同的生活和文化體驗，需要重頭適應。然而，漂亮、奔放、富有吸引力的蒙娜，是一位個性堅強、魄力非凡的女性，行事果斷，絕不言退，近乎百廢待興的利物浦難不倒她。在新環境安頓下來之後，蒙娜的重要任務之一就是要找到一所真正稱心滿意的居所，尤其考慮到兩個逐漸長大的兒子。為此她幾乎三遷其居。有一天，次子羅里（Rory）在放學歸家途中，看到海曼綠景八號的一幢破落的三層高十五間房的大屋出售通告，回家後告訴蒙娜。她前往一看，一見鍾情，即與家人商量。尊尼的反應並不興奮，認為大屋已不堪修補。但是，不管尊尼看法如何，她的心意已決，而且她有自己的資源。在一九五四那一年，她在報章上看到英國賽馬的打比大賽報名表上有一匹馬的名字叫做「永不言死」（Never Say Die），一見鍾情：她既喜歡這個名字，也喜歡它的意思。馬匹的賠率是三三對一，鞍上人是一個不見經傳的年輕騎師里斯特．柏葛（Lester Piggot）。蒙娜將她所有的珠寶飾物拿去典押，孤注一擲，投注在「永不言死」身上。結果，就是憑這場打比大賽，蒙娜其後成功購入海曼綠景這所大屋，也是在這所大屋的地窖內，蒙娜開辦了「卡斯巴」咖啡俱樂部，於一九五九年八月二十九日開幕。卡斯巴的名字，靈感取自好萊塢一九三七年查爾斯．杯亞（Charles Boyer）主演的電影《阿爾及爾》（*Algiers*），片中的一句對話是「來吧，跟我一塊去卡斯巴」（城寨舊區的意思）。這句話實際上並沒有真正在影片中出現過，卻成為不足為信但已深入民間的名句，永遠伴隨著查爾斯．杯亞。蒙娜的願望是利物浦的年輕人都會跟他們的朋友說：「跟我一塊去卡斯巴吧」。她的辛勤努力沒有白費，卡斯巴成為利物浦最有名的俱樂部之一，而在它開業的第一天，表演樂隊就是當時仍未改名的採石人。在投注打比賽事上，她選中了英國戰後最有名的頂尖中的頂尖騎師，在投資咖啡俱樂部上，她選中了其後成為世界最有名的頂尖中的頂尖樂隊。有些人的遭遇就是有這樣的奇妙巧合或者緣分。蒙娜的海曼綠景八號的舊屋翻新、卡斯巴俱樂部的嶄新創立，可說是基建項目與搖滾樂文化的有機結合，阿倫．威廉斯的藍色楹俱樂部、藍天使夜總會，布萊恩．艾普斯汀的樓高三層的北區音樂總匯新店，都是相類似的例子，它們構成利物浦重建過程中消費經濟發展的一股重大的推動力，使利物浦成為英國獨一無二的樂與怒港口城市，而蒙娜與彼得・貝斯特二人則同時在一個獨一無二的樂與怒故事中扮演了殊不簡單的角色，儘管貝斯特的結局安排，較之阿倫・威廉斯更令人唏噓感嘆。

彼得初次認識藍儂、保羅、喬治三人，正是在他們幫忙卡斯巴的裝修工作期間。他一早留意到藍儂在三人中的領導地位，樂器放在什麼地方，隊員站立的位置，都是藍儂出的主意，其他二人並無異議，但是反過來，藍儂等人當時對他並沒有什麼特殊印象。像斯圖亞特一樣，彼得同樣英俊不凡，而其沉默寡言、憂鬱孤獨的神情，更令不少女性為之傾倒。彼得對此似有「自知之明」，往往善加利用，有意見認為這也許是日後他與其他披頭四成員產生矛盾的因素之一。但是，真正的原因恐怕仍在於他的音樂本領：一九五九年下半年他們初遇時，彼得基本上連鼓也沒有碰過。到了年底，因為演出酬報的事情，採石人與蒙娜意見分裂，決定結束在卡斯巴的演出。為了填補卡斯巴的樂隊空缺，當時在採石人中「客串」的吉他手肯恩・布朗恩（Ken Brown）謀求組織一支新樂隊，有意由躍躍欲試的彼得擔任鼓手。蒙娜瞬即為他購買了一套鼓具，支持他的發展。很難相信的是，此時才真正坐上鼓手櫈子上的彼得，到了披頭四出發漢堡的前夕，其鼓藝能在短短的時間內有什麼令人驚喜的發展，事實上，當時沒有，日後也沒有。他獲得披頭四的聘用，原因只有一個：他擁有一套鼓具，而披頭四也只有一天時間去作考慮。這已足夠了：湊成五人組合，鼓手到位，披頭四的漢堡之行已是弓在弦上！

一九六〇年八月十五日這一天，阿倫．威廉斯一早開動他的小型客貨車，連同其太太張貝露、弟舅張巴里（Barry Chang）及披頭四樂隊五名成員，擠在一起（一應樂具器材則全部綑綁在車頂上），「浩浩蕩蕩」向著漢堡進發：

尊尼，我們往哪裡去？
我們往最高處去。
哪裡是最高處？
高處未算高，最高的高！

在車廂內，披頭四歌聲響亮，鬥志昂揚，這是他們近日的事業進行曲，是宣布其不二決心的作戰軍歌。詞句的靈感源自當時迪卡唱片公司行政人員狄克．盧（Dick Rowe）的宣傳構思，公司旗下最暢銷的唱片，都貼上「最高的高」的標語。然而，狄克並未真正體會過何謂「最高的高」，他要為此付出沉重的代價。

汽車駛達荷蘭的時候，阿倫更改行程，拐道前往安海姆（Arnheim），大戰尾聲的其中一場戰役就在這裡發生，阿倫的一個表親曾在這場戰事中受傷，雖然倖免於死，但陣亡的軍人接近二千人，其墓碑就設在安海姆附近的一個墳場，他要代表其表親前往向這些犧牲者致敬。跟著繼續就向這次世界大戰的發起者德國進發。八月十七日，披頭四在漢堡紅燈區的印德拉俱樂部正式登場。二十年前的這一天，正好是德國戰機在利物浦投下第一枚炸彈的一天。歷史就在披頭四這一代年輕人的周邊徘徊流連。歷史可以讓人的歲數倍增。披頭四的二十歲並非真正是二十歲。

三、做台好秀！做台好秀！

在此之前，披頭四從未離開過英倫三島半步（印度出生的貝特斯除外），漢堡之行為他們帶來一次匪夷所思的脫胎換骨的經驗，在超越一切想像的情況下，為他們的征服世界奠下了無可替代的基礎。在這裡，他們體驗了何謂低下的生活條件，大可以說是「低處未算低」的穴居時代的條件：科施密德的「帝皇地窖」俱樂部位於漢堡紅燈區核心地段雷巴班大街（Reeperbahn）相連的自由大街（Grosse Freiheit）六十四號，戴里群英就在該處表演，而「印德拉」（前身是一所變性人歌舞廳）則在同一條街較後的三十六號，閃紅閃綠的霓虹招牌稍為收斂暗淡了一點，但紅燈區就是紅燈區，三教九流，歹徒、賊匪、妓女、扯皮條者、藥品販賣者、夜生活場所打手、肌肉如磚塊的健身者、身穿侍應制服但隨時展露其納粹餘孽本色的侍應等等，這就是每晚在較後時間湧入雷巴班各種夜場的人群組合，這就是披頭四的漢堡合約要他們施展渾身解數取悅娛樂的觀眾。當然，這個時期的披頭四，解數有限，有的只是他們的青春和無盡的體能，每當他們在台上的表演有所鬆懈，俱樂部的巡場經理就在旁邊不斷的施壓：「mach schau」，「mach schau」（德文中無論發音或意思都跟英文中的「make a show」相近）：「做台好秀」。加油，做台好秀！加油，做台好秀！在壓力面前，大阿哥的藍儂往往身先士卒，一馬當先，施展其首本的吉恩．文森特套式：放下吉他，躺身舞台地板上，裝作一邊腿不靈，然後不停旋轉扭腰、翻騰打滾，同時在空中揮舞他的麥克風，保羅、喬治、斯圖亞特作出相應配合，用腳大力在台上蹬蹬蹬地踏步，彼得．貝斯特則按照指示，同樣大力地用腳踏撞擊他的低音鼓，與斯圖亞特的低音吉他構成音樂的節奏與拍子。他們的表演愈是賣力，台下的反應愈為狂熱，「做台好秀」、「做台好秀」的叫聲愈為瘋狂，而且一箱又一箱的啤酒、香檳送到台上，表示好感，「如果對這些敬酒不領情，我們恐怕連性命也不保。」藍儂這樣說。如果遇上滋事分子在台下打起架來，他們也有一套應對辦法：場面愈混亂，他們的歌聲、吉他聲、鼓聲愈加強勁，對一切似乎視若無睹，又或者繼續與台下人群打成一片，逐漸，他們的表演形成一套無政府的瘋狂混合雜耍：他們在台上唱歌、喝酒、抽菸、咀嚼雜食，手舞足蹈，不時做出各種不雅手勢，回應台下的動作，整個夜場聲音震耳欲聾，情緒亢奮。我們可以注意到兩點：仍處於起步階段的披頭四，已充分顯露他們具有一種令人難以抗拒的表演家魅力和風采，以及他們能與觀眾即時溝通、不令任何冷場出現的一種本能傾向，漢堡夜場「做台好秀」的冷血鞭策好像是專門為徹底提煉他們這種能耐而設計的程式；另一項顯示他們的非凡的趨向，是在每晚七、八小時的馬拉松演出中，他們基本上不重複這一天已唱過的歌曲，儘管台下觀眾早已「換班」多次。這是披頭四對自己作出的要求。他們不單熟練Elvis Presley、Chuck Berry、Little Richard、Buddy Holly and The Crickets、Gene Vincent、Eddie Cochran等等人物所有冷門、熱門的樂與怒歌曲，更搶先學習他們剛剛「出爐」的作品，其他競爭對手簡直瞠乎其後。在表面的瘋癲胡鬧背後，披頭四有其貫注的方向和目的感：他們要攀登「高處未算高」、最高的高點，要成為最出色的樂隊。在這個過程中，藍儂、保羅、喬治三人的進步可謂一日千里，斯圖亞特、彼得的脫軌情況則日益明顯。這兩個問題將會有所解決，雖然解決的方法各有不同。

披頭四在漢堡的紅燈區見識了娛樂場所真正是低處未算低的各種人流面貌，也見識了娛樂事業情操低下卑劣狡滑的搞手真面目。阿倫．威廉斯一樣上了寶貴的一課。科施密德並非什麼善男信女。他第一次在倫敦招聘湯尼．謝里登時，聘約完全沒有提及住宿安排的條件，謝里登樂隊到了漢堡後，被安排擠進「帝皇地窖」一間細小簡陋的辦公室內住宿，條件奇劣，加上其他苛刻待遇，導致謝里登其後憤而過檔「十大俱樂」。科施密德第二次到倫敦時，依樣葫蘆，與阿倫．威廉斯簽署戴里羣英的漢堡聘書時同樣不提任何住宿條件，樂隊被擠進同樣的不能接受的居住環境（戴里群英沒有中途毀約，但合約期滿時，再無續約）。到了威廉斯火速安排披頭四前往漢堡的「印德拉」俱樂部登場，條件更無人道。科施密德在「印德拉」側伴他所租用的「班比電影院」那裡，安排了銀幕後台兩間堪稱「劏房」原型的小房間供樂隊五人使用，藍儂、喬治、斯圖亞特占用較大的一間，保羅、彼得則用另一間。房間四面牆壁，除了一張僅可躺下來的床之外，空無一物，房間並無暖氣，潮濕陰冷，照明只靠聊備一格的一只燈泡。更苦的是，裡頭全無梳洗、方便設施，五人要使用戲院的一所無人負責清潔的、氣味難聞的公共廁所解決這些事情。「由朝到晚」辛苦幹活的披頭四，「回到家裡」，他們可以在這樣的條件下，「像木杉一樣，呼呼大睡」嗎？

然而，我們開始看到披頭四為什麼能夠成為披頭四（或至少看到部分）的原因。他們沒有像英國搖滾樂大阿哥謝里登那樣，拂袖而去，也不像戴里群英那樣，約滿即走。他們對科施密德的反感也許只有過之而無不及，但他們更珍惜漢堡提供的音樂表演機會，沒有半刻放鬆他們的方向和目標意識，相反，他們毫無保留地全力以赴，以亢奮與樂觀的展望對應各種困難與困苦，而同時不忘（沒有人認為他們會忘記的）工作以外的享樂活動（在披頭四故事的神話版本中，有關他們在漢堡的性生活一頁，混雜不少事實和可能更多是誇張的渲染，不在話下）。但是，「做台好秀」的壓力愈大，他們的反應也就愈加強勁，演奏音響愈加震耳，腳踏地板的力度愈無保留，舞台幾為之失陷，事實上，地板終於倒塌。「印德拉」樓上一名年長婦人受不了這股新股搖滾樂噪音的刺激，告上法庭，科施密德敗訴，迫於中止披頭四的演出。但是，科施密德對披頭四的心情同樣是愛恨交集，他們的瘋狂搖滾樂秀非他所能接受，但披頭四每晚引來的捧場人群他更難捨棄，他決定延長樂隊的聘約，將他們移師至「帝皇地窖」，與戴里群英共用舞台，輪流演出。未幾，戴里群英約滿攤開，阿倫·威廉斯從利物浦派來了洛里·斯當姆的暴風樂隊到「帝皇地窖」接替。披頭四與靈高開始熟絡起來。天設的緣分，早晚到位。

在十月中旬，威廉斯再次回到漢堡視察，他有其原因。科施密德在支付他的佣金方面，諸多拖延，並且意圖削減數額。面斥不雅，威廉斯接洽彼得·艾克康，商討將他旗下的英國樂隊轉介至「十大」。稍後他更進一步取消原先與科施密德達成的提供樂隊的合作協議。他的目光現已轉移至艾克康那裡，有意返回利物浦後，依樣畫葫蘆，開辦一所「年中無休」的全方位樂與怒俱樂部。威廉斯可說雄心勃勃。

明顯可見的是，各方面的利益矛盾正在深化。同樣野心勃勃的披頭四也在把握各種機會，在「帝皇地窖」的演出空檔中，一有機會即跑到「十大」那裡與謝里登打成一片。事實上，這位樂與怒大阿哥是他們心儀的人物，喬治虛心向他請教吉他演奏的技術，藍儂也在消化謝里登的台上站姿，興之所到，披頭四與謝里登即場發揮共樂一番，不足為奇。雙方共謀在這裡攜手合作，並與艾克康達成了口頭上協議。科施密德收到風聲，先下手為強，中止與披頭四的合約，向漢堡警方舉報只有十七歲（未到合法工作年齡）的喬治，引致他被遞解出境，又報警指保羅與彼得意圖縱火焚燒他的班比戲院，導致二人同樣的命運。披頭四在漢堡的「印德拉」和

「帝皇地窖」合共三個多月的演出，在一九六〇年十二月初宣告結束。

結束帶來了更大的開始。這是徹底改變歷史的十四個星期，前無先例，後無來者也幾可斷言。馬克・路易遜（Mark Lewisohn）在其披頭四的傳記《歲月流金》（*All These Years*）卷一的〈調準到位〉（Tune In）中提供了事實勝於雄辯的統計：「披頭四在『帝皇地窖』七個星期無與倫比的做台好秀的表演，將他們在『印德拉』已經積累了的大量舞台時間再翻了一番。在漢堡的這十四個星期內，他們合共表演了約四百一十個小時的搖滾樂，相等於二一七場九十分鐘的秀，又或者是八三〇場半小時的秀，而在每天的表演中，披頭四基本上都不重複當天已經演唱過的歌曲。沒有人會停下來想想，當然人們也無從得悉情況，現在的披頭四必然是世界上經驗最豐富的搖滾樂樂隊，豈止是利物浦而已。」

漢堡的夜生活像任何都市的夜生活一樣，似乎存在於一種歷史的真空狀態中，德國人忘記了他們是德國人，英國人忘記了他們是英國人，而不管什麼人，都忘記了樂與怒在美國被視為邪惡之音。「不管何種慣性選擇，一定只能是樂與怒，如果你要和我跳舞。」翟克・貝里（Chuck Berry）的宣言，通過藍儂的忘我發揮，響徹「帝皇地窖」。正在雷巴班大街上傳道的比利・格拉涵（Billy Graham）呼籲群眾：「為你們的罪過懺悔吧！」披頭四狂熱的現象，其後將令格拉涵為之困惑不已。

四、漢堡的「存在者」三人組

十月的一個晚上，一個名叫克勞斯．伏爾曼（Klaus Voormann）的二十二歲年輕德國人，正在雷巴班大街及自由大街一帶徘徊。他並沒有什麼樂與怒的罪過要懺悔，事實上，他與樂與怒罕有接觸；他也不是雷巴班紅燈區三教九流的分子。當然，在格拉涵的泛罪惡觀中，伏爾曼肯定有其需要懺悔的地方，但當前，他正在思考與女朋友的爭執。「帝皇地窖」傳出的音樂聲，引起了他的好奇心，在鼓足勇氣下，他拾級而下進入地窖內。他的好奇探險，徹底解決了他與女友的爭執。

伏爾曼引述當晚的經歷：在「帝皇地窖」門口聽到的披頭四樂聲是他生平第一次聽到現場演出的樂與怒，但當他進入地窖內，在台上表演的，已換上了洛里暴風樂隊。伏爾曼第一個印象是「他們有一個非常精彩的鼓手。他在哪裡隨著節奏左右擺動，陶醉在忘我狀態中，簡直不可思議」。到了披頭四再次上場表演，伏爾曼神魂顛倒了：「他們像一群小孩子那樣，配合著音樂不停搖擺，面露笑容，有時則咧嘴而笑，他們是那樣的興奮，那樣的快樂。他們之間有著一種不可言喻的默契。他們著實令人覺得太興奮了，我的眼睛無法離開他們半秒鐘。」

伏爾曼急不及待回去向女朋友艾絲特列德（Astrid Kirscherr）講述這一經歷，堅持她明天一定要去看一趟。艾絲特列德與伏爾曼同年，同是漢堡美術學院的學生，但多修了兩年時裝設計，然後突然轉攻攝影，並以最高成績畢業，目前正在漢堡有名的攝影家賴恩赫特・沃爾夫（Reinhart Wolf）的工作室擔任助理攝影師。翌日，伏爾曼到她的工作室與她一同出發。工作室的另一位也是年紀相若的助理攝影師于爾根・福爾默（Jurgen Vollmer）聽了伏爾曼的形容，也大感興趣，決定一起同行。這次三人行導致披頭四舊貌換新顏，引發一段刻骨銘心的異族情緣。

艾絲特列德從無涉足雷巴班這種地方，「帝皇地窖」令她感到危險和不安，一個不容易應付的環境。她憶述當晚的台上情景，前台中央位置的藍儂、保羅、喬治當然是最觸目的人物，「貝斯特坐在後面，你幾乎看不到他，然後，突然之間，我注意到另一個男孩子站在台上另一端的角落，幾乎完全沒有什麼動作，相對於其他成員的不停搖擺，又唱又叫，他顯得無比的纖幼和雅緻，引起了我強烈的想像，我可說是第一眼就愛上了他。」于爾根也像伏爾曼一樣，即時迷上了披頭四。此後，三人幾乎每天晚上都跑來「帝皇地窖」，成為戒不斷的癮頭。

對披頭四而言，伏爾曼三人組的亮相也令他們為之眼前一亮。在雷巴班夜場品流渾濁的人群中，他們彷如鶴立雞群。實情也只能如此。他們是有品味和藝術才華的一群，在這方面，披頭四當然毫不遜色。但從社會階層來說，相對於披頭四的勞動階層出身，三人組均來自不俗的家庭背景，尤其是艾絲特列德的家庭更屬富裕階層（她家的生意為唱片點播機的製造者！）三人組衣著裝扮醒目時髦，渾身巴黎風範，何止在「帝皇地窖」這裡，即使在漢堡市中，也屬另具一格。事實上，三人中的于爾根有「巴黎先生」的稱譽，三人組更屬漢堡市的「存在者」（存在主義者的簡稱）一族，雖然他們否認是存在主義哲學的信奉者。在納粹主義的帝國年代，他們仍屬嬰孩，但現在卻成為德國歷史的納粹主義一頁的內疚者。巴黎的戰後感性時尚為他們提供了另類出路。

披頭四的迷人魅力令三人組的生活天地日夜顛倒，但漢堡三人組的巴黎品味同樣對披頭四產生了重大的文化衝擊。深墮愛河中的艾絲特列德親手為斯圖亞特裁剪了一件無領的燈芯絨外衣，款式直接來自巴黎皮埃爾・卡丹（Pierre Cardin）的最新設計。而斯圖亞特對艾絲特列德一身的的黑色皮夾克、緊身黑皮牛仔褲、黑色皮靴裝扮，同樣驚為天人的裝扮。艾絲特列德把他帶到漢堡市一所高檔的裁縫店那裡，替他設身度做了一式一樣的套裝，費用為三千馬克（折合當時的一百二十六英鎊左右），斯圖亞特穿上之後，簡直魅力沒法擋。藍儂、保羅等人見了，幾乎要立即脫掉身上所有的一切，可惜他們並沒有幸運的資助者，幸而上天不苦有心人，他們在雷巴班所在的聖保利區找到了一個裁縫師，以大約二十六英鎊檔次的成本為他們造出相同款式的一套，三人穿上身後，在「十大」俱樂部屋頂天台上由艾絲特列德拍下了一幅仰望長空、傲視人間的神氣十足的造型照。今天聖保利的披頭四，真非昔日利物浦的人們所能想像得到的了。

但是，艾絲特列德的鏡頭還為披頭四留下了更持久的標記：她替樂隊拍下了第一輯專業水準的黑白照片，成為披頭四龐大照片庫中的經典作品，構成往後眾多的披頭四文獻中的必備插圖，其中一幀照片，五名成員一字型站在一輛長貨車前面的全體照，更幾乎隨處可見。有意思的是，站在當中位置的是核心的藍儂、保羅、喬治三人，最側邊右方的是戴上黑鏡的斯圖亞特，不難明白艾絲特列德為之傾倒的原因，而在另一端側邊的彼得・貝斯特，你也可以感受到一種貌合神離，兩位邊緣人物最終脫離核心三人組的命運似乎已經寫進了艾絲特列德的鏡頭內。

然而，鏡頭未能記載的，則是在浪漫情緣背後的一段哀怨感傷的情節。艾絲特列德的媽媽視斯圖亞特為家庭的一分子，然而，斯圖亞特的英國人媽媽則視艾絲特列德為罪無可恕的一切，為這對年輕戀人帶來無盡的痛苦。阿倫・威廉斯道出了這個時期大部分成年英國人的心聲：在他們心目中，「唯一的德國好人，就是一個死了的德國人。」歷史畢竟不可能存在於真空狀態中，即使是在紅燈區的夜場內。但我們也明白到，人類條件就是這樣。沒有了新一代的忘記與寬恕，人類的生活無法向前踏步；沒有了上一代的不可寬恕和不能忘記，人類則無法從歷史罪行中吸取教訓，以望不再重蹈覆轍，雖然，像佛洛伊德所說，要人類的野蠻殺戮逐漸為文明所同化和馴服，也許會是一個非常漫長和遙遠的過程。但在當前，披頭四在漢堡的連場「好秀」則是他們的開心「存在觀」的自然流露和發揮，志切要為人們帶來歡樂與喜悅。就像伏爾曼所看到的「像一群小孩子那樣的開心快樂」，這就是披頭四之所以成為披頭四的一個原因。他們要向最高的高處攀登，克服面前的各種逆境，堅信事情總會有好的轉變，這就是他們「樂觀」與「開心」的原動力：有什麼比剛過去的戰火摧殘更低的低處？他們與存在者三人組實在是存在命脈相連的世界內的人。他們的漢堡之行，途經荷蘭的二次大戰盟軍陣亡戰士的墳場，受到歷史的備忘，八月十七日踏足漢堡市的第一天，不可避免地會注意到正是在「二十年前的今天」，德軍戰機在利物浦投下第一枚炸彈；而在漢堡市內，不時見到的四肢殘廢的戰爭受害者，則像馬克．路易遜所說，即使像藍儂這樣詞鋒刻薄尖酸的人，恐怕也難有心情作出挖苦嘲弄。活在更早之前的佛洛伊德，其哲學的苦思是：「為什麼要打仗？」日後，藍儂發出的藝術呼籲是：讓我們「給予和平一個機會！」相對於佛洛伊德的悲觀，藍儂則說，只要我們敢於「想像」，大同世界就可實現，何等容易。保羅的快樂發揮，同樣令人開心：「二十年前的今天，畢柏軍曹教會了樂隊打band」，二十年前當然有其他事情在發生，但保羅現在專注的只是音樂的天地，而在學習中的樂隊很可能就是披頭四。不管潮起潮伏，他們信心十足，「樂隊的演出肯定會令你露出滿意的笑容。」

在一九六〇年十二月初返回利物浦的披頭四，如同脫胎換骨，在城市的樂與怒群英中，現在是他們鶴立雞群。利物浦一位搖滾樂吉他手克里斯．曉斯頓（Chris Huston）不敢相信自己的眼睛：他感到現在的披頭四神氣活現，信心十足，步履充滿彈力，而且好像知道許多別人不知道的東西。他問藍儂漢堡的體驗如何？藍儂說：「他媽的精彩！我們利物浦這裡晚上十一點後街上已全無人跡，但在漢堡那裡，活動在午夜才開始。」曉斯頓說：「但這個回答並沒有解釋到我的問題，因為，漢堡並沒有令其他的樂隊產生同樣的轉變。」他實際上點出了要點的所在：披頭四之所以成為披頭四，因為他們知道，要往最高的高處走，他們要看得比別人遠，要付出比別人多，這就是他們比許多人知道得多的事情。

五、白白讓披頭四從手中溜走

可惜的是，他們的老拍檔阿倫．威廉斯，情況剛好相反，他的事業運程似乎開始逆轉。早前他到漢堡市進行了旋風式的視察，回到利物浦後，以旋風式的速度，開創了他的全樂與怒俱樂部「十大」，並且成功說服了圈內人際脈絡最廣泛的唱片騎師和主持人鮑勃．沃拉（Bob Wooler）辭去其他工作，全職出任俱樂部的經理。「十大」於十二月一日開幕，但在第六天即因為會場內的電線短路導致大火，一把燒掉他的全副投資心血，嚴重受創的威廉斯胃為之潰瘍，需要送院治療。但威廉斯實在不失為一個有心的性情中人，為沃拉現在的情況感到內疚，而同時不忘叮嚀沃拉照顧剛從漢堡回來的披頭四，為他們物色工作機會。十二月二十七曰，沃拉在利物浦的萊德荷大會堂安排了「直接從漢堡運抵的披頭四」登台，全新造型、全新音響、全新姿態，全場觀眾為之哄動、瘋狂反應，觀察者將這場音樂會定性為即將鋪天蓋地開展的披頭四狂熱（Beatlesmania）的震頻初現。一九六一年二月，沃拉接著安排他們重返「洞穴」表演。當年警告藍儂「不能再有樂與怒」的史特恩，時移勢易，早已將俱樂部賣盤，轉往倫敦為他的爵士樂尋找剩餘的機會。新的經營者萊．麥克豐爾（Ray McFall）雖非全面的樂與怒人士，不過其口味取向已遠較為容納。不過，他仍然沒有充分的心理準備：

「披頭四的震撼力真正是超越任何的形容，我好像被重槌大力擊中一樣，全無招架之力。徹底地。絕對地。即時地。……我的天，多麼強勁的一支樂隊！」披頭四這次重臨「洞穴」，距離藍儂的採石人樂隊於一九五七年八月首次在「洞穴」登台表演，不足五年，樂隊已經征服了利物浦，也征服了漢堡；利物浦以外的整個英國，漢堡以外的整個世界，也將臣服於他們的超級魅力之下，看來指日可待。不過，現在他們在漢堡仍有未了結的事情。

一九六一年四月，他們重返漢堡的「十大」，履行登台的承諾。但在此事上面，情況有點混亂。阿倫．威廉斯認為他與「十大」的老闆艾克康之間有著白紙黑字的聘用協議，然而，披頭四同樣認為他們與艾克康早有直接的口頭協議，拒絕支付威廉斯的經理人佣金。錢、錢、錢、錢，在此問題上，披頭四也像常人一樣，有其天使以外的一面。威廉斯氣往上衝，認為披頭四簡直是一群「賊匪」，忘恩負義。他從利物浦寫了一封信用特快空郵寄到漢堡給樂隊，直斥其非：「看來你們都有點勝利沖昏了頭腦，讓我提醒你們，不是我的關係，恐怕你們連漢堡在哪裡也不知道。」接著他警告披頭四，如果他們一意孤行，他定會採取法律行動，保證他們在利物浦無法再找到工作。雙方關係宣告破裂。對此下場，威廉斯不勝唏噓：「我對約翰．藍儂說，他媽的，以後你休想再有工作的機會——結果找不到工作的卻是我。」在七十年代初，他出版了自傳，書名為《白白讓披頭四從手中溜走的人》，提議用這句話刻在他的墓碑上。在披頭四狂熱潮期間，他在電視上看到樂隊在皇室人員面前的表演，一想到「我本來是這群王八蛋的經理人！我一手抓起旁邊的坐墊擲向電視機」，「我真想旁邊有一塊磚頭。」在自傳中，他敘述了無數晚上的痛苦折磨：「我在頭蓋內聽到牙齒上下磨擦的聲音，想到我是怎樣的讓樂隊和百萬財富從我的手指縫中溜掉，我的汗珠從前額流下。」命運就是這麼樣的一回事。在他怒火最沖天的時期，披頭四的新經理人布萊恩．艾普斯汀登門造訪，向他查詢與樂隊是否仍有任何合約關係，威廉斯給予艾普斯汀咬牙切齒的忠告是：「千萬不要碰這班人。他們只會給你帶來麻煩。」但阿倫畢竟是個有意思的人物。一天晚上，艾普斯汀來到「藍天使」找他，對他說：「這群年輕人對他們在漢堡的行為感到悔意，你大人有大量，能否寬恕他們呢？」阿倫說：「算了吧。下次他們返回利物浦，你帶他們到這裡來好了。」艾普斯汀說：「其實他們就在門外。」雙方終於修好。究其實，威廉斯對披頭四並沒有真正的恨意，對艾普斯汀也沒有什麼妬嫉：「我對布萊恩全無妬恨，我一直都認為他是個百分百的紳士。他所做的一切，不是我的能力所能做到的，我的腦袋像蜻蜓一樣，永不可能應付到那麼龐大繁複的業務。我認為正是這些重擔最終奪走了布萊恩的生命。」不管是否這樣，威廉斯本人，經歷「十大」的無情大火、披頭四的就此脫鈎，確實心灰意冷，事業開始走向下坡。或許因此，酒成為他的良伴，導致元配夫人張貝露著令他離開。貫徹著他的人生經歷的「傳奇」色彩，在管理披頭四的時候，他沒有簽署經理人合約，在與夫人分手的時候，他沒有簽署離婚證書。其後，他與另一位女士結緣，共同生活，這位女士的名字也叫做貝露，威廉斯分別稱她們為貝露一號和貝露二號。性格始終看得開的威廉斯在自傳中說：「我是一個百萬富翁。我擁有百萬的記憶。誰也不能否定這一點。」其後，他成為世界各地不少的披頭四主題集會的常客，發表演說，講述這些記憶，有些為事實，更有不少是豐富的想像，津津樂道，而聽眾也百聽不厭。

回到漢堡的「十大」，披頭四再度與謝里登會合，同台演出，有時為後者伴奏伴唱，有時則獨當一面，老練的音樂家謝里登對披頭四的神速進步，一再深為驚詫，雖然他看到樂隊仍有可再提升的地方，但對鼓手彼得的評價則是：完全不是可造之材。披頭四在「十大」這裡同時也開始吸引到不同品流的新觀眾，有學生、年輕藝術家、辦公室文員，等等。由於口碑所及，引起了德意志唱片公司旗下分支的寶麗金（Polydor）監製伯特．肯普弗（Bert Kaempfert）前來一看究竟。閱歷與經驗均屬不凡的伯特，看中了謝里登，然而，他也同樣看中了伴奏樂隊披頭四，一舉與兩者同時簽下灌錄唱片的合約。大日子就定在六月二十二日，當天一早，艾絲特列德驅車將一眾人物包括斯圖亞特在內送到Hamburg-Harburg錄音室，對披頭四而言，這是他們生平第一次進入一所專業規格設施的錄音室為他們的命運前程作出試探。伯特無意急進，首先避開樂與怒，挑選了一批較通俗的歌曲，包括德國聽眾熟悉的英語民歌〈My Bonnie Lies Across the Sea〉以及〈When the Saints Go Marching In〉等，交由謝里登主唱，由披頭四伴唱；另外，他讓披頭四獨立演唱了兩首歌曲：〈Ain't She Sweet〉和〈Cry Me a Shadow〉。披頭四這一天的發揮並非最佳水準，但總算有了一個開始。然而，對於彼得・貝斯特，監製伯特的評價卻是：「鼓手實在差勁。」有分到場的斯圖亞特只是旁觀，沒有參與錄音。事實上，早在幾個月前，他和艾絲特列德已經訂婚，並將離隊的意向知會了其他成員。喬治認為樂隊的四人數目其實更理想，而保羅也終於改變，願意擔當低音吉他手。可以說，披頭四由5回到4，至此已成定局。

披頭四在漢堡「十大」的表演持續至七月方結束，在這三個月期間，他們再添加了五百多小時的「好秀」磨練，早已超標完成任何「少林寺」的習藝要求。斯圖亞特決定在漢堡留下，繼續美術深造，並迎接快將到來的婚期；「存在者」三人組另外的于爾根，決定移居巴黎，無心棧留在納粹留痕的德國，但他稍後則替披頭四剪下舉世有名的披頭四髮型，為千千萬萬的青少年所仿效；最早發現披頭四的卡勞斯則渴望加入樂隊，填補斯圖亞特的空缺，藍儂對他說，低音吉他手之位已由保羅接手了。」要到若干年後，卡勞斯對披頭四的貢獻才表現在他替《左輪手鎗》（*Revolver*）專輯設計的唱片封套上。闊別在即，眾人依依不捨，「三人組」在披頭四的感情天地裡顯然有其特殊的地位，一九六三年他們為冠軍歌曲〈我要握著你的手〉（I Want to Hold Your Hand〉另外錄下了德文版，除了是對漢堡歌迷的致意之外，誰能否認這同時也是他們對三人組的情意表達？

六、英國紳士一號

回到利物浦，披頭四未幾即恢復在「洞穴」的演出，但再往前走，他們顯然需要踏上更大的舞台，此點旁人皆見，雖則當事人並無良策。漢堡再一次為他們開路。十月中旬，斯圖亞特空運寄來了寶麗多為他們印製的第一張四十五轉唱片，正反兩面的歌曲並非他們主唱的〈Ain't She Sweet〉／〈Cry Me a Shadow〉，而是他們為謝里登伴奏伴唱的〈My Bonnie〉／〈When the Saints Go Marching In〉，唱片封套上標出的名字是謝里登與節拍樂隊（Tony Sheridan and The Beats），實難稱之為披頭四的「作品」。然而，唱片就是唱片，樂隊大喜若狂，即時向熟悉的人展示，包括唱片騎師波比．沃拉在內，而喬治更匯錢給斯圖亞特讓他火速再買一批寄來。眾人的心情可以理解。披頭四出版了唱片，消息逐漸傳揚了出去。十月二十八日，一名叫雷蒙德．瓊斯（Raymond Jones）的年輕人步入「北區音樂總匯」查詢購買，不得要領。此事引起了老闆布萊恩．艾普斯汀的注意。他的經營宗旨是，顧客凡有所求，他必定盡力滿足人客的要求。披頭四究竟是什麼人？他還以為這是一支德國樂隊。一經打聽，知道他們竟是當前利物浦最精彩的樂與怒組合，在午間時分就可以「洞穴」俱樂部看到他們的表演。他決定前往一看究竟。事實上，「洞穴」距離「北區音樂總匯」，只有百步之遙。

十一月九日，在私人助理泰勒（Alistaire Taylor）陪同下，溫文爾雅、衣著一貫無懈可擊的艾普斯汀步入「洞穴」，一個與他格格不入的環境。在毫無心理準備之下，他拾級而下，進入暗沉沉的地窖內，裡面完全煙霧瀰漫、充滿令人無法消化的味道，「我想不出有什麼理由我不馬上離開這個地方。」布萊恩憶述。但實際上，有更大的理由令他無法動彈。這是一次反轉他的整個人生、並且反轉整個世界的流行音樂秩序的午間探險。一堆堆的年輕人擠在一起正與奮忘形地投入台上的四名年輕人的表演中。布萊恩一眼就認出這幾人就是經常在他的店鋪內翻找唱片的顧客，「我對他們產生了極大的好感，並即時被他們的樂聲深深吸引住。」他感覺到「會有非常非常多的人喜愛他們的這種樂聲」，「這群年輕人給我一種清新的感覺，誠坦自然，散發著一種你即時感受到的引力，或者說他們有著一種「明星質素」，這是非常模糊的說法，但不管叫什麼，他們就是有這樣的一種東西。」馬克．路易遜說，「從見面的第一刻開始，布萊恩可說就對披頭四形成了不可動搖的信念。」肯定他們有一天會是世界上最巨大的樂隊。「我知道他們有一天會超越貓王艾維斯。我知道他們會成為世界上最偉大的樂隊。」布萊恩憶述。唱片騎師沃拉如此總結布萊恩的第一次「洞穴」之行：「他親臨其境，親眼見證，親身被擒。」（He came, he saw and he was conquered.）步出「洞穴」之後，他即對助手泰勒說：我要做他們的經理人。徹底被披頭四征服的布萊恩，現在的目標則是協助披頭四征服世界。

他開始作出部署。過了大約一周，他重返「洞穴」，以及視察披頭四其他演出的場地，進一步評估。「看得愈多，他的信念愈加肯定。」他從未做過藝人管理的工作，但他心中有數。他對唱片行業和市場有直接的認識，對產品銷售之道有實戰的經驗，而作為利物浦最大規模的唱片零售店的老闆，他與各大唱片公司的高層有著不錯的人際脈絡，在公司行政管治方面，他有一絲不苟的要求。在所有這些之外，他長期以來對舞台戲劇的興趣，培養出一套高水平的審美眼光，披頭四的音樂活力和才華毋庸置疑，但是他們的舞台風範與外形包裝，在他看來，則大有改善和提升的空間，他相信在這方面他可以作出貢獻。最重要的是，他對披頭四最終蓋過貓王有著無可動搖的信念，他深信憑著這一信念，沒有困難是不可克服的，雖然前面的種種困難，實非他目前所能想像得到。

從披頭四的角度而言，他們留意到布萊恩在「洞穴」的亮相，留意到他渾身是上層級數的名貴裝扮，(「洞穴」的人並非沒有見過穿著西服的人，俱樂部的老闆麥富平時穿的是西服，唱片騎師沃拉平時穿的是西服，但這個布萊恩，豈止西服而已，你還得看看他的優質長大衣，深藍色底白色圖紋的仿綢圍巾，金打火機和金香菸盒，還有身上的珠寶飾物，色澤光亮的義大利皮鞋，用「洞穴」員工的話說，全身上上下下，「好像經過老媽子悉心打理才出門那樣」)，披頭四當然也留意到布萊恩在全神貫注觀察他們，而通過與布萊恩的交流，更無法不注意到他的標準英語（或者稱之為皇家戲劇表演藝術學院的標準英語）和文化、教養的氣質，這真真正正是一個級數截然不同的人物。如果阿倫．威廉斯完成了對他們的下層社會的啟蒙教育，漢堡替他們夷平了利物浦一切的事業障礙，再向更高的台階攀登，契機莫非就是眼前的這個人物？因此，當布萊恩主動提議出任他們的經理人，披頭四可說同樣是心中有數。藍儂的說法是：布萊恩一身貴氣裝扮，有自己的汽車，擁有一間（他們經常光顧的）唱片店鋪，有自己的大屋（就算這只是其父母的大屋），還要看什麼？然而，他們心中有數的，實際上是更重要的因素。他們感受到布萊恩的一種懇切的誠意，他的經理人建議並非出於金錢的考慮。他們從第一次的漢堡演出返回利物浦，水準突飛猛進，當時利物浦的另一位音樂會推廣人和籌辦人森．列治（Sam Leach）即已對他們說：你們將會蓋過貓王普里斯萊。藍儂轉頭向保羅說：這裡有一個瘋子！保羅笑對列治說：那你先給我們多找點演出機會吧。同樣，布萊恩甫與披頭四會面，即對他們說出相同的話，然而，這次的反應卻有所不同。喬治．哈里遜說：「我們有的雖然是無比的自信，但聽到布萊恩說『你們會大過普里斯萊』，仍難免有點受寵若驚，我的意思是，你究竟要大到什麼程度才能大過普里斯萊？我真懷疑。這實在是一句非常狂妄的話，但，無可否認的是，他的態度是正確的。」在布萊恩身上，披頭四事實上看到了不少正確的成分。經過多次的往返接觸，在十二月三日的一次會議上，藍儂斬釘截鐵地說：「好吧，布萊恩，我們就由你來管理吧。」

坐言起行。布萊恩立即兵分二路：一，安排一切後勤的支援，包括做好雙親的工作，重組「北區音樂總匯」公司架構，移交其胞弟接管，騰身出來全力發展經理人的事業；二，他有一整套提升披頭四的形象包裝的想法，現在輪到他像老媽子一樣，要將披頭四悉心打理好才讓他們出來；這有一個過程，要分階段進行。首先，樂隊必須撥亂反正，揚棄在台上所有到目前為止看似觀眾大為受落的狂野和雜亂無章的行為，不能抽菸、喝酒、咀嚼食物，不能講粗話；其次，布萊恩提議他們每次表演結束時，向觀眾作出鞠躬謝幕；再接著下來，布萊恩要他們開始放棄漢堡階段的皮夾克、牛仔褲、牛仔皮靴的裝扮，改穿西裝，如果他們要變得體面和取得電視曝光的機會。布萊恩將他們帶到利物浦裁縫巨匠班諾．當恩（Beno Dorn）開設的店鋪，由首席裁縫和爾特．史密斯（Walter Smith）出馬，替披頭四設身度造出他們他們的第一套西裝：深藍色的馬海毛物料（顏色為披頭四所選），單排扣和窄翻領的上衣，緊身直落的長褲（底部無捲摺），再加上其他一應配套；費用不菲。披頭四並沒有艾絲特烈德的資助，但店鋪給予折扣（因為布萊恩是老主顧，而店內的女職員均是這群精彩小伙子的支持者），披頭四支付部分訂金，餘額由布萊恩墊付，往後再償還。三，最終的目標是落實一份唱片公司與披頭四之間的灌錄唱片合約，此事不到位，披頭四要成為世界最大的音樂人物，蓋過普里斯萊，將無從說起。

在接著的星期五，布萊恩準備就緒，一早就登上火車南下倫敦，他與英國最大的兩家唱片公司ＥＭＩ和迪卡（Decca）約會預先已安排好，他的公文袋中放置了披頭四的「第一張唱片」（由謝里登主唱、披頭四伴唱的「我的邦尼」）以及在漢堡時由于爾根．伏爾曼拍下的一輯黑白照片。此外，也帶備了披頭四在漢堡時所簽下的寶麗多的唱片合約，準備諮詢ＥＭＩ的法律意見，看看對樂隊在英國的發展會不會構成任何障礙。他已做好功課。

在ＥＭＩ他約見的是市場營銷部的總管朗．懷特（Ron White），兩人是業務上的相知。「北區音樂總匯」是利物浦最大的唱片店鋪，是ＥＭＩ一個重要的客戶。道明來意之後，布萊恩說，披頭四是利物浦最精彩的樂與怒樂隊，每次演出均座無虛設，台下反應如痴如狂，而在漢堡他們也是同樣轟動的樂隊。他留下四十五轉的《我的邦尼》，指出在這裡他們只是伴唱者。他也留下漢堡的寶麗多合約文本。懷特說他會將唱片轉交給ＥＭＩ旗下的四個不同的藝人與庫存部門考慮，而他的文件也會轉給法律部門過目。他承諾會盡快給他答覆。

離開ＥＭＩ，布萊恩隨即轉往就在附近的迪卡唱片公司總部。與他見面的是迪卡的銷售經理悉尼．史提芬（Sidney Stephen）和他的副手科林．波蘭德（Colin Borland）。三人共進午餐。布萊恩誠意十足地重複他的一番推薦介紹。悉尼．史提芬表示，他來得正好，因為迪卡的藝人與庫存部正在籌備大改組，準備進一步大力擴展業務。迪卡會盡快作出回應。情況與ＥＭＩ一樣，布萊恩是迪卡的一個重要的客戶，每年在利物浦替他們賣出大量唱片，而且在兩天前，他剛在《利物浦廻響》報刊上花了大筆廣告費宣傳迪卡的產品（巧合抑或有意的安排？）。迪卡不會隨意打發這麼重要的一位業務夥伴吧？

午膳後，布萊恩沒有即時離開迪卡大廈，而是轉往另一辦公室，探訪他的另一相知湯尼．巴勞（Tony Barrow）。湯尼本在利物浦工作，替《默西節拍》音樂報紙撰寫樂評，現在轉到了倫敦發展，在迪卡負責撰寫唱片的宣傳文字。布萊恩拜託他多多照顧，在同僚面前替他的披頭四任務說句好話。有這樣的一個經理人，披頭四能不說是幸運中的幸運！

這是布萊恩感到稱心滿意的一天。兩大唱片公司中可期必有王者興，畢竟，樂隊精彩，音樂出色，歌迷狂熱，他看不出理由一紙合約會有什麼困難。他現在只需靜候佳音。

任何回音的等待，都是難耐的，但對布萊恩來說，他的等待似乎份外難熬。十二月十三日，迪卡的藝人與庫存總管狄克．盧派遣他的副手麥克．史密斯（Mike Smith）親到利物浦的「洞穴」一看究竟。在行將重組的架構中，史密斯將榮升為具有拍板權力的主管級位置，但在目前，他仍會將決定留給上司。「洞穴」竟然獲得大唱片公司的星探垂青，著實引起了一番注目。披頭四的確名不虛傳，他們的現場表演令史密斯印象極深。他即時與布萊恩議定，安排樂隊於一九六二年一月一日到倫敦迪卡的錄音室試音（當年的英格蘭仍未將新年的第一天定為公眾假期）。

這一支強心針實在來得合時，因為ＥＭＩ無意簽署披頭四的壞消息也在此時傳到。朗．懷特的回覆是：「考慮到敝公司目前已簽有足夠數量的這類樂隊，現在再增簽同類性質的藝人，可能不是合適的事情。」懷特並且告訴布萊恩：EMI的幾個藝人與庫存部的負責人聽過他留下的唱片，感覺這像是影子樂隊（The Shadows）的拙劣版。這是他們不打算與披頭四簽約的原因。不過，作為友好表示，他將布萊恩交託的德文合約譯成英文寄回，幫了一個小忙。

EMI的遺棄決定，既非布萊恩所預期的結果，也非他所能接受的事實。不過，當前他的要務是為披頭四打點好即將在倫敦進行的迪卡試音。他擬出了一份歌曲名單，包括三首藍儂—麥卡尼作曲作詞的作品，合共十五首。直到現在，披頭四在所有的表演中，基本上仍未有信心演唱自己創作的作品，但布萊恩卻認為這是他們的一大賣點，在他推廣樂隊的過程中，他會一再強調這不尋常的一面。

試音如期進行。這是披頭四在英國本土第一次見識正規的唱片錄音室，意義當然有別於漢堡的經驗。然而，基於多種原因，這一天的披頭四並不在最佳狀態中，外面氣溫攝氏零下七度，凍入骨子裡，室內也好不到哪裡。榮升在即的麥克·史密斯這一天遲到，除夕的酒精作用仍未盡消，視準時為美德、並一再以此告戒披頭四的布萊恩，顯然難言滿意。不過，心情緊張的披頭四仍然一鼓作氣，完成了十五首歌曲的發揮，合共構成一卷三十五分鐘的錄音磁帶。披頭四在一九六一年十一月結識布萊恩，堪稱得遇貴人，元旦的迪卡試音，不管從那個角度看，可說都是新貴人為他們帶來的新年新氣象。但在迪卡錄音室內的這一天，披頭四再次面對困擾著他們的老問題。用迪卡音樂製作人員沙維治的話說：「不。如果我們要與披頭四簽約，我們的唱片灌錄不會起用彼得・貝斯特。」在數天之前，十二月二十七日，樂隊在「洞穴」舉行了「披頭四聖誕派對」演唱會，但在該天，貝斯特因病無法登台，披頭四馬上情商靈高・史達客串一天。喬治・哈里遜說：「換上了靈高之後，我們即時產生了完整無缺的感覺。這種感覺真是就這樣出來了。這是非常美好的一種感覺。」好事更為近矣。離開迪卡之後，布萊恩的心情仍然是樂觀的，儘管試音未盡人意（披頭四事後也承認這是一次差勁的表現）。

然而，布萊恩這次的回音等待，依然是難耐的，並且是加倍的難耐，一等就是兩個月。二月底，他終於在迪卡總部與狄克・盧、悉尼・史提芬等高層再次聚面。在其後的自傳《滿室皆噪音》中，布萊恩如是引述狄克・盧的話：「艾普斯汀先生，我實話實說吧，我們並不欣賞你這羣小伙子的音樂。吉他樂隊現在落伍了。」

可以想像，迪卡的遺棄決定，其衝擊力是何等的猛烈！布萊恩幾乎在咆哮：「你們準是瘋了。我肯定這群年輕人有一天將會大過艾維斯。」

挑戰貓王的神級地位從來是不智的。迪卡高層心平氣和地回答：「艾普斯汀先生，這群年輕人是不行的。我們很熟悉這個行業。你在利物浦有一盤不錯的唱片零售生意，你就專注做這個就好了。」

日後，迪卡一眾高層盡皆否認說過這樣的話，甚至否認有過這麼一次的午餐聚會，他們只是用書面通知布萊恩關於遺棄的決定。雙方各執一詞。馬克・路易遜說，實情如何，他的調查考據已竭盡所能，依然難以百分百的肯定，也許，這只能說是歷史記憶不完整的剎那一刻。但不管如何，遺棄就是遺棄。日後，巨大的財富從迪卡唱片公司的英美相關部門手中全部溜走，也是事實就是事實。這一天，布萊恩拖著沉重的步履離開迪卡辦公大樓。他唯一的安慰回報，也許就是迪卡將披頭四試音的那卷三十五分鐘的錄音母帶送了給他。這在行業的做法中是少有的。或者迪卡認為這卷母帶連存檔的價值也沒有吧。

至此，英國最大的兩家唱片公司，大門全部關上。餘下的就是二三線的Pye, Emben, Philips, Orion Records等等。鬥志頑強的布萊恩鍥而不捨，逐家逐家登門造訪，誠意十足地推銷他的樂隊。逐家逐家的答覆，都是相同的遺棄決定。所有唱片公司的大門，現在全部都關上了。布萊恩與披頭四的境況可用四字形容：山窮水盡。疑無路並不存在，因為，再無出路已無疑問了。

七、英國紳士二號

但是，娛樂事業的恆常格言是：「秀」必須繼續下去。披頭四必須收拾起他們的徬徨與困惑心情，履行布萊恩早前安排好的兩項主要活動。其一，是在二月八日到曼徹斯特的英國廣播公司（ＢＢＣ）進行電台節目「我們又來了」（Here We Go Again）的試音，如獲取錄，即可在這個擁有近二百萬聽眾的全國性電台節目中表演。這次試音成功了。全國聽眾在三月八日第一次聽到了披頭四的表演。在節目中，披頭四演唱了三首歌曲，其中包括他們自己作曲作詞的〈Like Dreamers Do〉、〈Ask Me Why〉。其二，樂隊在四月十二日重返漢堡，到新開幕的「星光俱樂部」（Star Club）登台，履行七周的合約。「星光」是雷巴班夜場的新勢力，經營者是靠色情表演業發跡的懷斯里德（Manfred Weissleder），斥下巨資將「星光」布置為區內最豪華的俱樂部。「星光」開幕，其他夜場即告黯然失色，包括「十大」。布萊恩替披頭四爭取了迄今為止他們最高的表演費，俱樂部並且提供住宿，兩人合用一間設施齊全的房間，較之科施密德的「劏房」待遇，檔次截然不同。披頭四的藝人地位與身價，開始彈離阿倫·威廉斯的運作層次。

但當披頭四這次到達漢堡，「存在者」三人組的密友艾絲特烈德和卡勞斯·伏爾曼宣布了一項晴天霹靂的壞消息：他們的共同密友、艾絲特列德的未婚夫斯圖亞特因腦溢血去世了。披頭四呆若木雞，藍儂接近神經失控。在一九六二年短短的幾個月內，披頭四首次遭逢了他們出道以來的兩項巨大打擊。英國所有唱片公司的遺棄決定，無異於宣述了他們事業發展的末路；同年紀的隊友斯圖亞特的驟然死亡，等於同步向披頭四展示了人生的無法避免的創痛災難，歷史並無如果這回事，但相信藍儂難免會思考：若非他一力遊說斯圖亞特加入樂隊，共同追尋樂與怒之夢，也許斯圖亞特不會有今天的下場。（斯圖亞特在利物浦一次登台表演期間，遭受一群流氓青年圍毆（因為他們的女朋友全都為斯圖亞特而尖叫），腦部被踢，可能是最終的腦溢血成因之一。命運的擺布也許就是這樣。放在披頭四的整個大故事中，唱片公司的集體遺棄，實在是一項史詩式的敘述，而斯圖亞特的死亡，則具有希臘悲劇的色彩。因為，同一隻命運之手，反手為雲，覆手為雨，我們很快就看到，徹底的遺棄，就是徹底的轉變，悲痛的死亡，往往就是一種新生的肯定。無疑殘酷，但這就是史詩和悲劇的構成元素。

五月九日，披頭四仍在漢堡期間，艾普斯汀從倫敦傳來了一則電報：「恭喜恭喜！ＥＭＩ約定我們唱片錄音的日子。請即排練新歌。」這真是從天而降的不可想像的消息，運程三百六十度轉變的綠燈突然閃亮。山窮水盡之後，果然就是柳暗花明。（ＥＭＩ六十年代在香港的錄音室就設在九龍區的又一村！）究竟是什麼導致這一峰迴路轉？

路易遜在其傳記《歲月流金》中如此敘述。遭受連番遺棄挫折的布萊恩，可說已是走頭無路了。一天，他與唱片騎師沃拉共進午餐時，伏在後者的肩膀上幾乎哭泣起來：利物浦最精彩的樂與怒樂隊，為何人們視而不見，聽而不聞？但在情緒宣洩過後，他的堅定信念並無動搖：「披頭四有一天會比貓王更巨大」。他再度南下倫敦，這次是前往牛津街的唱片零售龍頭店鋪ＨＭＶ（ＥＭＩ的另一子公司）拜訪經理人羅拔．波斯特（Robert Boast）。布萊恩心中並無什麼具體想法。他向波斯特講述了關於披頭四和最近的一切。波斯特深表同情，可惜在唱片合約一事上他愛莫能助，不過他有一個小提議。在他的店鋪二樓，有一小型錄音室，設有將錄音磁帶轉印成七十八轉塑膠唱片的設備，布萊恩可以考慮將迪卡的試音磁帶壓印為膠片，方便他的推銷工作，因為唱片公司行政人員的辦公室，大多設有留聲機，而未必人人都置備錄音機。布萊恩欣然同意。波斯特即時引領他到樓上介紹與技術人員吉姆・福伊（Jim Foy）認識。吉姆聽完迪卡的試音帶，竟然評價很高，布萊恩大為高興，並且驕傲地說，其中的一些歌曲是披頭四自己創作的。吉姆說，從事音樂版權出版業務的Ardmore and Beechwood（又一家EMI的子公司）就在樓上，有沒有興趣跟公司的主管悉德・科爾曼（Sid Colman）見個面，聽聽他的意見？有何不可？布萊恩同樣欣然同意。吉姆快人快事，即時到樓上親自引領科爾曼下來。科爾曼對披頭四的幾首歌曲同樣有好感，尤其喜歡保羅・麥卡尼的〈就像所有造夢者那樣〉（Like Dreamers Do）。他表示有興趣買下這首作品的音樂版權，但布萊恩提出一項先決條件：披頭四必須是作品的第一錄唱者。科爾曼表示他可以在EMI內部探討一下灌錄唱片的可能性。布萊恩當然不反對，雖然根據EMI早前的知會，他們的四個唱片製作部門已全部表示興趣不大。布萊恩仍存奢望：或者其中有人已忘記了此事。未幾，Parlophone的名字即進入視線範圍。

遺棄的交代總是蘊藏著謊言。朗・懷特當日所說的話，顯然並非屬實，他只將〈我的邦尼〉播給了其中兩個部門的主管評估，其餘兩個則全不知情，包括由喬治・馬田（George Martin）打理的Parlophone。馬田與布萊恩素未謀面，但他的祕書在日記簿的二月十三日一欄內用鉛筆寫上了：與「北區唱片總匯」的布萊恩會面。究竟是誰在穿針引線，各有各的說法，路易遜說他始終無法確立真正的情況。美國作家鮑比．史匹茲（Bob Spitz）在其二〇〇二年的《披頭四傳記》（*The Beatles: A Biography*）中的說法是，科爾曼仔細考慮過四個藝人與庫存部的具體業務情況後，認為當時藝人陣容最為薄弱的Parlophone或者較有機會吸收這隊樂隊，因而提起電話接觸喬治．馬田。但路易遜的傳記明顯地推翻了這一說法，雖然他沒有直接提到史匹茲。科爾曼的助理金．班納特（Kim Bennett）指出，科爾曼事實上殊不喜歡馬田，說他會作出主動的接觸，幾近天方夜譚。路易遜確立的過程是，科爾曼就披頭四唱片合約一事，一再纏擾行政總裁活德，活德終於作出行政指令，吩咐喬治．馬田提供披頭四一紙合約。活德的決定一石二鳥，一方面安撫了科爾曼，另一方面又同時給馬田顯示了一點「顏色」，因為，晚近的馬田在要求加薪問題上帶給了他不少煩惱，至於四個藝人部門中由誰來簽署合約，對他而言，並無分別，反正成本最後都歸入公司的總帳內，而披頭四是誰，老實說，他像EMI其他行政人員一樣，實在全無頭緒。這不會是他最後遇上披頭四煩惱的一次。

不管怎樣，布萊恩與馬田兩人的歷史性會面就在這一天如期舉行。十足十英國紳士風度的布萊恩，與同樣十足十英國紳士風度的喬治．馬田面對面而坐，不知道他們就這樣譜寫了世紀的樂曲，也同時為自己在披頭四的大傳奇中畫出了無可替代的特殊地位。但在這一天，兩人的心情明顯各有不同。布萊恩是如常地認真而又緊張，繁忙的馬田則多多少少視這次會議為「交差」性質，他對披頭四全無認識，聽完布萊恩的示範「唱片」，也不覺得有什麼特別之處，會議結束後，二人客氣道別，對於下一步如何，馬田並無什麼表示。但看來他對布萊恩似乎有某種好感。這人如此深信他代理的樂隊就是全利物浦最精彩的樂隊，大言不慚地宣述「他們比艾維斯更巨大」，馬田對他有點另眼相看。

苦候雖然已成慣事，這次的等待依舊為布萊恩帶來了無盡的煎熬，幾乎在三個月之後，在五月七日，ＥＭＩ才有聯絡，約他五月九日到倫敦教堂路（Abbey Road）ＥＭＩ的錄音室再與馬田會面。布萊恩的找尋與等候終於得到回報，利物浦最精彩的樂隊最精彩的故事，也從五月九日這一天開始以雷霆萬鈞之勢全面展開，布萊恩「他們會比艾維斯更巨大」這句話，現在只顯得軟弱無力，而迪卡傲視同儕的「高處未算高、最高的高」的宣傳口號，現在則綠楊移作別家春，變成形容ＥＭＩ獨領風騷的貼切好句！

這一天，甫見面，喬治．馬田即對布萊恩說，他們準備與披頭四簽署唱片合約，並即席向布萊恩文代合約的內容條款。這是一份英國唱片行業的標準合約（也即是標準的條件刻薄的合約），當時歌壇天之驕子的克里夫．理查德（Cliff Richard）持有的，也是一份同樣的合約。馬田說，如果沒有問題，他會安排日內就將合約文本寄到利物浦布萊恩的「北區唱片總匯」那裡。布萊恩當然沒有問題。二人隨即商討錄音的日期。考慮到披頭四在漢堡的「星光」合約五月底結束，樂隊回到利物浦後，需要三數天的排練，雙方將日期定在六月六日晚上七時至十時。步出EMI的錄音室，布萊恩即到區內最近的電報局，拍了一通電報給利物浦的《默西節拍》樂報通告此事，一通電報給在漢堡的披頭四（這就是喬治．哈里遜所收到的），另外打了一通電話給雙親彙報此事。有誰能不感受到此時此刻布萊恩的興奮心情？

八、遺棄何太急〈愛我莫遲疑〉

六月六日，在披頭四編年史上，這是命運不動聲色同時不留情面地展示其兩面派本色的一天，既有一見鍾情的開心邂逅，又有黯然神傷的痛苦割切。這一天，披頭四共錄下了四首歌曲，包括Besame Mucho以及他們自己創作的〈愛我莫遲疑〉（Love Me Do）、〈還有我愛你〉（P.S.I Love You）及〈原因問我〉（Ask Me Why）。披頭四一心以為，四中選二，這就是他們的第一張四十五轉唱片。然而，馬田並非如是想。事實上，這一天他對披頭四的音樂表現，評價並不高，就像早前聽完試音唱片後的反應一樣，看法並無改變。四首歌曲中，並無一首可作四十五轉唱片的主打歌曲，藍儂與麥卡尼的作曲家水平他同樣不覺得有特別之處。但是，馬田並非一個普通的唱片監製，他具有不比尋常的音樂感性和文化修養，他沒有即時勾銷披頭四，這一天選錄的歌曲雖然並不出眾，但他對保羅與約翰的歌喉則具有好感。錄音完畢後，他召集樂隊進入控制室與在場的工作人員一起檢討剛才的錄音，為他們點出其中的一些沙石，同時向他們講解EMI錄音室的各種技術運作細節。心情緊張的披頭四在整個過程中不發一言，只能面面相覷。這個喬治．馬田，從其儀容裝扮、談吐舉止到其斯文典雅的氣質，不期然令披頭四為之肅然起敬。保羅的印象是「這個人的台階明顯比我們高出一截」，喬治．哈里遜覺得馬田的友善中蘊含著一種教書先生的威嚴，但他同時感覺到馬田似乎是一個具備幽默感的人。馬田大抵也覺察到了眾人的緊張，向他們說：「我講了很多話，你們全沒有反應。有什麼你們不喜歡的地方嗎？」繼續是一陣沉默。然後是喬治．哈里遜開口：「有的。首先我不喜歡你的領帶。」

馬田即時的反應為之一愣：他頗為欣賞在倫敦自由百貨公司所選購的這條藍色底紅色馬匹圖案的領帶。但兩秒鐘之後，在場所有人，包括馬田在內，不約而同地爆出哄堂笑聲。哈里遜在危急關頭為披頭四的起死回生的幽默本領，已非第一次發揮。當天負責音響調控的錄音工程師諾曼．史密斯（Norman Smith）憶述：「在接下來的十五二十分鐘內，可說是百分百開心的披頭四時間。他們走後，馬田和我坐下來，幾乎無法動彈，馬田問我對披頭四有什麼看法，我記得我當時笑出來的淚水仍在流過不停。」馬田說：「我確實認為他們是極有天分的一群，但我印象最深的，首先並不是他們的音樂，而是他們的魅力特質，我與他們在一起的時候，令我產生一種幸福的感覺，令我覺得開心快樂，音樂似乎只是一種附帶的成分，我心在想，如果他們令我產生這樣的效應，他們對觀眾也會產生同樣的效應」，「我覺得約翰、喬治與保羅實在是精彩的人物，他們的性格風範超凡出眾。我對他們是一見鍾情。」本來只是上層壓下來的差事，這次「面試」令他決心全力推進披頭四的合約。

但是，他告訴披頭四他們必須再次回來錄音。馬田有其想法。他準備物色更合適的材料，作為樂隊的第一張四十五轉唱片。另外，更重要的一件事情他留待最後。在樂隊臨離開前，趁貝斯特不在控制室，馬田說：下次回來，他們必須更換鼓手，不然，他會提供臨時人選。事實上，這一天在場的EMI人員，無人認為貝斯特的表現稱職合格。馬田的訊息簡單而堅定。披頭四無人吭聲，因為他們心中有數。然而，此事不好處理。割切分離罕有是容易處理之事。

身為樂隊的領袖，約翰知道責無旁貸。幾經思量，他最後的解決方法則又是非常的簡單。布萊恩既然是樂隊的經理人，那麼，「布萊恩，此事就由你來處理吧，」約翰說。經理人的身分並不令這項工作變得容易一些。貝斯特的即時反應是：「為什麼？」這項消息的重創打擊，令他終生難再復原，而幾名隊友沒有做出男子漢應該做的事情，當面向他交代，則是他無法寬恕的處理。無人會質疑這點，尤其藍儂，他為此事長期感到內疚。

但在大故事的大布局的全速推進下，此事只能殘酷地被擱置在旁。九月三日，披頭四重返EMI錄音室，再次錄唱〈愛我莫遲疑〉等歌曲。然而，馬田所提供的新材料，披頭四無法接受，在音樂事情上面，披頭四的立場是無可妥協的。馬田展示了進退有度的處事策略，他願意看看經過上次的提點後，這次錄音會有什麼改變，況且，今天樂隊換上了新的鼓手！

千呼萬喚，靈高．史達終於登場。至此，2-3-5-4-4這條數字鍊的密碼訊息可以讓人作出最後的解讀了。樂隊的人數可以是任何的數字，但在披頭四的身上，則只能是4，而且不是隨便的一個4。披頭四的鼓手這個席位，除了靈高之外，凡是沾過手的人，無不焦頭爛額。湯美．摩爾門牙脫落。彼得．貝斯特鬱鬱終生。就連喬治．馬田也無法化解這一魔咒，靈高第一天錄音，在前車可鑑的陰影壓力下，竟然表現失準，馬田要求樂隊一週後回來再重錄一次，但當披頭四於九月十一日重臨錄音室，馬田已經安排好職業鼓手安地．懷特（Andy White）在場「恭候」，替代靈高，為〈愛我莫遲疑〉進行第三次錄音。但奇怪的是，當EMI最終在十月份推出〈愛我莫遲疑〉時，神推鬼使，採用的依然是靈高任鼓手的版本，究竟是人為錯誤抑或是馬田改變主意，難以確立，但安地．懷特的整個事業名氣就此建立在做過一天的靈高．史達替工上面，很難相信這會是他滿意之事吧？那麼，一天不夠，十三天又如何？一九六四年中，正值披頭四狂熱的巔峰時期，樂隊展開第一次世界巡迴演唱，途程包括丹麥、荷蘭、香港（場地為九龍尖沙咀區的樂宮戲院）、澳洲、紐西蘭等地。但出發前夕，靈高因病，送院治理，樂隊急聘自由身的鼓手占米．尼科（Jimmie Nicol）代替。一夜之間，占米被發射到名氣與瘋狂的雲端高處，真正是騰雲駕霧，每場演唱會都是震耳欲聾的尖叫聲和狂叫聲，每到一地，都是前仆後繼的少女壓湧過來，簡直是人間何世！但在十三天的客串期結束後，他又像從雲端直插谷底一樣，回到死寂的四週。這場披頭四主題公園的過山車遊戲癱瘓了占米的一生，令他無法回復生活的平衡，發展無一順暢，最後更從人間消失了。事實上，這正是一本關於占米．尼科的傳記的書名：《失去蹤影的披頭四成員》。二〇一七年，英國的《時報》（慣稱《泰唔士報》刊登了一則消息，說美國已故歌星萊．奧比遜（Roy Obison）之子阿歷斯（Alex）買下此書的版權，籌拍尼科的生平電影。尼科的兒子賀維（Howie）接受訪問時說，他與父親已失去聯絡多年，如今是生是死，他也不知道。據最後見過尼科的鄰居表示，聽說他與妻子好像遠走墨西哥去了。賀維說：「如果屬實，我實在為他高興。他可以做他想做的事了，」「如果他知道有人要拍電影講他，重提舊事，我相信他準會談虎色變，避之唯恐不及。這只不過是他人生中兩個星期的事情而已。」賀維坦然指出，其父早就留下了清楚的指示給他：要停止人們再麻煩他，最了當的做法就是說，他已經死了。「我尊重他的意願。」這一連串鼓手的遭遇，能不令人嘖嘖稱奇？

5的最終消失，落實了4的最後構成。但是，上文說過，5的曇花一現，我們不能視若無睹，不當一回事。披頭四的傳奇命運，要求同樣傳奇化的一種第五者的介入，只不過，這第五者，不能放在4的合成之內，喬治．哈里遜已清楚指出：靈高加入之後，「我們即時產生了完整無缺的感覺。」在樂隊的整個事業生命中，這個合成體自成一統，不能有任何異類成分的介入，這種情況出現之日，也就是神話完成其使命之時。因此，5必然只能在4以外運作，而其功能並非一人所能勝任，它最終需要到動員英國紳士1號布萊恩和英國紳士2號馬田的共同努力，才能完成使命：布萊恩將蓄勢待發的披頭四打點妥當之後，雙手交到馬田那裡，而馬田則將披頭四源源不斷的音樂創作打磨妥當之後，交到世人那裡。前者催生，後者培育，這是不可分割的一個合二為一的混合體，其他種種關於第五名披頭四成員的提名，全無意思。

當披頭四步入倫敦教堂路的EMI錄音室時，盤據在英國紳士1號布萊恩的心頭上，也許依舊是這個令他無法理解的問題：為什麼如此精彩的一隊樂隊，竟然遭受所有的唱片公司遺棄？

II.普魯斯特（Marcel Proust）

紀德（作家、新法蘭西評論編委）：「這是我平生最為耿耿於懷、追悔莫及的一件憾事。」

一、找尋開始　找尋結尾

1-7-3-5-6-2-4-7-5-6

這是一條可以描述任何一種事物或情況的數字鍊。不過，如果指的是一種敘述的情節，它則明顯不是一種順序的常態，更多是一種先後無序的情況。這並非是什麼奇怪之事。所有故事的情節雖然都有其起承轉合，有開始，有中間，有結尾，但是，正如電影導演尚—盧．高達（Jean-Luc Godard）所說，「它們不一定按這個次序進行」。相信我們全都熟悉這一情況。

不過，如果我們用此來表述普魯斯特由七卷構成的小說《找尋失落了的時間》（台譯《追憶似水年華》）（*In Search of Lost Time/A la recherche du temps perdu*）的敘述過程，我們似乎又像回到一種混沌的敘述狀態中，既無開始，也無結尾，起承轉合，並無界線，又或者可以這樣說：敘述情節是有的，只是其輪廓一片模糊，極難辨認，因為它又和另外一項敘述情節重疊在一起，難分難解。這另外的情節，就是作家撰寫小說各個部分的先後次序。這個過程，似乎同樣既無開始，也無結束，奇異的故事情節和奇異的撰寫情節合在一起，形成一種奇異的歷程：好像開始還沒有出現，結尾已放在我們眼前，而中間的部分則在不斷澎脹擴大，構成與人生同步的一種現在進行式的敘述，未來發展無從預料。這條數字鍊的秩序是極其脆弱的，它可以隨時中斷，返回到零，沒有情節讓人們等待「下回分解」。

《一千零一夜》的引人入勝的故事敘述，在普魯斯特這裡如此難覓，我們也許會憤而放棄。不過，敘述高手薩哈菈莎地（Schéhérazade）會提醒我們：放棄的損失風險，落在我們身上，但找尋定有回報，因為，回報就在《找尋》中。

二、既非文學名家　退稿何足訝異

普魯斯特大約是在一九〇八至一九〇九年間開始撰寫《找尋失落了的時間》，這點大致上已成共識，但這個開始又不算是一個真正的開始，因為，普魯斯特當時的計畫是要寫一部混合體裁的作品，第一部分為虛構性的情節，第二部分則是通過作品中的主人翁與媽媽的談話而展開的文學批評和美學思考的論述，因此只能說是半部的小說，而他構想的書名則叫做《針對聖貝孚：某個早上的談話記錄》，也完全不是最後的《找尋》書名那麼一回事，就此而言，小說的撰寫過程，確實沒有明確的開始（本書的第三章會就這一緣起再作補述）。而在一九二二年，即普魯斯特去世的那一年，根據他的貼身女管家塞麗斯特（Céleste Alberat）的憶述，在春季的某一天，普魯斯特以異常興奮的心情對她說，他終於在小說文稿的最後一頁寫上了「終結」一詞，並且對她說：「現在我可以死了。」但到了年底十一月份，普魯斯特在病榻上彌留的最後期間，塞麗斯特見到他仍在修改卷六〈愛拔蒂失蹤了〉和卷七〈再次尋回時間〉的文稿。至此我們可以說，《找尋》的撰寫過程，既無開始，亦無結束。

話雖如此，在一九〇八年的上半年，從已經遺失了的七十五頁文稿散頁中所見，普魯斯特確實寫出了六段重要的小說情節的初稿，日後全部出現在《找尋失落了的時間》中。它們分別為「威尼斯之旅」、「海邊度假」、「沙灘上的青春少女組」、「貢貝里童年的睡眠時間」、「地方—名字」、「馬塞格里斯和蓋爾芒提兩條途徑」。在同期間的一本長方形的記事本上，普魯斯特記錄了他的小說寫作的進度，其概要大致上吻合上述文稿的情況。但不知何故，到了年中，小說的撰寫突告中斷，普魯斯特轉向全面發展原先構想的針對聖貝孚的評論，從一九〇八年夏天持續至一九〇九年春天，一共填滿了十本筆記簿。但在這之後，這個部分又開始淡出，到了夏天，普魯斯特重新回到貢貝里童年生活的小說敘述，論者認為，《找尋》的真正成形可說就是在這個時候。但有兩點要指出：其一，在放棄原先的混合體裁後，普魯斯特仍繼續沿用《針對聖貝孚》作為小說的書名；其二，批評和美學論述又並非真正消失，日後它們將轉化到卷七〈再次尋回時間〉的內容中。

大約在〇九年八月中旬，普魯斯特給《法國信息》雙週刊的主理人阿爾弗烈德・瓦萊特（Alfred Vallette）寫了一封信，講述他撰寫中的《針對聖貝孚》一書。普魯斯特提議小說的部分可先行在報刊上分期連載，而針對聖貝孚的評論則留待出書時才一併發表。普魯斯特又告訴瓦萊特，小說的內容會涉及同性戀的題材。但瓦萊特無意接納這項提議，他連文稿看也沒有看過。

與此同時，普魯斯特突然離開巴黎，前往海邊消暑勝地卡博（Cabourg）渡假，在那裡與《費加洛報》的總編輯格斯東・卡爾梅（Gaston Calmette）不期而遇。後者主動提出在報紙上連載他的小說。到了十一月，普魯斯特安排打字員整理出小說第一章（即「故居貢貝里」）一份打字稿。但他一時失策，將文稿交給《費加洛報》的文學主編安德烈・博尼（André Beaunier），託他轉交卡爾梅，引起後者不滿，認為普魯斯特對他的文學眼光缺乏信心，因而將稿件擱置一旁。事隔半年之後，普魯斯特才親身前往報社，取回文稿。

連番受挫，普魯斯特日以繼夜或者說晨昏顛倒的寫作動力絲毫未受影響。也是在此時，普魯斯特將他的房間四壁全部嵌上了軟木塊，隔絕一切外界噪音和塵埃，在餘下的十三年時間內基本上足不出戶，半臥床上進行他的《找尋》寫作，拉上窗簾的房間只靠一盞微弱的慘綠床頭燈照明，宛如活在一個溝口健二的《雨語物語》世界中，人鬼難辨，成為世人一個典型的普魯斯特印象。

三、時間簡史　文學鉅篇

〇九年十一月至一一年夏天，《針對聖貝孚》的面貌出現了真正的決裂性變化，真正踏上了通往最終《找尋失落了的時間》之路，但這個過程卻是充滿了無窮的出人意表的敘述變化，引發出小說情節一個新的「起承轉合」週期，又或者說，這個週期並無起與合，只有中間的承與轉，時而膨脹擴大，時而收縮刪減。首先，在一九〇九年，小說中關於斯璜、沙灘上的青春少女組、蓋爾芒提貴族天地這三段的構想開始成形。到了一九一〇年，普魯斯特基本上完成了「貢貝里的童年生活」、「斯璜的愛情故事」以及「地方—名字」這三個部分，構成往後七卷小說的第一卷〈往斯璜家那邊走〉的全部內容；除此之外，從一九一〇年中至一九一一年初這段期間，普魯斯特繼續發展青春少女組、蓋爾芒提等部分的情節（其後成為卷二的〈花樣年華倩影情〉和卷三的〈往蓋爾芒提那邊走〉），發展出圍繞著沙洛斯這個角色的同性戀內容，以及卷七〈再次尋回時間〉的眾多片斷。就中，意義極其重大的，是原先的《針對聖貝孚》尾段的與媽媽關於美學問題的談話，現已轉化為《再次尋回時間》結尾前的一章，而在一九一〇年寫下的「化妝派對」第一稿和一九一一年的第二稿，抒發作者對時間長河和歲月流逝的哲學思考，則構成《再次尋回時間》新的結尾，而在書寫這些新的章節期間，普魯斯特同時對「貢貝里」這個開卷部分做出再一輪的修改增添。正因而此，普魯斯特生前一再表示，小說《找尋》的開端和結尾是在同一時間寫成的。也因此，我們用來表述《找尋》撰寫次序的數字鍊，首先到位的就是1與7。

到了此時，普魯斯特原本構想的小說與評論混合的單卷作品《針對聖貝孚》，無論從書名到結構到篇幅，已面目全非。在一九一二年三四月間，普魯斯特的想法是將小說分為兩卷，每卷四百頁左右，到了五月份，進一步擴大為每卷約七百頁，每卷有獨立的書名，全書有一個整體名稱。從一九一一年年底開始，普魯斯特安排將小說開首的貢貝里、斯璜家、地方名稱等部分整理為打字文稿，供提交出版社之用。工序在六月下旬完成，共七百一十二頁，一式兩份，文稿的封面已寫上了這樣的字眼：《不規則的心律》第一卷：〈失落了的時間〉。但這份打字文稿另有令人觸目的一點：在文稿的開端，作者補上了新的這一句：「有一段很長的時間，我很早就上床。」這部曠世的文學巨著，至此正式有了它的「開筆」第一句。而全書壓軸篇卷七最後的一句，也以時間一詞「封筆」：在空間中我們雖然渺小，但在時間的長河中，我們卻可以成為時間的巨人。「時間」，是支配一切秩序和次序的元素，不受任何左右。「時間」，最終也支配了《找尋》的敘述面貌和內容。現在回首，我們也許可以說，普魯斯特二十世紀初葉的這項探索，未嘗不是一種文學的《時間簡史》，就如世紀下半葉史提芬．霍金（Stephen Hawking）的努力，也可看作為一種科學的《找尋失落了的時間》一樣。這兩位身體受挫、行動受困但同屬世紀的思想巨人，一個仰觀天象，一個俯思現世，找尋既無起點、看來也無終點的時間真諦，結果我們也許仍然不得要領，但是，找尋的喜悅與啟發，盡在其中。

四、金錢身外物　出版千古事

普魯斯特關於書名和卷數的考慮繼續在演進。到了八月中，他稱第一卷稱為〈失落了的時間〉，第二卷為〈再次尋回時間〉，首次引進了對立的結構，但全書總名仍用《不規則的心律》。十一月，普魯斯特將一式兩份的打字文稿先後分別送往法斯凱爾（Fasquelle）和格斯東．加利馬爾（Gallimard）的出版社，想法又有了變化，兩卷的結構變成了三卷。在附帶的信件中，普魯斯特將卷一命名為〈往斯璜家那邊走〉，卷二為〈花樣年華倩影情〉（但未最後落實），卷三為〈再次尋回時間〉，總的書名仍然是《不規則的心律》。他同樣提醒出版社，小說含有同性戀的內容。

十二月二十四日，普魯斯特獲悉法斯凱爾的退稿決定。出版社委任的審稿人雅克．馬德連

（Jacques Madeleine，筆名）在其幾乎與普魯斯特的小說齊名的讀書報告中，這樣說：「閱讀這份七百一十二頁（不計其中無數的頁數還要分為之一、之二、之三等等）的文稿，讀者的感覺像是掉進一團混亂的無底深淵中，快要淹沒窒息的感覺，令你神經崩潰，這種不知什麼時候才能冒出水面的壓力，實在非常不快。但看完之後，你對文稿想說些什麼，可說完全摸不著邊際。它究竟想達到什麼目的？它的意思在哪裡？嘗試向什麼方向走？完全無法回答上述任何的一條問題！完全想不出有什麼可以說的話！」作者再補充一句：「這部作品明顯是一個病態個案。」

數天後，普魯斯特獲知加利馬爾同樣的退稿決定，情形更為惡劣。加利馬爾出版社的審稿工作交由旗下的《新法國評論》雜誌的一個評審委員會負責，主其事的是當時已有名望的作家安德烈・紀德（André Gide），但他連稿件看也沒有看就退回，或至少普魯斯特認為情況是這樣。

一九一三年一月初，普魯斯特託朋友又將稿件轉送到另一出版社奧蘭多（Ollendorff）那裡。然而，出版社的總負責人安布洛（Alfred Humblot）同樣將稿件退回，其理由與法斯凱爾讀稿人馬德連的說法可謂「等量齊觀」：「我也許真的是蠢笨如牛，但我實在想不通為什麼一個男人會用三四十頁的字數描述自己在床上翻來覆去、輾轉反側，無法入睡。」看來不能完全怪他，因為不少的讀者也許都有此一問。

普魯斯特決心要出版自己的小說，這是他不惜任何代價也要完成的目標，事實上，這也正是他接著要做的事情。他託朋友接觸新進的出版人貝納德．格拉塞（Bernard Grasset）商討交由他出版，並提出具體建議：一切印刷成本由作者自負，同時雙方議定好銷售收入的分成比例；普魯斯特並且進一步同意承擔額外的排版費用（普魯斯特的「校對」是一個無止境的修訂潤飾、增刪改寫的過程）以及一切相關的廣告和宣傳費用。普魯斯特清楚向格拉塞表明：他的目的旨在出書，錢不是問題。格拉塞接納這項安排，普魯斯特開始將文稿交給出版社，而此時，書的分卷和命名再演變為：卷一〈往斯璜家那邊走〉，卷二〈往蓋爾芒提那邊走〉，卷三〈再次尋回時間〉，系列的總名稱首次出現《找尋失落了的時間》的說法。這是全書總名稱最後一次的改動。作者找尋出版人的歷程終於結束，普魯斯特的遺棄命運過去了。

五、世事多變、人生多變、小說也只能多變

一九一三年十一月十四日，卷一〈往斯璜家那邊走〉面世，出版社配合發出的新聞稿介紹這是小說三部曲的第一卷，各卷名稱一如上述，同時預告卷二和卷三會在一九一四年出版。在這個時候，普魯斯特安排的全書內容分配，可以概括如下：原屬卷一結尾的部分內容，因長度原因，現已分割出來，它們將與出現在最終的卷二〈花樣年華倩影情〉的部分草稿，以及卷

三的〈往蓋爾芒提那邊走〉的大部分章節，一併列入現階段普魯斯特編為卷二的〈往蓋爾芒提那邊走〉之內，至於一大批出現在往後的卷三〈往蓋爾芒提那邊走〉、卷四〈索多姆與戈摩拉〉、卷六〈愛拔蒂失蹤了〉和卷七〈再次尋回時間〉的草稿，現在全屬小說三部曲最後一卷〈再次尋回時間〉的內容。然而，世事多變，未來難料，命運該怎樣，就怎樣，一切以此為依歸。在接著下來的一段日子中，世界大變，普魯斯特人生際遇驟變，帶來小說的組合再一次面目大變，構成另一種三部曲。

一九〇七年，普魯斯特在諾曼第渡假時，他沿用的司機阿拔里特介紹了外型英俊的年輕人阿格斯田奈里（Agostinelli）充當普魯斯特的臨時司機。一九一三年五月，阿格斯田奈里再次在作者的生命中出現，找尋工作。普魯斯特安排他及其醜陋的女伴安娜入住他的巴黎住所，職位為祕書，因為他已有司機。未幾，普魯斯特即陷入苦戀的情網中。究竟他看中了阿格斯田奈里什麼地方呢？在寫給友人的信中，普魯斯特形容阿格斯田奈里為一個「極其不同凡響的人，他的頭腦天賦也許是我認識的人中最為高超的」，編輯整理普魯斯特所有書信的權威學者菲立·科博（Philip Kolb）的批注是，這是一個誇張的說法；而新近替「猶太名人」簡傳叢書撰寫普魯斯特傳的班哲明·泰勒（Benjamin Taylor）老實不客氣，直稱阿格斯田奈里為「一個狡滑奸詐之徒」，無任何愛意回報。普魯斯特告訴另一位朋友，阿格斯田奈里和他的女伴現在已成為他「生命中不可分開的部分」，而在慷慨的金錢供給之外，禮品更不在話下，包括勞斯萊斯房車。但這個機械技工的興趣很快升級，又想學習駕駛飛機。普魯斯特為他支付學習駕駛的學費，更在生產商那裡訂購了一架飛機，準備送給阿格斯田奈里。「金錢買不到愛」，普魯斯特並非不知道，然而，情網中人往往有另類的金錢觀，更何況普魯斯特的金錢觀本就與世俗不同。但在一九一三年十二月的一天，阿格斯田奈里和安娜二人突然不辭而別，蹤影全無。普魯斯特託人四處打聽，不得要領，精神陷入極度痛苦中。一九一四年五月三十日，其戀人的下落終於有了消息。阿格斯田奈里化名「馬塞爾．斯瑣」，在安特貝租了一架飛機施展其身手，失事墮海身亡。普魯斯特遇到可說是喪母以來最巨大的一次創痛。接著，第一次世界大戰爆發，格拉塞的出版活動停頓。就《找尋》的運程來說，這似乎是天意之所在。阿格斯田奈里的出現，為小說的構成提供了嶄新的內容，大戰的爆發，則為普魯斯特撰寫這段全新插曲提供了所需的時間。為此，《找尋》的結構再次出現大變，全書各卷的撰寫次序，又一次先後無序，而篇幅更由三卷擴大至七卷，真正成為一部巨著。

如上所述，格拉塞於一九一三年十一月出版卷一〈往斯瑣家那邊走〉時，將結尾的部分內容撥入當時作者暫定為卷二的〈往蓋爾芒提那邊走〉之內，至於當時的卷二雖然已包含了部分〈花樣年華倩影情〉的情節，但愛拔蒂和青春少女組這個重要的環節尚未出現。拜阿格斯田奈里之賜，普魯斯特一九一三年這個三部曲的結構，不出兩年之內，即告全面瓦解，令《找尋》

出現脫胎換骨的變化。首先，從一九一四年至一九一五年，普魯斯特基本上完成了日後成為卷五的〈受囚者〉和卷六的〈愛拔蒂失蹤了〉的第一稿。與此同時，他大幅度改寫已有的〈花樣年華倩影情〉部分，加入愛拔蒂這個人物，構成沙灘上一幅令人目迷五色、春心蕩漾的青春少女組景象，至此，〈花樣年華倩影情〉真正脫離〈往蓋爾芒提那邊走〉，獨立成篇，成為《找尋》系列出版時的卷二。參照這一情況，普魯斯特撰寫各卷的先後次序，現階段的數字鍊的排列又可以表述如下：1-7-3-5-6-2。蓋爾芒提大部分的情節書寫在前，但花樣年華則後發先至，原本三部曲中的卷二，變成日後七部曲中的卷三。

但即使這樣的描述也不一定準確，因為普魯斯特的撰寫方法和定稿日期是極難掌握的一回事，連作者本人恐怕也難以肯定，小說情節和現實情節彷彿同步進行，是一種不停的現在進行式，重聽一首樂曲，重看一幅畫作，新的感受又會導致作者重寫或改動舊稿，可說永無定稿這回事。對普魯斯特的工作情況瞭如指掌的塞麗斯特，將他的草稿材料分為五大類。其一，是她稱之為舊練習簿的一批黑色仿皮記事本子，共三十二冊，但在一九一六至一九一七年期間，在普魯斯特寫完〈花樣年華倩影情〉之後，按照他的吩咐，她將這批練習薄在廚房的火爐內全部燒掉；其二是她所說的新練習簿，共七十五冊的草稿；三是一種硬紙皮封面的厚身筆記簿，一共只三冊；四則是史特勞斯夫人在一九〇八年送給普魯斯特的五冊精美小型記事本子，作為祝賀他恢復寫作的禮品，具有特別的紀念意義（普魯斯特首先採用的是其中的長方形一本，記下他的〈針對聖貝孚〉寫作進度，這就是後來成為重要文獻的〈一九〇八年記事簿〉，另有一本普魯斯特則轉贈予塞麗斯特留念〉；最後，第五類，則是她所指的「雜紙捲」，這是普魯斯特平日隨手拿起的各種各樣紙片，用來即時記下想到的念頭，這些零散紙片塞麗新特同樣將之妥當收拾好。普魯斯特將這些文稿材料全部放在床邊的床頭燈卓子上，其中的小型記事本子放在卓子的中央位置，貼近燈的側邊，而新練習簿和硬皮厚筆記簿則放在燈的背後，所有這些草稿材料，半臥床上的普魯斯特無需任何大動作，即可抽取任何要用的一本，就是這樣，在這些基本上仍然未成為連貫的敘述的草稿材料中，普魯斯特前後往返，左移右動，充份隨意刪減擴大，論者將這種靈活安排比喻為今天的電腦文件處理中的「剪與貼」（cut and paste），而其意義的構成，又像今天電影中的蒙太奇手法，先後次序可說並無任何既定的起承轉合。塞麗斯特並非《找尋》的作者本人，但作為普魯斯特最後九年的貼身「編輯」，她的觀察又是出奇地「雷同」：「除了〈花樣年華〉是我親眼看到他在寫作中的一書之外，如果我告訴你他什麼時候寫到什麼地方，我只能是在說謊。但從我所掌握得到的普魯斯特先生的工作情況，我可以大膽正確的這樣說，他的整部小說其實在腦中早已經寫好了，有時，他可能在連續撰寫某一卷，但因為某些新的念頭，又或者因為要更正或補充某些內容，或者獲得一些新的情況，他又會同步在書寫另外一卷。在他的腦中，所有事情和所有細節，都會和他所塑造的角色打成一片，形成為一部單一的作品。」

當然，在這個時期塞麗斯特所看到的的〈花樣年華〉情況，正值阿格斯田奈里再次出現、普魯斯特開始大幅度改寫早前的〈花樣年華〉的舊稿、展開全新的〈受囚者〉和〈愛拔蒂失蹤了〉的環節。到了一九一六年，〈花樣年華倩影情〉完稿，未幾即交給新接手的加利馬爾出版付印，普魯斯特同時告訴後者，第三卷〈往蓋爾芒提那邊走〉的文稿已全部寫好。

所有這些，仍然發生在戰爭期內，直到大戰結束後，在一九一九年六月，加利馬爾才順利出版卷二〈花樣年華倩影情〉，換言之，相隔六年之久，讀者才能看到《找尋》的續篇。然而，餘下的各卷出版過程並非就此一帆風順。早前普魯斯特所說的〈蓋爾芒提〉已全部準備好，加利馬爾驚覺這實際上仍處在欲罷不能的擴展階段中，而普魯斯特一再提示的同性戀內容，至此才大放異彩，原本在〈蓋爾芒提〉中出現的夏洛斯與莫里爾的同性戀部分，作者將之發展為一個層面複雜心理狀態反覆多變的男同性戀環節，與普魯斯特新創的愛拔蒂女同性戀環節，構成一個對立呼應的結構。顯而易見，單部頭的〈往蓋爾芒提那邊走〉不可能承擔這樣巨大的重量，加利馬爾決定將書分為兩冊出版，〈往蓋爾芒提那邊走〉第一分冊於一九二〇年十月面世，而幾乎接近一半的內容被分割出來，作為第二分冊。當然，這第一分冊，就是日後七卷《找尋》中的卷三〈往蓋爾芒提那邊走〉。

一九二一年五月，第二分冊接著面世，書名又有了新的表述：〈往蓋爾芒提那邊走〉第二分冊：〈索多姆與戈摩拉〉之一，原因在於單是男同性戀的部分，篇幅同樣不是這第二分冊所能全部承受的，出版社又要將之一分為二，基於普魯斯特對文稿的無休止的改動，〈往蓋爾芒提那邊走〉第二分冊：〈索多姆與戈摩拉〉之二要等到將近一年之後，在一九二二年四月才告面世。接著的計畫則是將女同性戀的環節列為〈往蓋爾芒提那邊走〉第二分冊：〈索多姆與戈摩拉〉之三。但由「之一」和「之二」合成的這個夏洛斯環節日後就是七卷中的卷四〈索多姆與戈摩拉〉。至此，《找尋》的數字練順序為1-7-3-5-6-2-4，七卷可說已全部到位。然而，在這一年的十一月普魯斯特就宣告離開人世，不可思議的是，在其生命的最後階段，在其健康條件日益惡化的情況下，《找尋》的書寫依然繼續峰迴路轉，一再出人意表。

六、小說「完結」、「現在我可以死了」

上文我們引述過塞麗斯特的回憶，在一九二二年春季的一天，普魯斯特非常興奮地對她說，他終於在文稿的最後一頁寫上了「完結」一詞，接著對她說：「我現在可以死了。」第一句話，往績可稽，無人會相信，第二句話，意思可以由人取決，但是，這兩句話連在一起，出自普魯斯特的個案，則是情況複雜，難以一言以蔽之。普魯斯特說，他現在可以死了，是否表示他的工作已經大功告成，現在是「死而無憾」了，抑或，他有著某種預期中的死亡時間表，如果此時屆滿，他也能欣然接受？早在一九一七年初，普魯斯特寫過一封信給《新法蘭西評論》的印刷經理表示，他的管家清楚他全部文稿的情況，在必要時，可以展示給加利馬爾看，如果他突然死亡的話，加利馬爾可以自行出版《找尋》的全書，但他務必要告訴讀者，這僅僅是一個草稿版本。顯然，普魯斯特的某種死亡時間表不是新近才出現的事情。但，這究竟是一個什麼性質的時間表？

在卷四〈索多姆與戈摩拉〉付印之後，儘管《找尋》全書的「草稿」再一次到位，普魯斯特依然繼續他的增刪修補，此時兵分三路，同步對卷七〈再次尋回時間〉、卷五〈被囚者〉和卷六〈愛拔蒂失蹤了〉的文稿作出改動。因此，他在一九二二年春季時所說的「完結」，無人相信會是真正的完結。接著下來，是他對卷五和卷六愛拔蒂這個角色的繼續思索分析，真正成為一項佛洛伊德所說的「不可終結的」精神療程。大概是在十一月六日那天，他將卷五〈被囚者〉的校樣送回加利馬爾出版社。翌日，出版社確認文稿收妥。在十一月十八日，普魯斯特即告離開人世。但就是在這十來天的時期內，普魯斯特對卷六〈愛拔蒂失蹤了〉的文稿突然作出了一項劇烈的改動，砍掉了全卷將近三分之二的內容，主人翁對愛拔蒂的同性戀背景的偵查和嫉妒的描述全部刪去，隻字不留。直到超過半個世紀後的一九八六年，《愛拔蒂失蹤了》手稿上作出的刪改指示才曝光於世，這項發現為普魯斯特研究帶來了新的疑團。據塞麗斯特的憶述，在一九二一年下半年，她已驚覺普魯斯特因長期體力透支的寫作勞累，健康明顯嚴重惡化，而大概在一九二二年秋冬之交左右，普魯斯特染上感冒，演變為肺炎，但他拒絕醫生任何的治療，完全漠視休息的命令，而身為大醫生的胞弟羅貝爾（Robert）的苦勸他同樣置之不理，繼續寫作。一種死亡動力似乎在驅動著他的方向，就此而言，他確實有一個死亡時間表。那麼，明知死亡在即，他為什麼對〈愛拔蒂失蹤了〉作出如此大幅度的割除，等於令卷六變為未完成的作品？

到他去世時，《找尋》撰寫次序的數字練排列，可以定案如下了：1-7-3-5-6-2-4-7-5-6，但最後的這個六，如上所說，只能說是未完結的六。《找尋》的撰寫過程，既無開始，亦無結束。《找尋》的情節，既無開始，亦無結束。寫作是無休止的現在進行式，內容天天在變動，也是一種無休止的現在進行式。論者用盡不同的表述，說明《找尋》就是普魯斯特的傳記，或者否定作者的平生就是小說的內容，實在無此必要，兩者與時間同步進行，二而一，一而二。《找尋失落了的時間》堪稱是世界文學史上獨一無二的例子。

卷一〈往斯璜家那邊走〉的出版，令普魯斯特備受遺棄的折磨，而最後的數卷（五、六、七）要在他死後才能面世，則令作者無緣感受出版的喜悅，然而，這不再是普魯斯特牽掛的事情，正像他對塞麗斯特所說：「我的書能夠得到出版，我可說沒有白費到我的生命。」事實上，他已將生命轉投到小說中，而隨著小說的藝術生命轉投到時間的長河中，普魯斯特也真正成為他自己所說的時間中的巨人！

III. 什麼是遺棄？

遺棄，只能是一種回顧的敘述。這是遺棄的第一條定律。遭受遺棄的作品，只有在其獲得承認之後，原先的遺棄才能成為遺棄。古往今來，多少人的文化和藝術創作心血，不是被畫廊拒之門外，最終成為家居牆上的裝飾，就是編輯退回的一堆堆文稿，留待作者不知如何打發，這些遺棄都不構成遺棄。如果這是冷酷殘忍的說法，人生就是這樣的冷酷和殘忍。但作品一旦獲得承認，遺棄的身分也宣告即時成立。承認和賞識的程度愈高，遺棄的力度也就愈大、波及的範圍也就愈廣泛。如果普魯斯特和披頭四獲得公認為二十世紀最偉大的文化和藝術人物，他們原先的遺棄也一定只能是二十世紀最大的文化遺棄個案。那麼，它們當初為什麼會受到遺棄？

但是，遺棄的原因又永遠是無從追究的。這是遺棄的第二條定律。遺棄的交代永遠掩藏著謊言，或者說，透露的原因只是不盡不實的情況，更常見的是沉默的遺棄，全無表示。迪卡唱片公司對披頭四的經理人布萊恩說：「吉他樂隊現在落伍了。」人們奇怪，吉他隊伍什麼時候有過當時得令的日子？EMI對布萊恩說，他們旗下的四個唱片出產部門全部聽過披頭四的試音帶，全不感興趣，但事實上只有兩個部門聽過他們的試音表現。《新法蘭西評論》的選稿委員會並無向普魯斯特作出任何遺棄的交代，但在小說出版後不久，委員會的成員安德烈・紀德（André Gide）即給作者寫了一封信：「這幾天我都在讀你的小說，無法放下來。唉，我對這本書的欣賞為什麼變成這麼痛苦的一回事？……本書的退稿將會成為《新法蘭西評論》最嚴重的一項失誤，同時（由於此事很大程度上不幸是我的決定）這也將成為我平生最耿耿於懷、懊悔莫及的一件憾事。」紀德承認，當初的文稿他只粗略看了幾頁就沒有再看下去。然而，普魯斯特對塞麗斯特說，他肯定紀德是在說假話，因為，送往出版社的稿件包裹是由他的僕人尼古拉・科坦（Nicolas Cottin）綑綁打結的，而科因的繩子打結技藝，別出心裁，任何人解開繩結之後要重新綑綁，均無法回復原狀。出版社當日退回稿件時，普魯斯特和科坦均一致認為，包裹原封未動，紀德根本沒有開拆過。可說各執一詞。我們可以相信普魯斯特和科田的判斷，也相信紀德信中所言有其誠意，但是他的遺棄交代，即使並非全是假話，也非全部真相。事實上，交代遺棄是極其困難的一回事，因為原因很可能情況異常，涉及深藏不露的因素，恐怕連決定者本人也未必全然清楚這些深層因素，遑論全然清楚交代一切。

布萊恩開始接觸唱片公司的時候，披頭四並未有真正的「作品」可供參考，但這個理由完全站不住腳。唱片行業的基本情況是，任何新人尋求簽約時都不可能出示現成「作品」，唱片公司何嘗不是照簽如儀？更何況，披頭四現在是利物浦最受歡迎的樂隊，迪卡的麥克．史密斯更曾親到利物浦的「洞穴」考察，充分掌握情況，然而，他依然選擇了遺棄。但情況並未到此為止。作出遺棄決定的，並非單獨迪卡一例，而是當時所有的唱片公司。這是一種「集體」的取捨表現，超越了個別人的主觀喜好，而集體的意識，不可避免地與時代的意識有著隱約的呼應。

普魯斯特的遺棄情況與披頭四的例子可說有著令人驚奇的雷同。無疑，在他開始找尋出版人的時候，他已經有現成的作品示範（卷一〈往斯璜家那邊走〉已寫好了），但情況好不了多少，因為不止一家出版社都是沒有看過文稿就退稿。而同時，也像披頭四的情形一樣，不是一家出版社遺棄，而是眾多出版社的遺棄，同樣意味了一種集體的潛意識成分在隱約地支配著遺棄的決定。

在二十世紀的中葉，歐洲國家經歷兩次世界大戰，身心俱殘，能有和平的日子過，可以讓心情快樂一下，既是起碼的要求，又是奢侈的渴望，因此，當布萊恩告訴唱片公司，披頭四是一隊歡樂的樂隊，保證令你開心快樂，除非親身見證過，這些在時代的創痛感性長期壓抑下早已「快樂麻木」的成人決策者，誰會相信或有所領略？即使麥克．史密斯，親歷其境，依然猶豫不決，失諸交臂。這是一個大膽的提法，沒有直接的證據。但我們又可以說，證據其實廣泛存在無數有關披頭四的敘述中，開心快樂的字眼差不多是所有觀眾聽眾的反應基調。而終於把這一切轉化為全民的開心感受，當然就是喬治・馬田。在披頭四試音的那天，馬田和一眾同事在錄音室內與這幾個利物浦年輕人渡過了一段笑聲夾雜著淚水的快樂時光，走遍任何英國酒吧都享受不到的一次 Happy Hour 經驗。馬田即時悟出：如果他們可以令我產生這種身心愉快的感受，他們也一定能夠令很多觀眾產生同樣的感受。這項洞察解開了遺棄之謎，打破了遺棄的僵局。

然而，戰爭創傷並非是唯一剝奪快樂生活條件的源頭，即使在和平安逸的日子中，快樂也不是日常生活中唾手可得之事。十九世紀末期，即普魯斯特所生活的時代，法國人稱之為「美好年代」的日子，巴黎有名的神經症病學家尚・馬坦・夏科（Jean-Martin Charcot）正在進行的種種癔症（或歇斯底里症）研究，揭示出人的精神意識，內裡大有乾坤。追隨他習醫的佛洛伊德大受啟發，返回維也納之後，即展開對歇斯底里症的集中研究，踏上了創立精神分析的革命性旅程。他的探討逐步呈現出一個令人不是那麼容易接受的天地：我們的精神意識不僅有著明顯的和不明顯的層面，而不明顯的一層似乎喜歡收藏不愉快的記憶更多於快樂的內容，這些負面的沉澱日積月累，引發起種種精神病症，包括歇斯底里症；更有甚者，我們並不是自己意識的主宰者，什麼時候想什麼東西，可說大權旁落，這和法國哲學家笛卡兒（René Descartes）所宣述的「我思故我在」的清晰頭腦，簡直是兩回事。佛洛伊德的精神分析當初在法國並未獲得廣泛的接受，不難理解。普魯斯特在世紀初所發現的自發性記憶，同屬一種缺乏來龍去脈的意識敘述，同樣不是當前的時代記憶模式所能輕易對應的一種情況。普魯斯特的《找尋》可說是一項文學的精神分析。因此，我們可以大膽相信，這就是他受到遺棄的一個主要原因。可惜，普魯斯特並沒有披頭四的運氣，他的遺棄僵局要靠自己化解。在書出版後，出版人格拉塞送了一冊給自己的朋友，附帶說：「這是一本你無法看得懂的書，但書是由作者自費出版的。」

世紀浮沉，潮流起伏，可是，信心十足的披頭四說，樂隊的表演保證會令你露出滿意的笑容，因為樂隊是二十世紀最偉大的樂隊。同樣，評論家真情流露地向你推薦，閱讀普魯斯特可以改變你的人生，因為普魯斯特是二十世紀最偉大的小說家。這兩宗二十世紀最大的文化遺棄為我們提供了彌足珍貴的啟示：遺棄是文化歷史最大的寶藏，可以永遠取之不盡！

第二章

你知道我的感覺很好

一、精彩傑作響徹雲霄

從早到晚，多麼辛苦的一天
我不停幹活，像一頭狗那樣
從早到晚，多麼辛苦的一天
我該倒頭大睡，像木杉一樣
但當我回到家裡
見到你所做的一切
我即時心情愉快，感覺很好

你知道我整天不停幹活
為了賺錢給你購物
一切都是值得的，聽到你說
你會一切都給予我
我還呻吟什麼呢
因為單獨和你在一起
你知道我的感覺很好……

It's been a hard day's night
And I've been working like a dog
It's been a hard day's night
I should be sleeping like a log
But when I get home to you
I find the things that you do
Will make me feel alright

You know I work all day
To get you money to buy you things
And it's worth it just to hear you say
You 're gonna give me everything
So why on earth should I moan
'Cos when I get you alone
You know I feel okay

——〈日以繼夜〉（A Hard Day's Night，一九六四年七月）

在短短的兩分多鐘內，約翰・藍儂掃除一切困難障礙，以無比的信念和興奮對人生的三大困苦條件進行了毫無保留的歌頌：勞動、消費和家庭幸福。喬治・哈里遜的二重和弦吉他開端，彷如平地一聲雷，響徹雲霄，向世界宣述了披頭四狂熱（Beatlemania）正式降臨大地。這股狂熱起自歐洲舊世界的英格蘭，瞬即淹沒大西洋彼岸的新世界美利堅合眾國，新舊世界通過文化力量的匯聚，構成一個史無前例的快樂新天地，哪怕這也可能是僅此一次的美好時光。〈日以繼夜〉一曲將個人的生活條件轉化為宏觀的時代狀態，將新舊兩個世界的精神空間打通合成一片，將所有過往的困惑與未來的徬徨置之腦後，讓人們可以日以繼夜共同享受披頭四狂熱的開心愉快，論者一致稱之為藍儂的一首精心的傑作，可謂實至名歸。

不管什麼時候，披頭四都是開心的一群。但我們恐怕不能說，不管哪一個年代，都是一個快樂的年代，但若然要我們說，有哪一個年代真正可以呼應約翰・藍儂對快樂時光的這種快樂的歌頌，那麼，二十世紀五十年代至六十年代當中的大部分時間，應該說得上是最接近的一段罕有的開心日子。英國歷史學家艾瑞克・霍布斯邦（Eric Hobsbawm）在其《極端的年代》（*The Age of Extremes*）一書中，將二十世紀概括劃分為三個時期：從第一次世界大戰到第二次世界大戰結束，是一個「災難的年代」；從戰後到六十年代末期七十年代初期的二十多三十年，則可以稱之為「黃金歲月」的年代，經濟繁榮，就業踴躍，社會方方面面出現了深刻的變革轉變；但之後，歷史又回復其「本色」，繁榮逐漸退縮，就業不再理所當然，生活前景茫然，危機四現。無疑，霍布斯邦的二十世紀歷史主要是泛稱西方國家的歷史，更是一項西歐本位特色的敘述，但其對世紀的三個時期的概括劃分，爭議應該不大。有意思的是，以此為據，以百年作為一計，快樂的年代不足三分之一。我們可以說，人類生活不快樂的時光，大大超過快樂的時光。而更有意思的一個問題是：快樂的時代是不是一定也意味了快樂的表述？集體的快樂是不是也一定意味了個體的同步快樂？

返回披頭四的英國本土，在一九五七年一月上台的英國首相麥克米倫（Harold Macmillan）在同年七月份的一項演說中，神采飛揚地告訴國民：「英國人的日子從來沒有現在這樣的美好。」相信這是政治家少有的一次可以令人認同的宏觀快樂宣述。剛在一個月之前相識的約翰．藍儂與保羅．麥卡尼，正是在這個好日子的環境中，開始締造披頭四的快樂神話。兩人都未滿二十，正是分享這種大好日子的大好時機。這一年的九月，英國小說家科林．麥堅尼斯（Colin MacInnes）的倫敦三部曲第二部《初生之犢》（*Absolute Beginners*）面世，通過書中未滿二十歲的主人翁視野，作者賦予這個美好年代的年輕一族一個世界觀基調：自有天國以來，年輕人第一次體驗到，「他們現在擁有錢，而在此之前，在他們人生階段中最能用錢的時候，也即是說，在你仍然青春和身壯力健的日子，這一直是他們從來沒有獲得過的待遇」，現在的日子可說美妙得不能再美妙了。

政治家麥克米倫的講話，總結了一種社會在戰後重建過程中集體辛勤勞動的成果，好日子毫無疑問反映了勞動的主題；小說家麥堅尼斯的《初生之犢》的快樂日子，重點則在花錢的一面。要花錢，當然先得要有錢，但錢現在似乎先於勞動而存在，快樂日子更多像是一種坐享其成的情況。麥堅尼斯當然清楚，從勞動到消費的歷程，每一環節都緊扣著社會與生活的種種條件，最終能否實現快樂的回報，可說充滿困難和考驗。不可思議的是，到了一九六四年的〈日以繼夜〉，披頭四已經為我們寫好了一則精彩的快樂故事，更不可思議的是，這並非是他們偶一為之的快樂表述，而是一項源源不斷的過程，最終令到西方社會的六十年代因為他們而成為一個快樂的年代。蘇格蘭小說家安德魯．奧黑根（Andrew O'Hagan）說：「披頭四就是六十年代。」

同屬初生之犢一代的披頭四，從一九五七年開始他們的勞動歷程，經歷漢堡的一段日月無光、「低處未算低、最低的低」的無間斷的磨折，到了一九六二年正式取得ＥＭＩ唱片公司的一紙合約，勞動進入新的階段，但其狠勁同樣提升至新的水平。單是在一九六三年一年之內，他們出產了四張四十五轉唱片，全部成為流行榜上的冠軍歌曲，許多音樂人物窮其一生也未必取得的紀錄，遑論在一年之內。披頭四狂熱在這一年席捲全英國，娛樂業的生產者（還有一切人等）現在的反應不再是驚嘆而是懷疑：披頭四的熱度可以維持多久？聯藝電影公司無意等待答案，即時與經理人布萊恩簽署了一張三片的合約，打鐵趁熱，在六四年初即展開披頭四第一部電影的拍攝。三月中旬的一天，眾人完成當天的拍片工作，天已入夜，靈高脫口而出：「日以繼夜，真是辛苦的一天（It's been a hard day's night）。」藍儂分秒必爭，趕返家中，第二天即完成影片的主題曲，這句話同時也成為影片的名稱。

日以繼夜，夜以繼日，這就是披頭四不停工作的節奏。藍儂說：「在六十年代的那些日子，當人人都在吞雲吐霧、胡胡混混的時候，我們卻是二十四小時不停的工作。」可說並非誇張之言。披頭四的神話建基在真實的生活基礎上，而〈日以繼夜〉一曲對勞動的歌頌，更是建基在一種昇華的勞動上面：在為賺錢而勞動之外，這同時也是賺錢以外還有更大的意向的一種勞動。

二、人生最好的東西是免費的

賺錢毫無疑問重要，賺錢更是一切消費的先決條件。在早前的苦練階段中，美國的巴魯特．史特朗（Barrett Strong）一九五九年的〈金錢〉（Money）名曲，是藍儂必然的表演項目，而披頭四一九六三年的錄音演繹，青出於藍而幾乎更勝於藍：「錢，這就是我想要的東西。」（Money, that's what I want...）歌曲的第一句說：「人生最好的東西是免費的」（The best things in life are free...），但誰管這一套？「錢，這就是我想要的東西。」（香港七十年代的粵語流行曲中，許冠傑同樣面不改容地高唱：「錢、錢、錢、錢……嚟啦！」布萊恩拍電報給在漢堡的披頭四通告ＥＭＩ簽約的好消息，藍儂即時的回電是：「我的一百萬在哪裡？」戲言其實也是真言。藍儂的百萬收入並無例外帶來了相應的消費行為，當年七八人擠在伍德拜大爺（Lord Woodbine）客貨車內上路的藍儂，現在可以開動他的勞斯萊斯前往探訪靈高。然而，在〈日以繼夜〉中，藍儂對消費的歌頌卻是含蓄的：

「你知道我整天幹活，
為了賺錢給你購物」

他並沒有列舉購物的清單，在這裡，重點是購物的主宰能力。披頭四所追捧的另一美國歌手阿瑟·阿歷山大（Arthur Alexander）在其一九五七年的〈你最好走開〉（You Better Move On）一曲中，講述了一則經典的金錢與愛情的故事：

我知道你可以買給她
華麗的衣裳和許多鑽戒，
但我相信，沒有這些東西，
她和我在一起也一樣開心快樂

I know you can buy her
fancy clothes and diamond rings,
but I believe she's happy with me
without those things...

這裡的我，是故事中的主人翁，你當然就是他的情敵，一個有錢的勁敵。這是一個關於欠缺和願望的故事。主人翁至少目前仍然欠缺超出基本生活以外的奢侈消費能力，他相信女朋友的最終選擇看來也許只能是一種願望，他最後重複唱出：「你最好走開、你最好走開」（You better move on/you better move on...），看似是命令，實際上更接近是一種哀求。

〈日以繼夜〉中的藍儂展示了一套完全不同的快樂條件。他的歌頌首先從勞動開始，這是實至名歸的勞動（二十四小時不停的工作），是他的親身經驗；在接下來的消費歌頌中，他並無提及勞斯萊斯或鑽戒的具體物品（日後，麥卡尼會返回鑽戒的購買上），純粹只是在表述一種消費能力，他沒有任何的競爭壓力，女朋友的開心快樂全無疑問，因為在他的快樂歌頌的第三個環節中，在他回到家裡，愛人以行動說明「你會一切都給予我」，哪怕一天的工作多麼勞累辛苦，歌者也即時為之疲勞盡消，心情愉快，感覺很好，實際上應該可說是大好。對家庭生活的歌頌同樣是藍儂的實際經驗，他和仙蒂亞在一年多前結婚，有了兩人「單獨」的住所，結束了過去偷偷摸摸的活動模式，他的「感覺很好」實際上同時是力必多性動力的盡情釋放：

當我在家裡，
感受你緊緊的抱著我，
緊緊的抱著我……

When I am home,
feeling you holding me tight,
tight...

藍儂的性動力在其曲詞的表述中，經常虎視眈眈，伺機突圍，情況與夥伴麥卡尼大為不同。麥卡尼見到了一個婷婷玉立的十七歲少女，渾身青春魅力，他的表述是吃力的：

她才十七歲
並非什麼選美之后
但她的動人神情

世間難得幾回見

She was just seventeen,
She's no beauty queen,
and the way she looked,
was way beyond compare

藍儂無暇轉彎抹角，將第二句改為：

「你知我什麼意思」
you know what I mean

「她才十七歲」，不過，「你知我什麼意思」，麥卡尼當然知道什麼意思。許許多多的十七歲少女顯然也知道什麼意思，對〈我看到她站在那裡〉（I Saw Her Standing There）作出了歇斯底里的尖叫反應。

毫無疑問，對藍儂說來，愛情「不僅只是拖著手」的遊戲（"love was more than just

holding hands”），他在〈如果我愛上你〉（If I Fell）中如此申述。但在〈日以繼夜〉這裡，藍儂對性的歌頌，卻不再是單一層面的發揮，而是與他對勞動、消費、家庭的連環歌頌合成一體，一氣呵成，構成一幅全面的快樂景象。甚至是一幅近乎完美的快樂景象。

三、幸福論擂台戰羅素敗北

藍儂有這樣的精彩感覺，「合理」之至，因為他所展示的快樂，完全符合羅素（Betrand Russell）所說的快樂幸福的基本條件。在一九三〇年的《征服幸福》（*The Conquest of Happiness*）一書中，羅素說，只要我們身體健康，食有定時居有定所，工作上有成就感（比如克服某種困難），享受到愛與被愛的的關係，我們即可體會到快樂的人生，換言之，幸福是可以征服和實現的目標。羅素的提法，彷彿預言了披頭四故事的快樂基礎，又或者說，披頭四的快樂故事逐條驗證了羅素所開列的條件，身體力行，證明快樂幸福是可以實現的。羅素的幸福論，在我們來不及思考之前，已經征服了我們。

多年前，瑞典裔的美國倫理學家西塞拉．博克（Sisella Bok）寫了一部簡明的《探討幸福》（*Exploring Happiness*）的小書，介紹西方古往今來的一些關於快樂幸福的哲學思考的主要流派。關於二十世紀的討論，博克召開了一個論壇，題目是：持久的幸福可否實現？認為幸福可以征服的羅素，順理成章成為討論這個題目的首選主角。不幸的是，博克為他找來的論爭者佛洛伊德，卻是一個難尋對手的幸福無望論者。擂台戰鐘聲一響，不用三個回合，羅素即被擊倒，無法站起。在同一年出版的《文明及其不滿》（*Civilisation and it's Discontent*）一書中，佛洛伊德乾淨利落地說：「上帝的創世紀藍圖中並無設置快樂這一成分。」佛洛伊德的暗淡快樂觀由來已久，在其早年的癔症研究時期，他已指出，不快樂就是人類的碌碌眾生相，到了晚年的《文明及其不滿》，他的暗淡快樂觀只不過變得更暗淡。他列出苦難的三大源頭：其一，人的身體條件不斷處在萎縮退化的過程中（羅素所說的身壯力健，極其量只能是一種短暫的過渡）；其二，外在的客觀世界無時無刻不在威脅和襲擊我們；其三，是人與人的關係也無時無刻不在你殺我、我殺你的狀態中。這三大重槌誰能招架？愛情與工作（具有較高層次意義的工作），支持羅素的持久幸福有望實現的兩大信念或條件，在佛洛伊德面前，潰不成軍：在愛之中的人，完全失去自衛之力，這只能為我們帶來痛苦，而當我們喪失所愛的人，我們悲痛不已，同樣痛苦。在愛的關係中，少有勝利者。至於羅素所說的有意義的工作，佛洛伊德認為只能是極少數人的幸運遭遇。涉及到幸運的事情，只能是有則有之、無則無之。幸福如此難求，還要追問持久的幸福可否實現，是不是過分貪心了一點？幸而，羅素和佛洛伊德兩人的思想有一個共同點，令我們對這個題目的討論，變得輕鬆一點：兩人都是無神論者，更不相信人死後會有延續的天地，因此，有關幸福的討論，只需集中或局限於現世之內，事情顯然容易得多了。人的現世，不論長短，實際上都是「短暫」的，如果你同意，人生不可能從始到終，天天都快樂幸福，那麼，幸福就只能是短暫人生中的短暫現象，「持久」的討論也就大可從輕發落了。

四、世紀傳教士為披頭四而破戒

一九六四年二月九日星期日，美國世紀傳教士比利．格拉涵打破了他本人的一項戒條：星期天不看電視（他還有一些其他的做人處世戒條）。這天晚上，他守在電視機前，等候收看「艾德．蘇利文秀」（The Ed Sullivan Show）的披頭四特輯。他想了解自己三個女兒為何會成為美國成千上萬如痴如狂的披頭四迷的一分子。這天晚上，根據美國納爾信（A.C.Nielsen）收視調查公司的統計，全國七千五百萬人收看了這個節目，成為美國電視史上一個破天荒的高紀錄。不可不知的是，僅在不久之前，甘迺迪總統遇刺，舉國掉入一種震驚之後的沉痛和哀傷的抑鬱迷茫之中。然而，不可思議的是，披頭四狂熱的現象，在短短的數周內，彷彿如一股神奇的力量將人們的低氣壓狀態作出了三百六十度的扭轉，美國作家傑弗利．奥布賴恩（Geoffrey O'Brien）說：「這隊利物浦樂隊好像是應一種神祕的召喚，替我們驅走所有的黑暗，以一種前所未有的規模表達出我們的集體慾望。甘迺迪瞬間似乎已歸入一個披頭四尚未存在的史前時期中。」不過，神職使者格拉涵的觀察看來有所不同，他的說法是：「他們只是一個短暫的過渡現象，是我們這個迷茫的時代和我們周邊的混亂狀態的一種症狀」、「他們是當今人們逃避現實的風氣的一部分」。他寄望「披頭四年紀大一點之後，會剪剪他們的頭髮」。格拉涵提供了羅素和佛洛伊德以外的的第三種快樂觀，或者說，逃避迷茫和混亂的現實所帶來的這種快樂，如果這也算是一種快樂的話，只能是一種短暫的快樂，並無持久性可言。我們以為已經離開了有關持久狀態的想像，格拉涵再次將我們推回到真正是難以「逃避」的天地中去。然而，我們不能說，格拉涵的說法完全不正確：披頭四的現象毫無疑問是「短暫」的，他和女兒所共處的這個時代的確是充滿「迷茫」和「混亂」的感覺，但在披頭四的頭髮這件事情上，他的看法卻是離奇地「失準」，他理應看得到，當你成為像披頭四那樣的應神奇的力量召喚而出現的人物，你身上的每一樣東西都是具有神蹟效應的無價之寶。在二月九日的「艾德．蘇利文秀」結束後，披頭四隨即離開紐約，轉往美國首都華盛頓，二月十一日在圓形體育館舉行他們在美國的第一場演唱會。這天傍晚，英國駐美大使館安排了一個歡迎酒會，招待外交界人士。出乎一切意料之外，這項計畫中的小範圍活動，賓客不知從哪裡蜂擁而至，現場人頭湧湧，披頭四進場的時候，人群集體向著他們壓縮過來，爭相觸摸他們，似乎要從他們身上攝取某種神奇能量。在酒會過程中，一名女士從手袋中取出一柄小型剪刀，在靈高背後以迅雷不及掩耳的速度剪下他的一束頭髮，放入手袋中。酒會的情景彷如《聖經》的故事，各種病者若能觸及救世主，即可「霍然而癒」。披頭四一眾最後要奪門而出，跳上計程車逃亡。不過，格拉涵可以清楚告訴你的是，扮演救世主的角色，是非常非常危險之事。

在披頭四狂熱的階段中，萬眾毫無疑問視他們為救世主，但是，披頭四到底做了些什麼事情呢？他們只不過通過音樂為人們提供開心快樂而已，豈有其他「野心」？不錯，他們要大過貓王普里斯萊，但並無要做救世主或要大過救世主的意圖。然而，不管什麼時候，什麼地方，他們都引發起觀眾開心興奮的反應，而且是一種罕有的一發不可收拾的極度興奮的反應。這帶出了兩點。其一，披頭四令人們如此的開心快樂，也許從反面告訴我們，這種開心快樂也許是他們久違了的一種感覺，格拉涵看來說得對，迷茫的時代和周邊的混亂早已麻木了我們的快樂神經。有意思的是，披頭四的快樂途徑，在他看來，只是一種逃避現實的情況，並非人間正道，只能是短暫的過渡現象。其二，則是格拉涵相信會完全理解的一點：當人們的狂熱達到如此歇斯底里的程度，他們的狂熱對象也就必然成為他們一切慾望的救世主，他們有權對這個救世主作出一切要求。

披頭四比任何人都更清楚披頭四狂熱的短暫性，在無數的記者會上，經典的提問一定是這一條：「你們可以維持多久呢？」在人們還沒有準備好之前，他們已在準備中。喬治．哈里遜說：「觀眾付出他們的金錢，付出他們的尖叫，但我們付出的卻是我們的神經系統，難度高得多了。」當然，觀眾付出的還有大量的軟糖。差不多失控崩潰的狂熱者不斷向台上的披頭四投擲軟糖，不可不知的是，美國的軟糖比起英國的軟糖，「堅硬」得多，迎面擊中，實不好受，而當軟糖演變為華盛頓英國大使館的鋒利剪刀時，披頭四已經知道，披頭四狂熱的日子，時日無多了。

披頭四的世界巡迴演唱活動，始於一九六四年，持續至一九六六年，包括其中的三次美國著陸（分別在六四、六五、六六年）。在這整段期間，披頭四不但在日以繼夜的工作，同時也在夜以繼日的工作：他們的樂曲創作，源源不斷，流行曲暢銷榜上的冠軍歌曲，一首接一首，七十八轉的唱片專輯平均年產兩張，其驚人的產出量，在歐美的流行文化範圍內，只有法國的新浪潮電影導演尚—盧・高達可堪比較（後者的作品產量每年至少兩部，面不改容，但這是另一個故事），而他們不在錄音室內工作的時候，則是無數國內的登台表演、電視演出、記者會和媒體訪談；他們不在國內的時候，則是國外到處的巡迴演出。披頭四的時間表細節，就是從一個地方到另一個地方，從一種交通工具轉到另一種交通工具，從一個房間轉到另一個房間，當中全無喘息的餘地，電影《日以繼夜》所描寫的情況，可說並無誇張。但是，同樣並無誇張的，是披頭四的存在空間，不管客觀環境是什麼地方，都只是並無異致的一種禁錮空間：為了帶給人們快樂開心的時刻，他們付出自己的神經系統和人身自由，披頭四迷的狂熱興奮建基在披頭四的人身和精神禁錮甚至是生命危險的條件之上。他們的現象能維持多久，完全是多此一問：答案披頭四已心中有數。

但在他們仍然日以繼夜的工作時，他們的付出並無保留，這正是他們的偉大特性所在。當他們「工作」時，或者說，當他們是披頭四的時候，他們的投入是絕對的投入，付出是絕對的付出，任何人的神經系統內的開心快樂激素都會即時為之激射而出。電影《日以繼夜》一九六四年七月在倫敦世界首映，八月在美國發行。紐約《村聲》週刊（Village Voice）的電影評論家安德魯・沙里斯（Andrew Sarris）這一天步入影院履行職責，準備為其專欄提交觀後感。意想不到，一項「例行公事」，竟然帶來了意外的驚喜。他說，這一年意想不到的事情不少，但都是不愉快的意外，並無驚喜可言，（也許包括甘迺迪總統的遇刺）。他坦白招供，他對披頭四全無認識，包括他們的音樂（人生的工作確實不少都是例行公事，不一定會帶來樂趣）。然而，驚喜就是驚喜，驚喜自然帶來開心的感覺。究竟這是誰人的功勞呢？是導演理查德・黎斯特（Richard Lester）？編劇阿倫・奧文（Alun Owen）？抑或統稱為披頭四的約翰、保羅、喬治、靈高四位先生？不知道。「也許這是一次幸運的手氣。這股靈感的滙聚有如閃電一樣，永遠不會再次擊中同一個地方。」但是，沙里斯接著說：「不容置疑的是，《日以繼夜》可以比擬為『吃角子點播機年代的音樂片中的《大國民》（*Citizen Kane*）那樣級數的電影，是一次五光十色的文化體裁的精彩絕倫的滙聚結晶：通俗影片、樂與怒、真實電影、新浪潮、自由電影、手提攝影機、眼花繚亂的剪接、無性別青春期的迷戀、半紀錄片美學、有分寸的不造作等等。』」文采逼人的沙里斯繼續說：「上帝請幫我：我已用盡辦法去抗拒披頭四」，一切徒勞無功，《日以繼夜》是一部『在所有層面上都能取悅所有類型的觀眾的影片』。」他的抗拒說法，只是用來對比他的全盤接受，因為他跟著說：「影片中用直昇機拍攝披頭四在露天草坪上翻滾打轉忘形玩耍的那場戲，是我所看過的電影中關於高漲情緒的最為開心興奮的一次表達。」出自美國電影評論泰斗之口，評價不可謂不高了。在開心之餘，我們同樣看到沙里斯的敏銳文化感性和洞察力：這是他第一次與披頭四的「接觸」，在他們畫一的髮型底下，誰是誰不易分辨（除了靈高之外），但在這畫一的表層下，他看到了四名個性分明、容易親近的人物。他們的同質中性外型正好對應了性差別尚未分明的仍在青春期的披頭四狂熱者。不可思議的是，已經過了青春期的沙里斯，發覺自己竟然也變成一個披頭四狂熱者，「我甚至連他們的音樂也覺得非常動聽」。毫無疑問，沙里斯認為，四周的這股歇斯底里的披頭四狂熱具有極大的誇張與失實的成分，但這並不重要，「在六個月之後，」沙里斯說：「披頭四也許已經不值一提，但是現在，他們帶給人們的愉快喜悅的訊息似乎是，每個人都是『人們』，披頭四也好，尖叫聲不絕的狂熱者也好，黑人、女人和所謂年長者也好，一組人也好，群眾也好，或任何類型化的說法也好，不管這些『人們』看起來如何相似，在裡頭的每一個靈魂，都是獨一無二、有著其自身個性的。」他的感受與比利．格拉涵截然不同，披頭四是否只是一種短暫的過渡現象，完全無關重要，而面對萬千狂熱者的尖叫亢奮，他看到的並不是一種逃避現實的表現，恰恰相反，而是人們從四周的不愉快的迷惘中震動解放出來，每一個靈魂都直接感受到自身獨特的喜悅存在，因為，這就是沙里斯本人的解放感受。

「在影片《日以繼夜》接近完場時，」沙里斯說：「我開始明白到披頭四的奧妙所在。導演黎斯特吊起來的攝影機從舞台上披頭四的身後對向觀眾，在表演者和觀眾之間建立起一種密切的感情關係。這是一個美妙的巴贊（**Bazin**）式的景深鏡頭，捕捉了現場的歇斯底里情景，然而，這個鏡頭同時夾雜了我一向在理論中深表厭惡的、但如今在實踐中卻不能不讚歎欣賞的變焦距鏡頭的表現手法。讓我坦白說吧。我的一套批評理論和概念現在完全給震散了，我對披頭四打通了我的硬化的美學血管，帶給了我如此快樂的感受，實在是由衷的感激。」

毫無保留的付出，由衷感激的回報，這是表演者和欣賞者之間關係的崇高理想境界。但是，不是每個欣賞者都是沙里斯，尤其是這些歇斯底里的血管尚未硬化的青春狂熱者，他們的感激轉化為失控的慾望，更無需任何解釋。披頭四為狂熱者的行為表現帶來了革命性的轉變。打從開始，披頭四狂熱者已有一句革命性的口號：「我們要披頭四。」（We want the Beatles.）「要」含有鮮明的占有慾。這不是一個狂熱者的口號，而是千萬狂熱者的集體呼聲；這不是一個地方的情景，而是披頭四所到之處，都是同樣的情景。人人都要披頭四。電影《日以繼夜》結束時，樂隊登上飛機轉往另一處地方，另一批狂熱者正在那裡等候，準備瓜分披頭四身上每一分東西。借用沙里斯的說法，這恐怕是「披頭四在理論中深為嚮往的、但如今在實踐中卻不能不為之深惡厭絕的青春偶像地位」。

五、旅館傷心人　監獄搖滾樂

如果我們要生動地理解披頭四對青春偶像這個概念所產生的革命性衝擊，只要舉出一個例子，即可說明。一九六二年底，披頭四開始他們的錄音事業，不出一年，披頭四狂熱即告誕生。也是在一九六二年，比他們稍為年長一點的美國歌星（也是作者本人至今仍然沒有忘記的）瑞奇．尼爾森（Ricky Nelson）演繹了〈青春偶像〉（Teenage Idol）一曲，敘述了至少是其中一種的古典的偶像情況：

有些人稱我為一個青春偶像
有些人表示羨慕我
我相信他們無從得知
我是多麼的寂寞

Some people call me a teenage idol
Some people say they envy me
I guess they got no way of knowing

How lonesome I can be

這個偶像，與歌迷並無溝通，只有寂寞的感受，寂寞當然難言開心，「即使我得到名與利，無數人知道我的名字，但如果我經常形單影隻，這些都是毫無意義之事」。偶像的寂寞，像其頻繁的演唱會活動，成為一種常規：

我四處巡迴演唱，
從一個城鎮轉到另一個寂寞的城鎮

I travelled around
from town to lonely town

最後，歌者坦然承認，表演已無樂趣可言：

我身心俱疲，無法安睡
但我得收拾行李，再次上路

明天我必須到另一處
面帶笑容繼續演唱

I got no rest when I am feeling weary
I gotta pack my bag and go
I got to be somewhere tomorrow
To smile and do my show

一夜之間，這種青春偶像的情境與感受變成歷史陳跡，成為一種陳舊的毫無生氣的文學敘述。原因何在？

其過也許不完全在尼爾遜。人們一般同意，尼爾遜不是一個典型的樂與怒歌手，他甚至是一個不流汗的搖滾樂者，搖滾而不流汗，本身似乎就是一種矛盾。他的作詞人似乎也認定了，寂寞與煩惱是他的特性，一再安排他在寂寞的環境中出沒：

我要到寂寞城那裡去
一處傷心人聚集的地方

我要到寂寞城那裡去
用哭聲送走我的煩惱

Going down to lonesome town
Where the broken hearts stay
Going down to lonesome town
to cry my troubles away

尼爾遜既然選擇演繹這一曲詞意境，我們自難看到搖滾樂歌迷的狂熱反應。但瑞奇・尼爾森其實有其另類的搖滾魅力，不管他是否真正寂寞。只不過，以他作為即將變成陳跡的青春偶像的代表典例，則有點不大公平。那麼，搖滾樂王者地位的艾維斯・普里斯萊，情況又如何？他的一九五六年成名作〈傷心旅館〉（Heartbreak Hotel），敘述的也是一個心碎人聚集的地方。事實上，從曲詞所敘述的基本情境說來，〈傷心旅館〉大可看作為〈青春偶像〉的某種前期版本，然而，在普里斯萊和尼爾遜的身上，我們則看到了兩種差異不可能再大的樂與怒偶像情況。〈傷心旅館〉的曲詞似乎源自一則真人的故事，敘述一個愛情與人生盡皆失意、終日只能「躑躅於寂寞街頭」的心碎情境，其最終的棲身場所是在街道盡頭的傷心旅館，與其他的傷心人同渡苦境，但是作詞人無法駕馭艾維斯的發揮，歌者表達出來的，似乎是一種要從絕地中反彈而起的動力：「我是如此的寂寞，我活不下去了」，這把聲音給你的強烈感覺是：我不會死，「我一定要活下去」；曲詞中「其他的傷心人是如此的寂寞，他們活不下去了」，這把聲音同樣告訴你：他們不會死，「他們一定要活下去」。普里斯萊的演繹似乎令曲詞的頭兩句掉轉方向，出現新的含意：

自從寶貝棄我而去，
我找到了新的棲身之地

Well, since my baby left me
Well, I've found a new place to dwell

但這個地方完全不像是一所傷心旅館，只能是一個新天地，一個嶄新的樂與怒天地。艾維斯賦予曲詞的這種奇特的矛盾張力，往往令初聽的人驟失依據，不知所措，包括約翰·藍儂在內。後者的即時反應是捉摸不到歌者究竟在說什麼，而這肯定與口音無關，但未幾，他與麥卡尼已將〈傷心旅館〉列為他們現場表演的常規歌曲。「在艾維斯之前，完全一片空白」，這是藍儂對艾維斯的「最高的高」的評價，這項評價導致藍儂與披頭四最終成為大過艾維斯的搖滾樂人物。艾維斯的〈傷心旅館〉所引爆的樂與怒動力，非同小可。

當代美國小說家艾斯．阿特堅斯（Ace Atkins）在一篇題為〈我們相信艾維斯〉（In Elvis We Trust）的短文中（《時代周刊》二〇一八年八月六日），從另一種心態表達了對艾維斯的崇高評價。在這個往往是充滿狂言的「虛假消息」掩沒其他一切不一定是「虛假」的消息的年代，他在當年艾維斯的那種近乎「沉默是金」的寡言作風身上看到了一種具有崇高尊嚴的素質：艾維斯雖然名成利就，集萬千歌迷的狂熱擁護於一身，但他沒有忘記自己的低微出身，對有需要的人更經常伸出援助之手；在密西西比州居住的阿特堅斯不止一次前往塔匹洛（Tupelo）艾維斯的出生地，徘徊參觀其當年一家三口短暫棲身的那所簡陋故居，細思它所包含的美國意義：「偉大可以產自任何地方」。

然而，阿特堅斯清楚的是，普里斯萊的原產地美國南部並不是一般的「任何地方」，在這個心臟南部的所謂聖經地帶，白人優越主義長期凌駕一切，在這裡，備受種族歧視的傷心人故事，可以填滿無數傷心旅館的牆壁；這個地帶，自然也是基督教義的至尊福音布道者格拉涵的核心白人擁護地區，對照出他的「豐功偉績」履歷表上顯然「未盡全力」的一頁，因為論者詬病的，正是他在種族歧視問題上的軟弱，而當年他和尼克遜的談話錄音中更留下他對猶太人的歧見證據。但從這個漆黑的南部地區中，黑人爭取種族平等的鬥爭也走過了長長的道路，也是從這個地區中，一把白人的聲音無分黑白，唱出了無數傷心人的心聲。最早「發現」普里斯萊的太陽唱片公司（**Sun Records**）的主理人森姆．菲立斯（**Sam Phillips**）一再這樣說：「如果我找到一個白人，既有黑人的聲音特質，又有黑人的那種感覺味道，我馬上可以成為億萬富翁。」這種黑白特性的混合，當然是一種商業上的無價之寶，更重要的，這同時也是一座潛在的融合種族的文化橋梁。的確如此。普里斯萊的樂與怒，是一種蘊含內勁的搖滾，他的四肢擺動，是一種充滿解放動力的不可克制的搖滾，人們在艾維斯身上感受到了一種無分種族的、人人可以平等分享的解放動力，實際情況未必如此，但在艾維斯所始創的這個樂與怒階段中，這至少是一種可以如此的興奮感受。

今天，阿特堅斯面對的，似乎是一種不進反退的情境。但是，撫今追昔，他仍然找到振奮的支援：「在困難的時刻，我將信心放在艾維斯．普里斯萊身上，他代表了南部美好的天使一群。」（**In times of trouble, I place my faith in Elvis Presley, who represented the South’s better angels.**）阿特堅斯說，從心底裡頭，他仍然相信，南部大部分人仍然像艾維斯多於像今天的美國總統，他們依舊相信種族歧視和白人優越主義是醜陋的。今天，在困難的時刻中，阿特堅斯從普里斯萊的解放動力中找到了一種脫離困境的信心，他的反應當然不是當年樂與怒現場表演中觀眾的那種狂熱亢奮（雖然那是同樣充滿動力的解放），而是一種從持久的文化遺產中深沉感受到的昇華鼓舞作用。阿特堅斯的表述，靈感也許來自披頭四的麥卡尼：

當我在困難的時刻，
母親瑪麗出現在我面前，
用智慧之言，勸我放開心情

When I find myself in times of trouble
Mother Mary comes to me
Speaking words of wisdom, let it be

"Let it be", 1969

但是，阿特堅斯所面對的困難時刻顯然更為嚴峻，他需要更強勁的支援力量。艾維斯的〈傷心旅館〉於一九五六年面世。也是在這一年，美國總統艾森豪威爾簽署了國會的一項決議為法例，將「我們相信上帝」（In God We Trust）這句話定為美國的國家箴言，並且同時立法，指定美國貨幣的紙鈔從此要印上這句格言。（此事從一九五七年開始實現。）阿特堅斯改動了一個字，從而將艾維斯升為上帝那樣的神級地位。誰曰不然？

艾維斯的這一神級地位如果最終難逃受到挑戰的命運，那麼，原因並非全部出自他的身上。披頭四狂熱在一九六三年形成，電影《日以繼夜》馬上在一九六四年投入製作，因為披頭四現象隨時成為明日黃花，但導演黎斯特採用的半紀錄片、半真實電影的美學手段，則不可能有更好的選擇，沙裡斯在電影上看到的約翰、保羅、喬治、靈高四位先生，就是現場音樂會中觀眾看到的同樣的「四位先生」。披頭四的偶像身分已超越生活的真實，但不管在任何情況下，他們的形象首先一定是從真實出發，虛構與想像是變化出來的超真實，或許正因為這樣，人們覺得可以向披頭四提出任何的要求和投射一切的慾望，因為，他們是完全真實的、可以觸摸得到的「神」，溝通全無問題。這是艾維斯完全可以、但遺憾地無緣得到的偶像遭遇。他主演的電影《監獄搖滾樂》（*Jailhouse Rock*，一九五七年），同樣是在《傷心旅館》的爆炸性突破之後迅速投入製作，但是艾維斯的經理人湯姆・柏克上校（Tom 'Colonel' Parker）不是布萊恩・艾普斯汀，他的營運管理手腕也許遠為狠辣，在藝術感性和修為方面卻是瞠乎其後。首先，艾普斯汀一直堅定不移的信念是，披頭四的開心快樂是他們的無價之寶的資產，其次，他的信念是要幫助披頭四成為比艾維斯更為巨大的人物。艾普斯汀的眼光視野是向前伸延的。柏克上校看到了普里斯萊的才華天分，他首先的考慮是要將這一才華天分歸為己有（他抽取的經理人佣金最高峰時期達到百分之五十），其次，他的做法傾向於盡量開發利用普里斯萊才華在商業上最易討好的一面，而其樂與怒時刻中的危險激發則是要敬而遠之的成分。柏克的眼光視野是向內收縮的。電影《監獄搖滾樂》替普里斯萊塑造了一個罪犯的角色，囚禁在獄中。高手如雷巴與史托拉（Leiber and Stoller）的這對作曲作詞組合，在主題曲中也只能如此發揮：

四十七號對三號說
我見過的囚犯中你是最逗人的一個
有你為伴我開心無比
來吧，讓我們一起表演監獄搖滾樂

搖滾，大家一起，齊來搖滾
整座牢房內的人
都在跳著監獄搖滾樂

Number forty-seven said to number three
You're the cutest jailbird I ever did see
I sure would be delighted with your company
Come on and do the Jailhouse Rock with me

Let's rock, everybody, let's rock
Everybody in the whole cell block
was dancing to the jailhouse rock

挑逗代替了騷亂，跳舞代替了暴動。這是真實世界對普里斯萊的第一次馴服。艾普斯汀不可能會為披頭四安排這樣的一部電影，披頭四也不會扮演搖滾樂監獄的囚犯角色，他們的牢房設在另外的地方。

一九五八年，普里斯萊應召入伍服役，被派駐到德國法蘭克福。這是真實世界對普里斯萊第二次的馴服。從五六年至五七年，《傷心旅館》、《藍皮靴》、《獵犬》、《不要殘忍對我》、《讓我做你的小熊》、《神魂顛倒》一系列剛柔並重的樂與怒歌曲所形成的搖滾動力，至此戛然而止，但馴服的策略並無放緩。一九六〇年艾維斯退伍歸來，經理人帕克上校進一步收縮他的演唱活動和電視亮相（事實上，艾維斯要直到六十年代末期才在拉斯維加斯東山「復出」），將他的事業重點放在電影方面。這是真實世界對普里斯萊的第三次馴服。然而，在電影方面他從沒有真正發揮自我本色的機會。早在一九五六年初試啼聲的《溫柔地愛我》（*Love me tender*）時，已有論者這樣說：「普里斯萊先生在這裡的表現是溫馴的，我知道，如果不是電影的束縛，他的表現會大為不同。」但是，這位論者接著說：「我關心的，不是普里斯萊先生的表現無甚作為，而是電影製作因為普里斯萊而變得無甚作為。」其後的論者對艾維斯的電影評價基本上語調不變。沒有了樂與怒的激情解放動力，普里斯萊不再是普里斯萊，然而，電影不一定是障礙。

六、人與神、披頭四與耶穌基督

但是，不管有或者沒有這連番的馴化挫折，艾維斯於一九六〇年從歐洲退伍返回美國，大西洋兩岸的文化互動正等候於無聲處聽驚雷，披頭四狂熱經過六二、六三年的醞釀，在六四年初以雷霆萬鈞之勢席捲美國。在巨浪淹沒之下，無論動態的普里斯萊或靜態的尼爾遜所代表的偶像條件，一夜之間變成陳跡。紐約作家傑弗烈・奧布賴恩描述大學校園的情況，女學生三五成群，人人捧著一大堆約翰、保羅、喬治、靈高的照片，互相比較；電影評論家沙裡斯看完《一夜狂歡》之後，為之「神魂顛倒」（all shook up），說明了電影不一定是障礙。艾維斯的神級地位轉移至披頭四身上，成為無可置疑之事。

這正是比利・格拉涵年初在電視「艾德・蘇利文秀」上所看到的情景。「他們只是一個短暫的過渡現象」，格拉涵這句短評遮掩了更深沉的意思。在神與偶像崇拜的事情上，格拉涵有其不比尋常的看法。事實上，格拉涵本身就是神那樣的人物。或者說，格拉涵就是福音布道方面的披頭四。他的布道大會，觀眾動輒數以萬計，十萬人以上的壯觀場面更非罕見之事。他的傳教表演是未有搖滾樂演唱會之前的搖滾樂演唱會。如果人們在披頭四身上寄託了對神那樣的信奉，如果歌迷因為披頭四的音樂或僅僅是他們的存在而亢奮甚至體驗到開心快樂，相信格拉涵會完全理解披頭四所可能體驗到的神級引力。然而，可以表揚的是，如果格拉涵本人難免有時也會覺得自己是神，他對基督教教義的一種原教主義式的信奉不容許他有越軌的表現，上帝的訊息已在《聖經》文本中明確列載，不容其他的揣測，而耶穌基督則是通往救贖的唯一途徑，耶穌的救世主身分，無可替代。任何非分的想法都是危險的。如果他對電視上所看到的披頭四狂熱，「深為之危」，完全可以理解。

神與危險，關係密不可分。神，即使是欽定的，也難逃被釘死的命運，而被黃袍加身的神，其最大的危險則是來自簇擁其上台的信奉者。不用格拉涵提點，披頭四也知道，死亡打從開始就緊跟在神的背後，樂與怒每刻都在呼吸著危險。在利物浦的時期，約翰．藍儂與披頭四在台上的神級潛能開始嶄露頭角，女觀眾發出歇斯底里的尖叫，藍儂的女朋友仙蒂亞不敢單獨上洗手間，害怕進去之後無命出來，而青年男觀眾只有兩類，少數的一類在消化披頭四的一切，構成日後無數仿披頭四的樂隊生力軍，多數的一類則嫉妒成狂，構成藍儂等人生命最大的危險來源，低音吉他手斯圖亞特正是在洗手間被圍毆，頭部受創至死。在漢堡雷巴班時期，麥卡尼的外交手腕搭通天地線，取得黑道頭目的歡心，保障了披頭四在夜場的安全。六四年華盛頓英國大使館女剪刀手的閃電襲擊，說明占有慾望隨時會越過致命界線。一九六五年，披頭四的國際演唱活動仍未放緩，年中開始：米蘭、羅馬、尼斯、馬德里、巴塞隆納；接著是他們第二次的北美洲巡迴演出：紐約、多倫多、亞特蘭大、休斯頓、芝加哥、明尼亞波里斯、波特蘭、聖地牙哥、洛杉磯、三藩市。在紐約市的演唱會，觀眾人數達五萬五千人，創下流行音樂會的新紀錄，披頭四狂熱同樣未見放緩。不過，披頭四的神經系統已開始出現裂痕。這一年的二月，他們的第二部電影《救命》（*Help!*）開拍，主題曲同樣由藍儂操刀，但《一夜狂歡》的快樂歌頌彷彿一夜之間蕩然無存，取而代之的，則是一種徬徨求助的呼喚：

當我年輕、遠比今天年輕得多的時候
我從不需要任何人任何方面的幫助
但現在，這些日子已一去不復返，我自信心沒有了
我的看法改觀了
我已打開了求救的大門
幫幫我吧，可以的話
我的情緒已掉入深淵之中

如影隨形的麥卡尼，兩個月之後寫出了他的名曲〈昨日〉（Yesterday）：

昨日，一切煩惱好像與我完全無關
現在它們卻似乎揮之不去
噢，我多麼願意回到昨日去
突然之間，我變得半成也不像過去的那個人
一片陰影籠罩著我
噢，昨日來得那麼突然

Yesterday, all my troubles seemed so far away
Now it looks as though they're here to stay
Oh I believe in yesterday
Suddenly, I am not half the man I used to be
There's a shadow hanging over me
Oh, yesterday came so suddenly

昨日引出的煩惱源自愛情關係的波動，歌者接著說：

> 我講錯了說話，我對昨日追悔莫及
> I said something wrong, now I long for yesterday

事業如日中天的披頭四，一個在發出求助的呼喚，一個在面對揮之不去的諸多煩惱，並非巧合。不像《日以繼夜》中對快樂的三大條件的歌頌，在〈救命〉這裡，藍儂告訴我們，他面對的是一籃子的困難，「我的人生發生了如此眾多的變化」（My life has changed in so many ways....），苦惱不勝枚舉，相反，麥卡尼〈昨日〉的「突然之間」的轉變，煩惱似乎都因愛人的不辭而別。〈昨日〉成為普天之下人人共鳴的情歌，其他歌手翻唱的版本超過二千之數。是否就是這樣？麥卡尼〈昨日〉成曲的過程，人所共知：他一覺醒來，歌曲的旋律基本上已完整存在腦中，只待他填上歌詞。這似乎是一種「潛意識」的創作，首先浮現出來的，是他日有所思、夜有所感的一種困擾甚至不安的情緒、感覺，歌詞要在一段日子之後才告落實。事後細味，這首情歌實在並非只是情歌，其中潛意識的敘述更像是一種潛意識的預言，更大的煩惱正在前面。

七、「我們比耶穌更受歡迎」

披頭四故事的開端，建基在一個快樂的信念上。他們的使命是要為世人帶來快樂開心，當然首先是要為自己帶來快樂。但是，他們究竟是什麼人、從那裡來的？或者這樣說，他們的快樂動力來自什麼地方？可以說，當時的披頭四並無足夠的條件成為羅素所說的征服幸福的人，但卻有充分的理由可以變成佛洛伊德的幸福無望者，像作家安德魯・奧黑根綜合所說：藍儂和麥卡尼讀書時期，成績乏善可陳，兩人都在少年時就失去母親，人生向他們提出的問題大可這樣說：你們的母親死了，你們的家園被炸至滿目瘡痍，你們打算怎麼辦？披頭四的簡單答覆是：「我們拿起吉他，要改變世界。」改變世界，這就是他們信念動力的來源，而樂與怒，就是他們的手段。改變世界就是為了令世界變得好些，將滿目瘡痍變成色彩繽紛，將煩惱化為喜悅。披頭四並非什麼特殊人種，與我們一樣，他們每天都有其各種生活的難題與苦惱，但他們不容許任何不快的成分進入他們的樂聲中，「**將哀曲化為好歌**」（Take a sad song and make it better……），打從開始，這就是他們的樂與怒座右銘，這就是他們與所有其他樂與怒人物最大的分別，就像美國作家德溫・麥克堅尼（Devin McKinney）所說：「青春偶像古已有之，披頭四則史無前例。」

不可思議的是，因為他們，世界真的開始在改變。披頭四的故事堪稱為一個「史上最偉大的故事」（The Greatest Story Ever Told），而披頭四狂熱就是這個故事的名稱。這個故事「偉大」的地方，當然就在於它對快樂主題的精彩發揮，但這個主題有其恆常特性：它的情節罕有快樂的結局。快樂並無止境，滿足似乎沒有上限，只有愈來愈多的要求。歌迷的反應，起初是尖叫，接而是向他們投擲軟糖、硬糖，再接而是各種各樣的雜物，跟著是身體的接觸，披頭四彷彿是天外來客，有其神奇能量，人人欲分而享之，正像樂隊的新聞發布大員戴力・泰勒（Derek Taylor）所說：「披頭四餘下來可以做的，就是進行一種神蹟治療的巡迴活動。」如果披頭四現在取代了耶穌基督的神的角色，那麼，耶穌基督去了哪裡？如果樂與怒取代了基督教，那麼，基督教去了哪裡？

一九六五年十月，披頭四完成了新的唱片專輯《橡膠靈魂》（*Rubber Soul*），十二月初至聖誕前夕的期間，他們在國內進行了八個地方的巡迴演唱，始於格拉斯高，途經利物浦，止於卡迪夫。又是一年日以繼夜的勞動。踏入一九六六年，樂隊終於享受到一次真正的休息，他們下一張唱片專輯會是四月份的事情，而新一輪的國際演唱會則要到六月底才開始，首站為德國（慕尼黑、漢堡），接著是在日本東京的五場音樂會，緊隨其後是馬尼拉的兩場表演。再接下來則是從八月上旬開始的第三次北美洲巡回演唱，歷時接近三周，基本上又是日以繼夜的重演。不過，年初的時候，披頭四至少可以暫時鬆一口氣。正是此時，倫敦《標準晚報》（*Evening Standard*）女記者莫蓮・克里夫（Maureen Cleave）把握機會，與約翰・藍儂做了一項訪問，試圖捕捉一個披頭四成員偷得浮生半日閒的情況。文章的標題是：「披頭四成員日常是怎樣過活的？這就是約翰・藍儂的情況」，在三月六日見報。

正是這個莫蓮，當年曾陪同藍儂乘坐計程車前往錄音室錄製〈日以繼夜〉一曲。在車途中，藍儂向她展示剛寫好的曲詞，她認為其中一句力度似乎有點不足，藍儂反應快速，即時作出改動。藍儂的歌詞寫在他送給兒子的週歲生日賀卡上面，莫蓮獲得作者同意，拿走這份手稿真跡作為留念。但如果當年藍儂的某句歌詞力度有所不足，造就了一場緣分，今天藍儂一段力度十足的說話則為莫蓮帶來了歷史性的記者聲譽。訪問是在藍儂的倫敦新居內進行，「懶洋洋」的主人翁「快活不知時日過」，今天什麼日子，現在幾點鐘，茫無頭緒；「賓至如歸」的記者在屋內到處走動，打量藍儂堆滿一屋的各種雜物，包括一冊大開本的《聖經》，讀者真正進入了一個披頭四成員不設防的生活天地。在這一氣氛下，藍儂隨意扭開電視機，繼續隨意表述意見：

「基督教肯定會沒落。它將會消失和萎縮。我不用證明這一點；我的看法是正確的，事實會證明我是正確的。今天，我們比耶穌基督更受歡迎；我不知道何者會先行沒落：樂與怒抑或基督教。」莫蓮對這段話的即時感受如何，不得而知。英國讀者的反應同樣不覺有何異常之處。英格蘭畢竟是披頭四狂熱的發源地，就算他們不視自己為神，人們也已經把他們奉為上帝，就像《神奇圈圈》的作者麥克堅尼所說，「對眾多的人來說，披頭四就是他們這個年代的基督，這早已是公開的祕密，形諸於口，只是早晚之事。」現在，同樣不算祕密的是，披頭四狂熱昨天是那麼容易應付的遊戲，今天他們已不再那麼肯定了：如果他們真正是神的話，原本的神去了哪裡？如果藍儂的樂與怒是新時代的約翰福音，那麼，比利．格拉涵所布道的約翰福音是否已名存實亡？但如果他們不是神，他們如何應付信徒的不可思議的慾望深淵？甚至，如何應付他們已感受到的日益危殆的自身安全？莫蓮所看到的懶洋洋的披頭四在休閒中的一面，實屬假象。他們繃緊了的神經系統，已是如箭在弦，一觸即發。

休息過後，在四月份，他們完成了新的唱片專輯《轉動的圓圈》（*Revolver*），英文名稱直接的意思是手槍，披頭四的構想脫胎自一個個的圓圈，或者說一張張圓形的膠唱片，在旋轉中釋放出他們的奇妙的音樂心血，因此一度考慮以《神奇的圈圈》（*Magic Circles*）為名，最後則定案為《轉動的圓圈》，但手槍始終是手槍，這是後話，當前，它要預示的是更為逼近的一種情況：唱片的音響是古怪而複雜的，內容是隱晦而奇特的，感覺完全有異於人們所認識的披頭四天地。音響工程師艾馬力克（Geoff Emerick）憶述當年的〈明天永無答案〉一曲的錄音過程：藍儂踏進錄音室即對他說，他要求在這首歌中，他的歌聲要像二十五里外的達賴喇嘛在山上高歌那樣的效果。音樂是抽象的，音響是抽象的，藍儂的指示是抽象的，艾馬力克的應對也只能是抽象天馬行空的發揮。吉他樂隊現在真正落伍了。《轉動的圓圈》的音響效果不再是現場音樂會所能還原的。披頭四實際上提早向世人宣布：他們現場表演的日子已告結束！

六月中旬，他們新一輪的世界巡回演唱啟動。揭開序幕的德國行程，其中的漢堡明顯是重點所在。這是溫情的回歸，與故友艾絲特列德的重逢相聚是對他們一起渡過的漢堡歲月的真情紀念，正如他們剛完成的《轉動的圓圈》唱片專輯，封面設計出自卡勞斯．伏爾曼之手，「存在者」三人組和漢堡的一頁已牢牢刻印在披頭四的人生故事和神話傳奇中。但從漢堡轉往日本東京，烏雲已開始積累，黑暗已徐徐下降。歷史證明，披頭四在日本擁有最為長情和忠心的支持者，但在一九六六年他們即將在東京市日本武道館登台前夕，從後趕上來的卻是一群視開心快樂為洪水猛獸的極端分子，揚言如果披頭四出現在武道館，必將受到對付，因為武道館是國民最為神聖的專利地方，不容異族的沾染。日本當局不敢怠慢，在樂隊下榻的酒店和在武道館現場布下了銅牆鐵壁的保安防範，披頭四進行了五場名副其實的「監獄搖滾樂」表演，成為日本觀眾所見過的「最逗人喜愛的囚犯」。在下一站的馬尼拉，披頭四成為政權新貴馬可斯皇朝粉飾民主面貌的祭旗，馬可斯夫人安排了一場接待二百多名兒童的親和活動，因披頭四拒絕出席，老羞成怒，在其示意下，馬尼拉街頭「爆發示威」，抗議樂隊侮辱總統夫人，而軍警則合演了一幕封鎖和禁錮的活劇，披頭四一眾最後從一片死寂的酒店囚牢「越獄」奔向機場，狼狽之處，可稱之為「落荒而逃」。重返文明後，披頭四召開了記者會，揭露一切，馬可斯無奈表態，認為「一場誤會」而已。這就是人們對最偉大的樂隊提供最偉大的開心快樂的回報？披頭四兩邊肩膀的神經線繃緊的程度已到了盡頭。

八月份，在樂隊的第三次北美洲演唱活動前夕，美國一份年輕人刊物轉載了倫敦《標準晚報》莫蓮的特寫文章，封面大字標題：「約翰．藍儂說：披頭四比耶穌更受歡迎」。這句話瞬即在這個「我們相信上帝」的大地化成燎原大火，各州的無線電廣播紛紛停播披頭四的音樂，呼籲聽眾燒毀披頭四的唱片。在格拉涵的核心基地即所謂的聖經南部地帶，矢志不渝的原教主義者、旁若無人的白人優越主義者、黑布蒙面的KKK行刑者洶湧歸隊，「密西西比在焚燒中」，披頭四演唱會的中途站田納西州曼菲斯市在焚燒中，披頭四的性命繫於一線，形勢危殆。他們別無選擇，除了道歉。在困難的時刻，喬治．哈里遜的面無表情的一貫幽默成為指引：「他們要的是約翰，送他出去好了。」麥卡尼的《昨日》預言，至此充分應驗。

八月十一日，披頭四抵達美國第一站芝加哥市，當天和翌日舉行了兩場記者會或者說公開道歉會。麥卡尼說從未見過藍儂情緒如此緊張和激動，在出場前幾乎崩潰流淚，出場後身體仍在震抖。道歉不是藍儂的詞彙，但這是他接受人生的教訓和屈辱的一天，不管對與錯：「……我不是說，我們勝過或者偉大過耶穌，我們不是要跟耶穌作為一個人或者作為上帝或者作為什麼的作出比較，你知道。我只是講了我所講的那番話，這些話是錯誤的，或者被錯誤理解了。」記者問他：「你是否後悔說過這番話？」藍儂：「是。我後悔這樣說，你知道，雖然我從沒有人們所認為的那樣的意思，但我仍然要對我的口沒遮攔，感到抱歉。」在第二天的記者會上，記者繼續窮追不捨：「引發起這次的震盪，主要是阿拉巴馬州伯明罕市的那名電台唱片騎師，他要求你本人作出道歉。」藍儂：「他要求的道歉，我可以給他，你知道，如果他真的感到不快，如果他真是這樣的要求，我向他道歉，你知道，我為此道歉。我後悔說出這番話，引出這麼大的麻煩。但我絕對沒有任何惡劣的或反宗教的或什麼諸如此類的意思，你知道。但我的話只能說到這裡。我再沒有什麼其它可講的了，你知道……話已說完了。」

八月十三日，梵蒂崗喉舌報《羅馬觀察報》（*L'Osservatore Romano*）表示接納藍儂的道歉。在社論中，報刊說：「約翰．藍儂最近關於無神論和關於許多人的信念轉移的一番觀察無可否認有其一定的現實根據。這件事至此可告結束了。」藍儂「話已說完了」，最高指示則宣布事件「可告結束了」，但「秀」看來必須繼續下去。布萊恩．艾普斯汀主張取消芝加哥之後的行程，披頭四則堅持原定的安排，但在曼菲斯市的演唱會中，樂隊表演到第三首歌曲時，場內響起了「砰！砰！」之聲，台上的披頭四已是驚弓之鳥，立即你望我、我望你，看看誰中槍。這是場內有人放了兩響鞭炮。音樂會之後，披頭四作出最後決定，在八月二十九日三藩市蠟燭台公園的音樂會將是他們最後一次現場表演。這是一項並無討價還價餘地的決定。他們並沒有諮詢布萊恩的意見，事實上，布萊恩本人的神經系統和精神條件也已扯至盡頭，斷裂可期。到了他們在三藩市登上回程的飛機時，哈里遜癱瘓在座位上，吁了一口氣，向旁邊的同事湯尼．貝魯（Tony Barrow）說：「終於結束了。我現在不再是披頭四了。」

如果披頭四不再是披頭四，那麼，他們可以是什麼人呢？一九六六年是披頭四謙卑和屈辱的一年。這一年，他們從神的高位掉下來，變為與常人無異。這一年，他們被視為危險的人物，人們因為快樂而釋放出來的振奮動力往往非同小可，威脅到種種利益現狀，更可況披頭四所傳達出來的快樂動力，更是非同小可中的非同小可。然而，披頭四根本就是常人，並非是神，他們只不過是哲學家羅素所說的，嘗試改變這個世界中的惡劣條件，作為征服幸福的手段。分別在於，他們做到了這點，但他們得到了什麼回報？快樂幸福實在不是簡單的事情。

耶穌基督、達賴喇嘛，正如記者莫蓮所說，藍儂近日閱讀了大量關於宗教的書籍。他明顯在苦思。但他下一個階段的〈想像〉（Imagine）已是一個全新的國度了：既沒有天堂，也沒有地獄，宗教當然也不再存在。樂與怒也許仍然是改變世界的手段之一，但愛，現在毫無疑問是藍儂的徹底信仰，是人們唯一需要的東西（Love is all you need……）。哈里遜的精神生命在印度音樂和東方宗教中開始另有天地，正因為他無須扮演神，也不用被人視為神，他樂於讓真正的上帝帶引（My Sweet Lord）。麥卡尼同樣有他的心領神會：

在困難的時刻，
母親瑪麗出現我面前，
用智慧之言，
勸我放開心情

我們充分感受到，史無前例的青春偶像披頭四，從一個簡單基本的信念出發，為自己、為人們提供快樂，現在所承受的精神負荷是何等的沉重複雜，與世界各處地方的歷史、文化、社會等等千絲萬縷的成分形成難分難解的生存共同體。我們也不要小看靈高．史達的單純自然，童年時他的健康條件常處於臨危狀態，他以一顆開心快樂的稚子之心，開動〈黃色潛水艇〉（Yellow Submarine），在波濤洶湧的海洋中力求怡然自得。在後披頭四日子中，他經歷了酗酒的黑暗階段，再次奮身而起，也是以一顆稚子之心，參與電視兒童節目的配音與演出工作，一名新生代的女記者訪問他：「史達先生，請問你從事電視工作之前，你是幹什麼的？」靈高回答：「我以前打過band 。」

八、樂隊表演保證會令你露出滿意笑容

但在一九六六年八月底他們離開北美洲返回英國之後，披頭四面對的問題，也許就正是這個問題：如果披頭四不再是披頭四，那麼，他們可以是什麼人呢？麥卡尼提出了「畢柏中士的寂寞之心俱樂部樂隊」（Sergeant Pepper's Lonely Hearts Club Band）的構想。他們可以換過另一種身分，繼續「打band」，繼續「做秀」，但他們不再是披頭四了。畢柏中士教會樂隊打band已經二十年，樂隊依然充滿活力，但樂隊的身分仍像一個謎。畢柏名字的發音也許是從

鹽與胡椒（salt and pepper）演變出來，但中士的軍隊編制身分，在那個年代無法不沾上戰爭的色彩；至於「二十年前的今天」，當披頭四初次踏足漢堡之日，正是德軍在利物浦投下第一枚炸彈之時，披頭四在漢堡習藝成功，漢堡可說是教會他們打band的畢柏中士。正如法庭裁定喬治．哈里遜的〈我的真主〉一曲是對〈他如此可愛〉的一種「潛意識抄襲」，麥卡尼的畢柏中士的身分實難否定其對歷史的「潛意識追問」。是否如此，披頭四其他成員並無追問，他們樂於一一披上色彩繽紛的軍服新裝，請來了一大批古今風雲人物，齊集他們身邊，為唱片封套「拍照」。披頭四與歷史成為一體。「畢柏中士」六六年下半年進入錄音室，歷時超過大半載，六七年七月面世，即時成為搖滾樂的歷史巔峰，世界陷入一片靜寂，因為世界已被它的樂聲淹沒，人們聽不到任何其它的音響。

但在一件事情上，畢柏中士的樂隊卻徹底失敗了。如果他們的身分意在取代披頭四，披頭四則向他們證明了，披頭四的身分實在無可替代，他們的身影籠罩在唱片裡裡外外每一處上面；除了這一點，麥卡尼對他們的評價則是高度滿意的：在二十年的風風雨雨中，不管潮流如何起伏變化，畢柏中士傷心人俱樂部樂隊的表現，一定會令你露出滿意的笑容。在這方面，披頭四也像畢柏中士樂隊一樣，不管潮起潮伏，他們的開心快樂，一定也會令你露出開心快樂的笑容。

一九六七年是披頭四從去年的謙卑和屈辱中反彈再起的一年。謙卑是常人理應履行的本分，屈辱是真主選擇安排的考驗。他們繼續以行動說明，開心和快樂並不是一種短暫的現象。但他們現在不再是神了，當年約翰．藍儂對快樂時光的歌頌，要從人的層面上驗證，不用佛洛伊德出招，相信羅素現在也會同意，真是談何容易！披頭四日以繼夜的勞動，只能是佛洛伊德所指的少數幸運例子，羅素的幸福處方中有意義的勞動，就算在歷史學家裁定為（一百年中不足三分之一的）好日子中，極其量也只能列為大部分人最低工資最少意義的勞動，更遑論在其餘三分二的非全面就業的日子中。藍儂對消費主義的歌頌，看似論證了羅素所說的只要有相對充足的收入，做到食住無憂，找到幸福並非無望，然而羅素並沒有考慮到之前的美國社會學家維布倫（Thornton Veblen）的奢侈消費論，收入和消費並無相對足夠或合理這回事，有力消費的人會嚮往有奢侈消費力的人，舉凡嚮往之情都會帶來不快樂；羅素也無從預測到日後的消費形態，今天，執英語世界財經媒體業牛耳的《金融時報》，逢週末出版的〈如何花掉它〉增刊，對象是掌控全球百分之九十五的財富但人口卻不及百分之一的讀者群，刊登的全屬能滿足其消費意欲的產品，按此而引伸，如果只有百分之一的人消費快樂，百分之九十九的人顯然是不會快樂的。不管是三分之一或百分之一，或者是今天的五花八門的種種幸福調查或統計，數字大多說明，征服幸福並不容易。

至於羅素列舉的愛情要素，情況又如何？藍儂在《日以繼夜》中所描寫的幸福家庭情景，事後看來，遠非持久之事。在緊隨而來的〈挪威木材〉（Norwegian Wood）一曲中，藍儂隱約供認婚外情，仙蒂亞在回憶錄中說，她從來沒有真正占有過藍儂的心，不錯，她難以抗拒藍儂的魅力，但更害怕他的暴力脾氣和行為，藍儂日後承認，在這個時期中，他對仙蒂亞和兒子的態度，實難寬恕。隨著小野洋子的出現，藍儂的第一段婚姻即告結束。這種情況，相信羅素輕易理解，他自己本人就經歷了四段婚姻。羅素的征服幸福的處方，作用有多大，我們可自行判斷。

如果藍儂對幸福家庭的歌頌夾雜著常人的不穩定的實際情況，他的暢快消費能力同樣不是常人條件的普遍寫照。《初生之犢》的黑人主人翁讚歎這一代的青少年第一次嗜到在需要花錢的年紀時有錢可花的美妙滋味，他彷如首相麥克米倫的發言人一樣，讚歎國民現在這樣的好日子歷史上從來沒有出現過。然而，像藍儂一樣，麥堅尼斯的倫敦三部曲並非真正是對五十年代美好日子的歌頌回應。《初生之犢》以一九五六年六月份倫敦諾定山區（Notting Hill）的一場嚴重種族衝突暴亂為背景，該區匯聚了於戰後湧到英國的西印度群島及非洲、亞洲等地的有色人種，小說中未到二十歲的西印度裔主人翁與所謂的「乘風號世代」的歷史一頁有其一脈相承的關係，他雖然在夸夸而談現今青少年的消費能力，他實際上遠離任何揮霍消費的區域。一九四八年六月二十一日，英國政府的「帝國乘風號」油輪（Empire Windrush）從千里達、牙買加等加勒比海英屬殖民地接載了八百零二名選擇移民至英國的乘客回航，在倫敦附近的港口登岸。此事被視為揭開現代史上大量移民湧入英國的序幕。此事特點有二。其一，按當時英國的入境法，這批英屬地移民具有合法進入英國居住、工作的權利，但未幾反移民聲音即開始出現，英國其後連串的國籍法修訂即由此而來。其二，當年這第一代「乘風號」的移民，其追求更好生活的夢想之旅，雖有乘風之助，卻無破浪之果，他們及不少接踵而來的加勒比海移民被統稱為「乘風號世代」，雖然在英國居住了幾十年，不少人的合法身份及權益，仍不受認可，在英國政府的「抗拒環境」政策之下，更遭強行遣返千里達、牙買加，在二〇一八年爆發出「乘風號世代」的政府的移民政策醜聞案。

但即使沒有這項醜聞，「帝國乘風號」本身就是一艘傷痕累累、有血有淚的歷史「巨輪」。它的前身為德國漢堡造船公司Blohn & Voss所建造的客輪，原名稱為Monte Rosa，於一九三一年開始營運，作為往來於德國、荷蘭、挪威和地中海之間的渡假豪華客輪。第二次世界大戰發生後，它被德國政府徵用，開始其載運德軍等軍事任務的生涯，積下一頁納粹歷史的內容。一九四五年，在一次服役途中，它為英國海軍所擒，成為英國政府的戰利品，並易名為「帝國乘風號」，展開生命的新一頁，但內容已換上了大英帝國的殖民故事了。到了一九四八年六月份的這項歷史性的「乘風號世代」航程，這些殖民故事開始構成史詩規模的長篇章回小說，英國步向多種族的多元化社會結構，原先的這一批加勒比海移民，在新環境中的掙扎求存，實際上對英國的經濟發展作出了不少的血汗貢獻，至於他們引入的加勒比海音樂風格，更成為英國文化新貌中豐富的成分。當年六月二十一日在蒂貝里港口登陸的牙買加音樂家、有卡利普索之王稱號的基欽納爵爺（Lord Kitchener），甫上岸即高唱他在航程中所作的一曲：「倫敦是我的地方！」客輪上另一音樂人物伍德拜爵爺（Lord Woodbine），亮相姿態遠為低調，但其後的影響則更具傳奇色彩。伍德拜原名哈勞德．菲立斯（Harold Phillips），借用當時英國銷量冠軍的香菸牌子為名，因為這是他的所好，冠上爵爺大名，則是不少來自加勒比海的移民的風氣，為身分添光不少。伍德拜從倫敦轉往利物浦，組成皇家加勒比全鋼鼓樂隊，認識了阿倫．威廉斯，成為後者的「藍色楹」酒吧的長駐樂隊。在這裡，少年藍儂、少年麥卡尼、少年哈里遜追隨他消磨了不少時間，一度被稱為伍德拜的一群小子；也是在這裡，伍德拜引導阿倫．威廉斯一起前往德國漢堡，考察當地的新興娛樂夜場的情況。漢堡導致雷巴班紅燈區的「印德拉」和「帝皇地庫」，最後，當然就是導致披頭四神話的誕生。「帝國乘風號」經由另一條路線同樣將披頭四故事的緣起帶回到漢堡去。納粹主義、世界大戰、大英帝國殖民版圖的末期形態、西印度群島集體移民浪潮的前瞻和預兆、「乘風號世代」引來的多種族社會形態的衝突和動盪，披頭四與整個舊世界秩序所有的這一切，或淺或深，相互交織，正如他們下一階段的故事，也與新世界整個秩序的種種動盪和衝突，互為響應一樣。

伍德拜爵爺為四八年的乘風號移民提供了傳奇的個案；五六年倫敦諾定山區的種族衝突暴動，揭示出麥克米倫首相的美好日子中的陰暗成分；一九六八年四月，在野的保守黨影子內閣的國防大臣伊諾．鮑維爾（Enoch Powell）發表了其煽情的「血流成河」（Rivers of Blood）的反移民政策演說，即時遭黨魁愛德華．希斯（Edward Heath）革職。「血流成河」的意象源自古羅馬的維吉爾（Virgil）史詩鉅篇《埃涅阿斯紀》（*The Aenead*），其主角埃涅阿斯本就是大有爭議性的人物：他是征服義大利的英雄抑或是殘暴的掠奪者？放在鮑維爾演說的時空環境中，這一史詩背景的引用肯定訴說了英國一部分本土人的真正恐懼：讓移民進來，本土英國人的自治權隨時會拱手讓於這些入侵者。鮑威爾雖被革職，他所宣述的反移民情懷和意旨，實際上已然白熱化，成為保守黨裡外的一股頑強的驅之不散的反開放、反自由主義的意識形態。二〇一六年英國的脫歐公投決定、內政部推出的「抗拒環境」的反移民政策（引發出二〇一八年的「乘風號世代」的醜聞、代罪羔羊的內政部長「引咎辭職」）等等，可說是「血流成河」一波接一波的恐懼反應。更為不幸和複雜的是，二十一世紀的移民問題，夾雜了恐怖主義的屠城木馬，具有新含意的所謂民粹主義和所謂的極右派政治力量支配當前國際間的政治現實，「美好日子」不再容易界定，即使約翰．藍儂，今天恐怕也不會輕言「你知道我的感覺很好」了。

九、你知道，你會感覺很好

時代的背景，總會在我們不知不覺中進入披頭四的歌曲天地。我們不知不覺，因為披頭四的曲調總是愉快上揚的，容易遮掩詞意中不顯眼的背後情況。一九六八年《披頭四》（*The*

Beatles）或稱為《白色專輯》（*The White Album*）中的一曲〈Ob-La-Di, Ob-La-Da〉（奈及利亞的約魯巴語中的「人生不停頓」的意思），可說是麥卡尼對西印度群島移民和牙買加音樂風格的某種遲來的致意。名字帶有西印度色彩的戴斯蒙德（Desmond）和莫利（Molly）夫婦，建立了一個快樂家庭，生活開心。戴斯蒙德白天在市場上擺賣水果，莫利則做麥卡尼所擅長的工作，晚上在樂隊中唱歌。戴斯蒙德給莫利買了一枚二十克拉的鑽戒，莫利開心高唱：「人生不停頓，生活無休止」。這首歌曲也可以看作為麥卡尼對藍儂的《日以繼夜》的一種遲來的回應，但他對開心快樂的歌頌，似乎更為遠離現實：在英國的牙買加家庭有多少人具備奢侈的消費力？擺賣水果的戴斯蒙德更難買得起二十克拉的鑽戒，在樂隊中唱歌的莫利或者可以做得到，然而，鑽戒是戴斯蒙德送給她的。沒有人會計較這些細節，有披頭四的歌頌和祝福，夢想可以成真。稍後，麥卡尼開始醞釀〈回去吧〉（Get Back）一曲（一九六九年四月面世），與藍儂一起打磨歌詞。歌詞含意可以是令人憂慮的：

回去吧，回去吧
回去你以前所屬的地方吧

Get back, get back

Get back to where you once belonged

歌詞的初稿版本，出現過巴基斯坦一詞。當時的時事新聞，觸目的一條是英國的右派狂熱分子正在高呼巴基斯坦人離開，而六八年鮑威爾的「血流成河」的移民威脅警告仍在人們耳際迴盪。社會的情緒麥卡尼當然不會全無感覺。具有四海兄弟情懷的披頭四，不會是反移民的孤立主義者吧？藍儂、麥卡尼最後刪去巴基斯坦的字眼，地方名字變為亞利桑那（麥卡尼愛人原來所屬的地方）和加利福尼亞（「嬉皮青年」仍在那裡吞雲吐霧，快活如神仙）。不管如何改動，在多種族社會的新環境下，「回去吧」永遠令人不安、不快。有意思的是，無人理會〈回去吧〉是什麼意思，歌曲登上全球的流行榜冠軍位置。聽眾一致同意：歌曲的節奏拍子具有迷醉的感染力，不可抗拒。披頭四的音樂可以化哀曲為好歌，將水果變成鑽戒，老家無處不在。

披頭四是常人，有常人的遠慮近憂，與常人共處時代的困難與困惱之中。但正因為他們現在是常人，我們更清楚看到他們的神的身分，「神」在這裡，其實就是他們的藝術。約翰、保羅、喬治、靈高為什麼能夠超越常人，可以像神一樣，永遠令人開心快樂？儘管我們的敘述已經列舉了一些共識見解，但最終恐怕仍無全面的答案，神的宇宙始終有其奧祕不可解的地方，雖然這不足以阻止我們的繼續探討。

美國作家阿當·戈普尼克（Adam Gopnik）說，大部分精彩的流行音樂都是令人「傷感」

的。民歌更是「慘情」的。仙納杜拉（Frank Sinatra）的歌曲，最終塑造的同樣是一種寂寞的神態，像朦朧月色下孤獨的燈柱。披頭四的音樂，方向完全相反。在他們那裡，朋友會幫忙，漏水的洞得到修補，事情會一路轉好，而這一切不用花費你半張唱片的時間。這張唱片可以是「畢柏中士寂寞之心俱樂部樂隊」。但是，戈普尼克說，這又是他們音樂中我們最難以接納的事情，因為，快樂之情一旦出現，我們的一套嚴肅的評論詞彙往往失去功能。這好像說，如有神助的事情，只能用神來解釋。

麥卡尼的〈回到蘇維埃社會主義共和國〉（Back in the USSR，一九六八年作品）在當時的蘇聯、今天的俄羅斯，是一首極受歡迎的披頭四歌曲。俄羅斯人尼科拉・瓦辛（Nikolai Vasin）第一次擁有披頭四的作品是在一九六四年，其時他未滿二十歲，國家仍受社會主義政權管治，西方流行音樂被視為資本主義的腐敗東西，披頭四音樂只能在黑市流通，但這無阻瓦辛將披頭四的一切轉化為他人生的全部內容。他開始苦修英語，成立披頭四俱樂部，收集一切能夠收集的披頭四項目，最終成為俄羅斯的開創性的披頭四權威。畢生之中，瓦辛體驗了兩次有如神蹟一樣的快樂回報。第一次是在藍儂三十歲生日之時，藍儂從無數的各地賀卡中竟然撿出了瓦辛的一封，因而與小野洋子在他倆的新唱片專輯上簽了名字，回郵送贈瓦辛。此事過程「如有神助」。這一禮物瓦辛視為至寶，寄存朋友家中，因為害怕祕密警察萬一突擊檢查他的寓所。第二次是在二〇〇三年，藍儂已作古人，蘇維埃政權也成為明日黃花，聖彼得堡音樂學院給麥卡尼頒發榮譽學位，一介市民瓦辛獲邀出席典禮，終於見到了偶像。他給予麥卡尼一個令人透不過氣的俄羅斯熊抱：「我心情緊張到不得了。他的擁抱給我一種神的觸摸的感覺。」最終而言，「我深信披頭四是上帝派來的，負責傳達它的和平、愛心和自由的訊息，好使地球上所有人都團結起來。」瓦辛由衷地說。

美國小說家庫・伏尼格（Kurt Vonnegut）說：「我常在一些演講中這樣說，藝術家的一項也許不算不合理的任務，就是要讓人們領略到哪怕是一點點的一種活著的感覺。聽眾往往問我，能否舉出一些做到這點的藝術家例子。我回答：披頭四就是個例子。」

在困難的時刻，我們可以相信披頭四，因為，你知道，只要你拿出半張唱片的時間，你就會感覺很好。

第三章

美星、美食、母親、死亡動力

希區考克與普魯斯特的家庭故事和弒親想像

第一部分　希區考克

一、上帝說：「要有黑暗。」

一九五八年的《迷魂記》（*Vertigo*），希區考克黯然面對現實：危險的迷情遊戲已然令他身處懸崖，無法自拔，從高處掉下恐怕是無可避免的收場。我們往往扼殺我們的所愛，最後則扼殺自己。一九六〇年的《觸目驚心》，希區考克的講法是，死亡會是人生突而其來的事情，實在可怕，然而，希區考克實際宣述的是，死亡往往也是一項部署縝密的行為：當生命變成是一種毫無出路的禁錮，死亡動力也就成為通向天國彼岸的釋放力量。一九六四年的《瑪妮》（*Marnie*）是一次慾望動力最後的掙扎：當目標對象不能「巧取」則唯有「豪奪」，別無選擇。至此，大師完成了從高處掉下的最後一步。希區考克這三部作品可說是二十世紀好萊塢最為深沉漆黑的一組「電影自照」，直接凝視靈魂最深層的封閉深淵，敢說在美國電影中無法可以找到與之匹敵的其他例子。

二、看似知情太多實則一無所知

一九八三年，《希區考克／楚浮》（*Hitchcock/Truffaut*）對談錄新版面世，補充了此書六七年初版之後希區考克完成的最後三部影片，至此，這部研究希區考克的權威著作終於大功告成，完整地羅列了這位導演畢生的五十三部作品，儘管補充的一章，楚浮只能用評論代替對談。這是一份可畏的作品名單，寫照了一位可畏的藝術奇才；這同時也是一項充滿訪問者的堅定信念和受訪者成竹在胸的回應的對談。出身自倫敦東區一個經營疏菜食物和賣魚的家庭，希區考克通過學徒式的訓練，成為英國二十世紀初期最著名的電影導演，接著轉到美國好萊塢發展，同樣建立了其頂級的導演地位，然後經由法國新銳的一代評論家不遺餘力的打造、肯定了他的藝術成就和確立起他的國際聲譽，回流美國、英國（這兩處地方，向來推崇希區考克的卓越電影技巧多於承認其作品的藝術地位），這個過程堪稱充滿傳奇色彩，令人讚歎；而楚浮及其《電影筆記》一眾同僚在催生這項傳奇的過程中，大大啟發豐富了希區考克學的觀點和視野，讓我們對隱藏在希區考克的作品及其內心世界的種種情意和精神條件，有了不同層次的領悟，同樣功不可沒，令人佩服。但是，正如評論家米高．伍德（Michael Wood）說，在希區考克拍了兩遍的影片《一個知情太多的人》（*The Man Who Knew Too Much*）這個故事中，主角其實是個一無所知的人，我們對這個大名鼎鼎的導演的一切，向來其實也是一無所知，因為，希區考克畢生致力的正是不讓人們知道關於他的事情，或至少只讓人們知道他願意讓人知道的事情。如果說，在他身邊出現的楚浮，終於帶動希區考克作出一點點關於其內心世界的披露，已是殊不容易的事情。

湊巧的是，也是在一九八三年，美國作家唐納德・斯普圖（Donald Spoto）發表了其刷新耳目的傳記《天才的陰暗面：阿爾弗烈德・希區考克的生平》（*The Dark Side of Genius: The Life of Alfred Hitchcock*），揭露了希區考克即非鮮為人知、至少也不是那麼眾所周知的一面，一些他也許願意人們繼續一無所知的事情。斯普圖所繪畫的，是一幅不容易令人消化的圖像。希區考克是個不世出的電影天才，殆無疑問，然而，斯普圖現在要敘述的是：希區考克同時也是一個性格極其複雜、充滿矛盾的人：他的電影視像語言，具有豐富卓越的表達能力，但私底下希區考克卻是一個感情深藏不露諱莫如深、從不透露自己內心感受的人，也許因此，他的一生並無什麼知心的朋友；希區考克是一個眾所公認的自我宣傳的高手，他在每部自己導演的影片中的短短數秒的亮相、他在電視劇集《希區考克獻上》每一集的開場白成為他的註冊商標，使他肥胖的體形深入民心，無人不知。有人說，他走進世上任何一家餐館，人們都會認出他是希區考克，沒有任何一位電影導演有這樣公眾化的身分標記，可是，我們對希區考克本人的種種背景和生平資料，所知近乎一片空白。希區考克關於自己的一切，守口如瓶，關於他的父母兄姊罕有提及，與他相識多年的人甚至不知道他有一個兄長，一個姊姊；希區考克非常了解電影是一項集體的創作行為，每部影片他都會精心挑選他的演員、編劇、攝影、作曲、服裝……組成班底，然而，業內人士眾所周知的是，他從來沒有片言隻字表揚或肯定他們的貢獻，功勞全歸於自己（與他共事過的編劇查爾斯．班納特〔Charles Bennett〕說：「這是希區考克性格上的一大缺點。」），尤其令人困解的是，希區考克對待他視為其影片命脈的一眾女主角，更是三緘其口，對她們的表現，幾乎從沒有任何的讚賞，這意味了希區考克對他的女演員顯然有著一種異乎常情的情意結，非旁人所能輕易理解。事實上，斯普圖要呈現的是，希區考克對他的女演員蘊藏著一種深沉黑暗、難以分解的矛盾二重性，既有著迷，又有排斥，既有慾望，又有厭恨，他塑造了一個又一個近乎完美的女神，卻又接二連三地對她們進行無情的摧殘；一眾女星，英格麗．褒曼（Ingrid Bergman）、葛麗絲．凱莉（Grace Kelly）、伊娃．瑪麗．聖（Eva Marie Saint）、金．露華（Kim Novak），到後來的蒂比．赫德倫（Tippi Hedren）在希區考克的電影中，無不艷光四射，或風情萬種。如果說，她們在其他導演的手中，再無如此奪目的光彩，也許不會有很多人反對，這些接二連三的精雕細琢的例子，似乎深藏著希區考克對心目中的完美女神的一種強制性的迷情（不管她們的頭髮屬於什麼顏色，希區考克只鍾情於金髮），灌注著他的澎拜慾望的投射，但伴隨著連串令人目眩的女神膜拜，同時是此落彼起的對女性的折磨、侮辱、虐待，美國作家錢德勒（Raymond Chandler）說，偵探小說的情節推進遇到困難時，最有效的橋段，就是安排兩名持槍的漢子破門而入，希區考克奉行的信條，是法國十九世紀劇作家薩杜爾（Sardoul）的名句：「折磨女人」，不管情節是否有此需要。在《三十九步》（*The 39 Steps*）中，希區考克用手銬把女主角瑪德蓮·卡露（Madelene Carroll）和男主角羅拔·當納特（Robert Donat）兩人的手腕扣起來，然後連續數天讓後者把她拖拉爬行，翻山落水，穿越障礙，歷盡折磨，弄至瑪德蓮的手腕皮開肉綻、傷痕累累，儀容盡失，尊嚴蕩然無存，與希區考克合作的Ivor Montagu目睹這些情景，感覺到「藝術家是否都有某種虐待狂」，希區考克自言：「我自己也在想我是不是有虐待狂的人」。瑪德蓮·卡露遭到的對待並非孤立的例子，斯普圖指出，在希區考克的事業生涯中，這些行為此落彼起，而且愈演愈烈，發展到最後的《觸目驚心》、《鳥》（*The Birds*）、《瑪妮》（*Marnie*）的階段，更是不可收拾（在《鳥》中，希區考克安排真實的鳥群襲擊蒂比·赫德倫，連續數天拍攝，身心飽受摧殘的女主角終於神經崩潰，在醫生勒令停拍下，導演才收手），編劇家班納特直接面斥希區考克為「一個虐待狂的野種」。

斯普圖在他與希區考克的歷次談話中，發覺到後者罕有直接回答他的提問，希區考克只想講他要講的，談話方向和內容總是由他決定，最終又回到人們對他的各種背景一無所知或知情甚少的起點。希區考克關於自己的生平背景或者思想看法，所提供的只是極其簡略的二三事例，然後一再重複這些說法，周而復始，這就是他容許人們的知情部分。像其他替希區考克寫傳的作者一樣，關於希區考克的家庭背景和成長經歷，斯普圖所能掌握的，同樣是這樣的一些「經典」情況。希區考克出身自一個羅馬天主教的家庭，父母均為虔誠的教徒，有著根深柢固的宗教觀念，對希區考克的管教至為苛嚴。幼年時，希區考克每晚要站在其母的床前，供述當天的一切作為，不難想像敏感的希區考克天天面對這一教條儀式所承受的壓力，也不難理解，如果希區考克沒有做錯事情，他或者也會捏造一些錯事作為供述或懺悔的內容。可以相信，犯罪與懲罰可能從小就構成希區考克精神活動的重要部分。

如果說，他對母親沒有什麼溫情的記憶，那麼，他對父親則似乎更無好感。在幾歲大的時候，其父有一天把他送到警察局去，讓警察把他關在牢房內幾分鐘，作為對他做錯事的一種教訓。希區考克已記不起他究竟做錯了什麼事，但這次經歷卻在他身上留下了不可磨滅的烙印，成為他日後再三敘述的一則典故，讓人們看到，這或許就是他電影中經常涉及的犯罪與內疚、無辜者被錯認為犯罪者、對警察與法律的深刻畏懼、飛來橫禍隨時摧毀正常的生活秩序等等題旨的由來。（另一位二十世紀恐懼與焦慮大師卡夫卡〔Franz Kafka〕幼年經歷了一次類似的創傷性遭遇，有一個晚上，他喊著要喝水，父親惱火起來，把僅穿睡衣的他拉到露台外，罰站了數分鐘。卡夫卡日後無法消除這次經歷的陰影：這並非是一種體罰的傷害，而是暴力和威嚇的手段所帶來的心理威脅。日後，卡夫卡寫了一封致父親的信，委婉道出他的感受：「許多年以後，每當我想到，這個身形巨大的人，我的父親，一種至高無上的權威，會為了微不足道的小事，可以在夜裡把我從床上揪出來拖出露台外，在他的心目中，我可以是這樣的毫無價值。」，可惜他的父親最終無緣讀到此信。

然而，希區考克這則坐牢的故事有多大的可信性呢？楚浮在其《希區考克》訪談錄中，開門見山第一條問題就是：這則故事是不是真的？希區考克回答：「這是真的，我當時大約是四至五歲……」，「我的父親經常說我是一隻潔白無瑕的小羊，我真的無法想像我究竟做錯了什麼事」。斯普圖說，如果此事屬實，其父親教子的方法確實有點奇特，但是，斯普圖說，希區考克是個善於轉移視線的能手，精於迎合記者們的所需，告訴他們所愛聽的東西，因此，這則故事很難求證其是真是假，但即使是假的，也可能是希區考克幼年受過某種他認為是過分的懲罰，然後經過想像處理，擴大誇張成為這則坐牢的典故，不管如何，就算這是完全捏造出來的，我們也可以從中感受到希區考克對父親和對自己童年的一些印象。二〇一五年的傳記作者彼得．艾克萊德（Peter Ackroyd）對此意見相同：如果其父親真的覺得希區考克像一只潔白無瑕的小羊，那麼，這項逞罰確實殘忍了一點。艾克萊德說，這很可能是希區考克創作出來的一個版本，成為他反覆念誦的經文，用以驅散其內心的恐懼陰影。這可說是一則典型的希區考克生平「資料」，真中有假，假中有真，成為他的自我形象塑造的一種鋪排。

艾克萊德的《阿爾弗烈德．希區考克》（*Hitchcock*）傳奇，第一章的篇目是「從不哭喊的孩子」。希區考克說，根據人們對他的講述，在他的嬰孩和幼童時期，他從來不會哭喊，那怕外在的事情有時會令他感到驚慌。這是另一則經典的希區考克生平資料。他會將各種感受收藏於心，不會向人講述。這顯然為日後一個經常表情木然、從不與人透露心事的希區考克提供了一種「可信」的註釋。但是，如果希區考克疏於開腔，他的眼睛卻從不休閒：視覺是其先驗的感官功能選擇，彷彿希區考克從小就用對周邊環境的全神貫注的觀察作為應付各種外在危險和威脅的防禦機制。他對楚浮說：在所有的家庭活動的場合，「我會靜靜的坐在一個角落，不發一言。我會細看和觀察到很多的東西。我一向是這樣，現在仍然如此。我完全不是一個外向的人。我是一個孤獨者——我記不起我有任何的玩伴。我從事自己的遊戲活動，創造自己的各種遊戲。」其中，收集火車班次的時間表是他早年的一項遊戲，我們可以說，日後的電影想像則是其一天二十四小時的遊戲，而其不停觀察周邊環境的目光則成為希區考克標記的凝視鏡頭，並逐步轉化為一個不可克制的希區考克偷窺世界。

三、我肥胖但我有大抱負

但是，還有一重更大的障礙畢生影響著希區考克的人際活動：他的痴肥身體。從童年學校時期開始，希區考克就已經以小胖子的形象出現。在第一次世界大戰時，希區考克得以免服軍役，其中一項因素就是他的肥胖體形。希區考克清楚記得，未到二十歲，他已經「非常肥胖，同時抱負也極大」。這是一個可堪思考的講法。肥胖和抱負極大這兩者之間究竟有什麼關係？肥胖是不是進取野心的絆腳石，抑或進取的野心不會容許肥胖的出現？

希區考克似乎要說的是，前者並不構成他的進取障礙，但同樣，他也不急於要對體重加以任何的約束。斯普圖說，希區考克畢生追求的，是對美酒佳餚的拚命享用，以及一種無休止的尋覓，盼求一個可供他崇拜的完美女神，作為對他這個失意受困的小胖子的理想互補（希區考克永遠會覺得自己是個受困的小胖子）。希區考克不會看不到，美食、體重、女神這三者實在很難和平共存，然而，美食對他似乎有著一種反常的、難以抗拒的引力，精神分析上的某種慾望或不安的根源。而最終，這也是希區考克無時無刻不感覺到的恐懼世界觀的一項延伸。「恐懼？」希區考克說：「這是影響著我的一生和事業的一項因素。」而希區考克總有一則經典的童年事件樂於向人供述：五、六歲那年，某個星期天晚上，其父母安置他上床睡覺後出外活動，深信他們回來的時候，他仍會在睡眠中，「但是，我半途睡醒了，呼喚他們，但沒有人回應。四週一片漆黑。我全身震抖，爬起床來，在黑暗、空虛的屋子裡到處摸索，最後去到了廚房，找到了一片凍肉，然後邊吃邊讓眼淚收起來。」這項經歷給他帶來了深刻的感受：可怕或者危險的事情隨時會發生，父母可能遺棄了他，或者危險會隨時闖入來。但是，斯普圖認為，這項記憶也讓人看到了，希區考克很早就認識到，或者在潛意識裡感覺到，食物是他用來對抗孤獨的最佳方法。

這是不是就解釋了希區考克終其一生的對美食的毫無節制的縱情享用，也許難有定論，但可見的是，到了結婚那年（二十七歲），身高不到五呎八吋的希區考克，體重已達二〇〇磅，與他的個子細小的妻子艾爾瑪（Alma Reville）形成極大的對照。希區考克此時的體重似乎呼應了他的方興未艾的事業發展，「非常肥胖，抱負極大」。希區考克看來無意改變這一規律，分別只是，如果幼年時期他的肥胖可能與過量的馬鈴薯佐食有關，他現在的餐單已經大為不同了。希區考克可觀的收入容許他對各式各樣的美酒佳餚盡情享用。他與艾爾瑪選擇了瑞士的旅遊勝地聖莫理斯（Saint Moritz）作為渡蜜月的地方，入住五星的皇府酒店（Palace Hotel），在那裡，他們從容不迫地進行數小時的午餐，連接下去的下午茶則順延至晚餐前的鷄尾酒時段。瑞士有名的乾熏牛肉薄片，希區考克當然不會放過，瑞士白酒、義大利紅酒此上彼落。往後，每逢結婚週年，希區考克和艾爾瑪一有機會就重返聖莫理斯渡假。回到倫敦後，希區考克每個月都會安排從聖莫理斯訂購一箱蘋果酒回來。當然，在倫敦，他們現在已成為一流的餐廳的座上客，而希區考克的至愛美食，則是搗爛了的馬鈴薯和牛排、佐以金菜蘿蔔的羊脊肉以及多佛爾油鰨等。「非常肥胖」似乎「若無其事」。

從一九二六至一九三八年，希區考克共執導了二十一部電影，成為英國最有名望的導演。一九三九年，希區考克轉戰好萊塢，從而進入其電影事業的「美國時期」，最終創造出一番更為燦爛的景象，然而，他的美食常規也同時隨著其事業上的「英國時期」的結束而進入場面壯觀的「美式分量」的大型製作。事實上，希區考克在一九三七年初次造訪美國時，對美式美食似乎已有相見恨晚的感覺。他在紐約有名的餐廳「21會所」（21 Club）晚宴，並安排《紐約世界—電報》（*New York World–Telegram*）記者艾倫·史密斯（Allen Smith）在那裡進行訪談。後者成為美國第一個正式訪問希區考克的新聞記者，史密斯目睹他的整個晚餐流程，大開眼界。希區考克告訴他，美國著名的牛排和冰淇淋已是他的至愛，香子蘭冰淇淋加進少許白蘭地現在是他的早餐項目，午餐和晚餐則必定少不了一份特厚的牛排。史密斯尚以為這是誇張之談，但是，希區考克在用完他的牛排、上了甜品冰淇淋之後，當其他客人紛紛上咖啡，希區考克卻吩咐侍者再上一份牛排，接之而上的是另一客冰淇淋，然後召喚侍者。這時，客人才鬆了一口氣，以為晚餐完結了。出乎意料之外的是，不多久，侍者再端上第三份牛排，這次並連同冰淇淋一起放到桌上，這顯然是希區考克為了節省客人一點時間的考慮。這一情景引起了21會所一陣竊竊細語的哄動。最後，客人驚魂稍定，希區考克大口灌下他的白蘭地之後，史密斯將話題轉到他的食量方面，希區考克出奇地坦率，暢述他的飲食觀：「食物給我帶來滿足感。這是一種精神上的過程多於是身體上的過程。等待美食的那種心情，同準備渡假或者看精彩演出的心情可謂不相上下。進食有兩種：一種是為了維持生命，一種是為了享受。我的進食是為了享受。」

確是豪情壯語，不亦快哉！

然而，一九三七年三十八歲的希區考克，體重已經超越三〇〇磅，到了四十二歲那年，更攀升至三五〇磅。不用知情太多的人也會知道，這只能是一種不勝負荷的重壓，日以繼夜箝制著其底下的載體。希區考克曾試過進行減肥，但不多久又回復原狀，周而復始，難越雷池半步。斯普圖說，希區考克的整個創作生涯，可說是在某種牢籠中渡過。他為自己蓋起了一座終極的軀體監牢。他的病態痴肥令他難以跟任何人建立起親近的關係；他渴求浪漫的關系以及深入的友情，但又缺乏這方面的溝通條件。他對一連串女主角的狂熱情意，無一得到滿足，痛苦之極。以此而言，他對美酒佳餚的放縱更多是一種無奈的精神慰藉。

不過，最牢固的監牢也有失守的一天。希區考克長年壓抑的洶湧情慾終於在其最後的女神蒂比．赫德倫身上破堤而出，在《鳥》和《瑪妮》兩片的拍攝過程中，他對蒂比直接提出性的要求，作出了直接的身體暴力侵犯，最後徹底失控，在銀幕上和銀幕下，無所保留地摧毀了他所一手栽培出來的「至愛」對象。在《瑪妮》一片中，希區考克堅持安排男主角辛．康納利（Sean Connery）對其性冷感的新婚妻子蒂比進行強迫的性行為，儘管與他合作的編劇無一能接受這一情節；在銀幕底下，希區考克對蒂比進行了其演員事業上的「軟禁」，封銷後者所有的電影演出的機會。斯普圖所披露的希區考克的這一晚期情節，確實令人不容易接受。斯普圖說，《瑪妮》宣布了希區考克藝術生命的終結。

事實上，《瑪妮》上映後的反應，確實只能用慘淡收場作為形容。希區考克導演生涯的輝煌歲月，巔峰期顯然已告結束。與此同時，希區考克的美酒佳餚、非常肥胖的種種後遺症，也與時並進，成為其最後幾年生活的支配性條件：肝臟、腎臟、骨節、心臟（希區考克要隨身配備心臟起搏器）全面衰退，而其精神狀態同樣是境況凄涼，在其呼風喚雨的日子裡從不欠缺的往來人物，現在只餘下兩三個最忠心的工作人員陪伴在側，兩度中風的艾爾瑪，或多或少已變成了一個沉默的伴侶。一九七六年的《奪產奇謀》（*Family Plot*）已是希區考克最後一部作品，其後他的身體和精神狀況事實上已無法再支援他的創作活動。但是，終生工作不斷、視電影為他的生命的希區考克，停止拍片，即等於停止呼吸，遲至一九七八年，希區考克仍在奮力掙扎，籌拍新片《短夜》（*The Short Night*）。但是，在第一個請來的編劇占姆斯．科斯蒂根（**James Costigan**）無功而退之後，希區考克召回兩度與他合作的埃納斯．里曼（**Ernest Lehman**）（《北西北》，一九五八年、《奪產奇謀》，一九七六年）重頭開始，結果仍然不能成事。里曼現在看到的，是一個今非昔比的希區考克，無論身體或心理狀況，均不可能再承擔起導演的重擔了。然而，出於他對這位傑出的導演的敬意與愛意，里曼仍然堅持下去，完成了劇本的兩稿，希區考克也著手組織起一個核心的拍攝班底，儘管，里曼憶述：「……我愈來愈清楚看到，而我相信他本人也清楚看到，他的體力和精神已不足以應付拍片的工作了，而且今後也不會再有此可能了。」里曼在合約期滿後，黯然與希區考克分手。其後他獲悉希區考克又聘請了第三位編劇戴維・費列曼（David Freeman）再度處理《短夜》的劇本，似乎要讓他自己和讓世界相信他仍舊是一位電影導演，仍在籌備開拍下一部影片。里曼感到無限的傷感。

年紀較輕的費列曼結果也只能步里曼的後塵，與希區考克消磨了一段工作時間，進行著一項再不可能完成的項目。分別是，費列曼其後在一九八二年四月的美國《君子》雜誌上發表了一篇長文《希區考克最後的日子》，根據他的《短夜》工作筆記，繪畫了這位導演的一幅令人氣餒的遲暮景象：七十九歲的希區考克，依然是那樣的「非常肥胖」，現在更備受酒癮纏擾和關節痛的折磨，明顯可見，他的生命已是餘日無多，然而，費列曼的印象是，希區考克似乎並不急於完成這個劇本，在每天的編劇工作會議上，希區考克會講幾句劇本方面的事情，跟著就東拉西扯，漫無方向，時而憶述前塵往事，有時則在講述笑話，而涉及赤裸露骨的色情笑話時，精神則會為之一振，但是，費列曼也同時感受到了藏在這位卓越不凡的藝術家內心世界的孤獨和空虛、他對風華絕代的英格麗・褒曼的念念不忘。一天，在希區考克的私人放映室內，費列曼陪他觀看褒曼演出的新片《秋天奏鳴曲》（*Autumn Sonata*），這明顯不是一部希區考克口味的影片。「她會很緊張我的看法。」希區考克自言自語。

「她顯得老了，他們把她拍得不好。」沒有再看下去希區考克就離場了。年逾六十的褒曼不再是他記憶中的一九四六年演出《美人記》（*Notorious*）的那個褒曼了，但是在其深沉的內心天地，這位女星可說一直在煎熬著希區考克的慾望與迷情。「三十年來，她一直在愛著我」、「她簡直為我瘋了」，希區考克反覆的對費列曼說。

四、麥古芬遊戲的危險界線

一九七八年秋，美國電影研究所決定向希區考克頒發終身成就獎。頒獎禮定在一九七九年三月七日在洛杉磯比華利山希爾頓酒店舉行。在頒獎禮的籌備過程中，希區考克一直拒絕與頒獎機構的工作人員合作。直到最後關頭，才勉強同意出席。費列曼說：「七十九歲的考區考克，體重超重一五〇磅，他已走到生命的盡頭，他自己知道這一點。但是他並不願意人們知道這一點。」對希區考克說來，終身成就獎似乎有著一種盡頭的意味，「他把頒獎典禮這個晚上看作為他的訃文宣讀，而他無意出席這場葬禮。」費列曼說。頒獎禮過後，費列曼重回環球片場的辦公室，準備與希區考克繼續《短夜》的劇本工作，但在餘下的日子中，他與希區考克的會議再沒有任何實質上的進展。一九八〇年四月二十九日，希區考克與世長辭，他的最後項目《短夜》，一如大家所料，就在這個未完成的劇本中淡出了。

費列曼一九八二年的這篇描寫，有如是一道頭盤，斯普圖一九八三年的長篇敘述，則是接著而上的主菜，兩者構成了一頓豐盛的「希區考克傳記」晚餐。在「享用了」如此重型分量的佳餚之後，我們還有胃納再上甜品嗎？或者說，什麼樣的甜品才適合我們現在的胃口？斯普圖的《天才的陰暗面》可說是希區考克研究的一條重大的分水線，其後的希區考克論述，幾乎或多或少都包含了對這幅令人殊難消化接受的圖像的某種反應：斯普圖的敘述有多大的可信性？可信之餘，則是可否接受、願不願意接受的問題，又或者，在藝術家和藝術作品這兩者之間，我們只能作出某種妥協性的反應？

在一九八三年新版的希區考克訪談錄中，楚浮舉重若輕地對應了這個問題。他說，斯普圖的傳記和費列曼的文章分別描寫了希區考克和蒂比．赫德倫兩人關係極其不幸的破裂過程，以及希區考克自《奪產奇謀》之後和在《短夜》的編寫過程中的衰落情景，不乏細節，「一些評論者怪責二人把一個偉人的晚年最可悲的情況公諸於世。我本人的評價則沒有那麼嚴厲。這兩位年輕的作者都是在希區考克的晚年才和他交往和有工作上的接觸，他們不會覺得對他有什麼要感恩的地方，或者需要怎樣友善對待他。從電影史學家的角度來看，阿爾費烈德．希區考克的個案，內容是這樣的豐富和複雜，我們大可以預言，在本世紀結束之前，關於希區考克的研究著作，其熱烈的程度將不下於今天人們對普魯斯特的研究那樣。」楚浮採取的是長線的歷史觀點。

但是，楚浮這項委婉的表述，同時也是一項奇特的表述。斯普圖關於希區孝克的不當行為的敘述，楚浮似乎有所默認，但是，他卻把這個問題的性質轉移到（斯普圖的）年紀和感恩情意上面。為什麼要有所感恩？是不是因為希區考克留給了我們這麼豐厚的電影遺產的關係？事實是，斯普圖對希區考克的藝術成就，表揚不遺餘力（他曾為此寫過一本專書），不能說他對這位導演缺乏敬意，然則，楚浮所指的年紀尚輕的問題，與斯普圖對藝術家的行為的評述又有什麼樣的關係呢？在這一個案上，溫情的楚浮實際上是將他對藝術作品的深厚愛意放在了他對藝術家的道德考慮之上。又或者，人和作品兩者的關係，不管眾說如何紛紜，只能是一種整體的、難以分割的關係，對其中任何一端的取向最終也只能是一種妥協的取向。

一九九八年，美國女評論家卡米爾・柏格里亞（Camille Paglia）提供了另一個同樣有趣的奇特反應個案。在其有關《鳥》的專論中，較斯普圖更年輕的柏格里亞憶述了她的觀影經驗：「初次看這部電影的時候，我仍處於易受擺布的年輕階段，我的反應可說是興奮莫明。在我看來，這部影片是對女性性慾的奪目光彩的一項反常態的頌曲，希區考克讓我們看到了女性條件的各種挑逗性的形態，從她們的輕巧手段計謀到其隨時可溶化的脆弱體質，幾乎一應俱全。」像楚浮一樣，柏格里亞在其評述中引進了年齡的因素，她接觸這部影片時仍是一位思想易受影響的年輕人，但這並不構成她對希區考克的正面評價的障礙。她的看法是，希區考克除了他導演的影片外，更由於他從五十年代中期開始長達十年所製作的懸疑驚險的電視劇集，美國戰後的一代觀眾心目中早已視他為一個不同凡響的人物。因此，一九六〇年的《觸目驚心》雖然令人嚇到魂飛魄散，但人們仍然可以想像得到，影片反映的其實就是現實中希區考克本人的死亡感性，因為我們**覺得早已**熟知其為人。對柏格里亞說來，年齡或影齡的長短與我們對藝術家的欣賞或敬重看來並無比例上的關係。事實上，作為戰後一代的一分子，柏格里亞本人的希區考克影齡可說是淺之又淺，除了讀書時期在學校活動中看過的（拷貝質素欠佳的）《北西北》（*North by Northwest*）之外，《觸目驚心》是她唯一的希區考克經驗。然而，隨後她在商業戲院內觀看了色彩鮮艷、大銀幕的《鳥》和《瑪妮》，她已完全折服。「蒂比．赫德倫可說是我心目中終極的希區考克女英雄，當年的看法是這樣，今天仍然這樣。」像楚浮一樣，柏格里亞成為希區考克的仰慕者，儘管在她而言這是一項變奏的仰慕；她的焦點不是直接放在希區考克身上，而是銀幕上的蒂比．赫德倫——一個不可侵犯的、不容侵犯的完美女神。

然而，仰慕始終是仰慕，像楚浮一樣，她對斯普圖所披露的希區考克圖像的回應，同樣是一種迂迴的、偏離的取向。在拍攝《鳥》片閣樓真實鳥群襲擊女主角這場戲的過程中，軀體備受折磨的蒂比．赫德倫終於無法支撐下去，全面崩潰（其中一隻鳥實際上抓傷了她左眼的眼皮），在醫生勒令停拍之下，希區考克才無奈停工。柏格里亞承認：「蒂比．赫德倫的身體安全受到了危害，這一點看來是明顯的。」但是，她指出「這是二十年來希區考克片場內第一宗的傷療意外」。導演這種無視一切後果的對待演員的做法，是否希區考克本人的一種虐待狂的表現呢？柏格里亞說：「在接受我的訪問中，赫德倫否定了希區考克對女人懷有憎厭性的惡意這種普遍說法。」關於閣樓這場戲，她引述赫德倫的話：「希區考克的內心極不好過。他一直躲在辦公室內，直到一切就緒，攝影機準備開動，他才出來。」柏格里亞僅此而已的引述，可謂可圈可點。然則，斯普圖所寫的關於希區考克對赫德倫的越軌行為，最終導致兩人關係的決裂，柏格里亞又如何對應呢？她的形容是：「蒂比·赫德倫與希區考克的合作關係，到了下一部影片《瑪妮》，結果以不愉快的收場告終。」楚浮形容為「極其惡劣」的關係破裂，到了柏格里亞這裡，則進一步輕化為「不愉快的收場」，可以看出，兩位論者都嘗試對斯普圖所披露的情況給予某種量化的衡度，作為評價的依據。楚浮最終採取了對藝術家的長線歷史觀點，而柏格里亞的處理的則是一種困難的雙重考慮：蒂比·赫德倫是她一見鍾情的女神偶像，但她同時看到，脫離開希區考克，這位女神的奪目光彩即告褪色，《鳥》和《瑪妮》是赫德倫演員生涯的「創作頂峰」，因而，在女神和她的創造者之間的關係，出現哪怕只是一種「不愉快的」而並非是「極其不幸」的收場，對柏格里亞而言也是一項創傷，她也許可以輕化「斯文戈里」的所作所為，但是她不能輕化其女神的崇高地位。

在《鳥》一書的結尾論述中，柏格里亞別出心裁，提供了這樣的觀察：「自從演出《觸目驚心》一片之後，珍納特·李（Janet Leigh）在歷年的許多訪談中，一再表示她每次淋浴時仍然感到恐慌。相反，《鳥》片中的動物大自然天性雖然令赫德倫受到重大的創傷，但她似乎勇氣十足地面對了希區考克的壓力挑戰。其後，赫德倫在她的著述中說，她對動物的意識一旦提升了之後，她拒絕披戴當年希區考克送給她的皮草大衣，並最終將之變賣，款項用來購買《森巴拉》的動物飼料。」如所周知，赫德倫離開影圈之後，發展了另一番事業，與其當時的夫婿在洛杉磯北部四十里外的一處地方開闢了一個龐大的動物收容所（原先是她拍攝電影的外景場地），取名為森巴拉（Shambala，梵文中所有生物和諧共處的地方）。在那裡，赫德倫先後救回和收容了超過一百頭的受傷的、遭受馬戲團虐待的或遭非法人士擁有的獅子、老虎、豹等貓科動物，為牠們提供醫療和飼養。柏格里亞說：「作為獅子之后，赫德倫可說是在希區考克所擅長的遊戲上戰勝對手。在希區考克所有的明星當中，赫德倫是唯一找到了麥古芬的一人。」麥古芬（MacGuffin）是一個蘇格蘭的姓氏，在希區考克經常引述的一則笑話中，這變成了一個名詞，泛指所有子虛烏有或無中生有的情節藉口或託詞：兩人從倫敦乘坐火車前往蘇格蘭，其中一人指著行李架上一個形狀奇特的包裹問其同伴，你攜帶的是什麼東西？同伴說，那是用來在蘇格蘭高原地方捕捉獅子的一種工具。但是，蘇格蘭高地哪有獅子呢？那麼，同伴回答說，這就不是麥古芬了。希區考克直言，他的電影布局，往往是用一個隨意的麥古芬作為起點。柏格里亞的文字遊戲似乎在說，希區考克的幻想遊戲也許無須追問源由，然而，赫德倫的維護自然野生動物的現實事業，卻是目標明確的。她已遠離希區考克的世界。「在她的個人與希區考克之間的鬥爭性對話中，蒂比・赫德倫是最後的發言者。」從起初借赫德倫的話否定了希區考克具有厭惡女性的傾向，到輕描淡寫地談及《瑪妮》中兩人關係的不愉快收場，到最後的女演員與導演之間的鬥爭性對話，迂迴曲折，柏格里亞終於面對了斯普圖所披露的希區考克圖像（在其文章的一條注釋中，她稱讚斯普圖的《天才的陰暗面》是一部出色的傳記）。在思考道德與藝術這個問題上，她和楚浮與及其他之前和之後的許多人情況一樣，沒人敢說自己可以輕易作出最後的裁決。

然而，斯普圖的發言尚未完結。一些當年接受訪問的人物，基於希區考克剛去世不久以及其他的考慮，要求作者將他們的一些談話內容作出省略，或至少在他們有生之年不予以發表，因此，斯普圖要在《天才的陰暗面》面世後，相隔四分之一的世紀，在二〇〇八年，才能出版他的完結篇《情迷艷星：希區考克與其一眾女主角》（*Spellbound by Beauty: Alfred Hitchcock and His Leading Ladies*），充分披露他所掌握的資料。當年，關於《瑪妮》的事件，斯普圖的敘述如下：「然後事情發生了。希區考克終於連最後一分的尊嚴和謹慎也不顧及了。在二月底的一天，工作接近結束時，兩人單獨相處於片場的流動車間內，希區考克單刀直入向赫德倫提出了一項非份的性要求，這終於越出她的容忍限度……，希區考克從沒有這次那麼的膽大妄為，一如他強硬令赫德倫抵受鳥群的殘暴襲擊那樣。」這次，斯普圖可以直接引述赫德倫的說法了：「希區考克傳我到他的片場辦公室內，眼睛凝視著我，然後，像訴說世間最平常不過的事情一樣——從現在開始，我要為他提供性的方便，不管什麼時候，什麼地方，或者什麼形式。經過將近三年我的盡力應付，這次我終於忍無可忍了，這是極限，一切的完結。」

接下去是其後廣為人知的演變：面對不肯就範的赫德倫，希區考克將威脅轉為行動，凍結她的拍片合約，摧毀她的演員事業，兩人關係宣告以惡劣的破裂收場。斯普圖毫無保留地說：「我們不可以對希區考克生平中這一事件置之不理，因為這是一宗赤裸裸的極端的性騷擾行為，我們不能視若無睹，或者輕化其嚴重性。」斯普圖形容《瑪妮》此事為一則警世通言，並且紀錄了一位偉大的天才完全失控的不幸過程。《瑪妮》標誌了希區考克藝術生命的終結。

《情迷艷星》仍有餘音。根據斯普圖的材料，英國廣播公司（BBC）與美國的家庭影院頻道（HBO）聯手合製的的《該女郎》（*The Girl*）於二〇一二年在英美兩地播映，斯普圖在倫敦的《時報》（*The Times*）上撰文指出，有些人，大部分是狂熱的希區考克擁護者，還沒有看過這部影片就已經作出了令人驚異的不了解情況的批評，「這些人不能接受任何不是神聖化希區考克的說法，認為這部影片在中傷這位導演。他們強調的是，赫德倫關於她和導演之間的事，只是她片面之詞，不能盡信。然而，這兩部影片的其他工作人員非常清楚所發生的情況，並且有公開的表述為證。而這些年來，還有更多的人站出來，支持赫德倫的講法。」「希區考克是個第一流的藝術家，但同時也是個性格極有偏失和內心備受折磨的人，和他共事過的人無不清楚認識到他基本上寂寞和不一快樂的一面。必須強調指出的是，和他合作的人，從來沒有否定或者認可過他的這些作為。再要說的是，赫德倫這一頁，只是希區考克長期以來眾多對女星痴情事件的最後一起。」「希區考克的一些最狂熱的支持者盡量轉化或者若無其事地對待這一可嘆的事件，是不是他們認為電影導演這種對待女演員的行為只是一些少不經事的人的嬉戲胡鬧而已？」由於《該女郎》的宣傳活動，年逾八十的赫德倫在洛杉磯接受新一輪的傳媒訪問，再次回應了當年這一宗「可怕的」事件。她說，她並不後悔向斯普圖和盤托出希區考克對她的「病態」的纏擾，「我挽救了自己，對此我的感覺很好。」無須等待獅子動物的出現，赫德倫似乎已找到了她的麥古芬。

然而，歷史有的是時間。它的敘述有其四季的步伐。斯普圖的「刷新耳目」的希區考克披露，要到新的世紀好萊塢更為哄動的披露之後，才顯現其序曲的真身。二〇一七年《瑪妮》的歌劇版在倫敦的國家歌劇院首演。二〇一八年十一月，歌劇移師紐約的大都市歌劇院，在首演之夜，八十八歲的蒂比．赫德倫蒞臨現場，以「過來人」的祖母身分，登台站在新的瑪妮（女中音伊莎貝爾．里奧納德／Isabel Leonard）側邊，共同接受在新的氛圍下現場觀眾的熱烈喝彩鼓掌。歷史終於替她解除了麥古芬的困擾。

著名的電影評論家戴維．湯姆森（David Thomson）在其二〇〇八年的《觸目驚心的一刻：阿爾弗烈德．希區考克如何教美國愛上謀殺》（*The Psycho Moment: How Alfred Hitchcock Taught America to Love Murder*）的專論中，選擇在書的最後部分，對應了《瑪妮》的事件：「……希區考克年紀已老了，可以說，他完全沒有條件扮演浪漫的角色。然而，他迷醉在電影的魔力中，以為奇蹟可以再現，就像葛麗絲．凱莉可以成為摩納哥王妃那樣。」湯姆森最後的提問是：「希區考克的意圖究竟是什麼實在難明。他是否僅僅志在與赫德倫的性關係，抑或他打算拋棄髮妻艾爾瑪，調整他的整個人生方向，向那些好萊塢大亨的幻想式生活看齊？」在考慮藝術與人生的問題上，湯姆森似乎選擇了腳踏實地、實事求是的看法，檢視具體的現實條件。

但是，我們相信湯姆森同樣清楚不過，人的慾念是一項畢生的掙扎對抗的過程，理性的現實檢視是人的意識層面的一項制衡機制，但不是一項經常奏效的機制，正如佛洛伊德嘗試將性慾動力（或者說力比多）昇華為藝術的動力的理論模型，有助於解釋部分的情況，但不一定能夠涵蓋全部的情況。斯普圖依循了這一昇華說法，認為希區考克步入中年之後，也像歷史上不少的例子一樣，精力全部轉化至藝術創作方面，性活動陷入靜止狀態，（另一位寫傳者柏特列克．麥克基列根（Patrick McGiligan）索性推斷此時的希區考克已經性無能），但實際上，慾念的煎熬繼續成為希區考克的精神痛苦的根由，最終崩堤。可以說，斯普圖所披露的希區考克／赫德倫個案並非罕見的例子，但是發生在藝術家的身上，則衍生新的效應，因為藝術作品不會只是袖手旁觀，它會有其自己的生命力，從四方八面左右著我們對藝術家的道德行為的反應。我們如何維護藝術家的道德作為，並非純然是「狂熱的支持者」那麼簡單，因為論者實際上是對藝術作品所呈現的感性有所共鳴，甚至有所認同；同樣，如果論者對他熱愛的藝術家的行為有所非議，其最終的表述也只能是夾雜了這份熱愛的一種妥協。

二〇一五年的兩部由英國作家所寫的希區考克傳記，繼續呈現出希區考克這一個案所引發起的曲折對比反應。艾克萊德在《阿爾弗烈德．希區考克》中，彷彿在跟斯普圖唱對台戲。他說，斯普圖所敘述的情況，有人認為是不可信的。「希區考克對赫德倫的恐嚇或者侵犯性行為，是要讓演員投入瑪妮這個受到危害和精神迷茫的角色。」艾克萊德接著說：「不錯，在其晚年時期，在酒精或藥物的影響下，他確實對一些女性員工作出過一些非分的提示。當然，這也可能是他長期的一些習慣，實在無須過分認真看待。他的行為純粹像是一個老笨蛋而已，而且更是一個喝醉了的老笨蛋。」

「無須過分認真對待」，艾克萊德所持的這一尺度，恐怕非多數人所始料能及。在《一個知情太多的人》中，米高．伍德提供了一種大異其趣的觀點：「在拍攝《鳥》和《瑪妮》的過程中，年齡和地位蒙騙了希區考克，他對一貫壓在低點的情感火焰失去了把持，如果他過去曾經流露過這些情感的話。從他過往表現我們看得到，直到晚年，他的情感火焰的確一直點燃得很低，因此，這不是一則內在的惡魔終於現形的故事，而更多是一則別人在年輕時就對付的惡魔要在希區考克力有不逮的階段才降臨他身上的故事。」伍德接著說：「希區考克行為的殘忍性，無可置疑，雖然我會相信，他的仁慈一面，也是同樣實在的。時至今天，我們再無必要攻擊或者維護他。他的奇特的一面，或者確切地說，他全無造作的奇特性，以及他貫徹到底的木訥平凡的一面，這兩者的結合令到千千萬萬人產生共鳴。這正是他的電影成功的原因，這也是為什麼我們不能夠簡單地將一切追溯到他某種私底下的病態條件的原因。即使希區考克對自己知情不多，或者不想知情太多，他對我們卻肯定是知情不少的。」伍德似乎在說，希區考克的情況是複雜的，但如果他本人也不想去了解這些復雜情況，我們看來也無須多作揣測。問題是，我們對希區考克知情不多，他對我們卻是知情太多，因為他的電影往往觸及到萬千觀眾精神深處的慾望、恐懼種種病態或非病態的條件，如果這樣，這似乎意味了，我們的複雜情況和希區考克本人的複雜情況可說是共處在一個互相對照的境況中，希區考克知道我們想什麼、怕什麼，我們也知道希區考克想什麼、怕什麼，至少我們可以這樣相信。

回顧長期以來此落彼起的希區考克評論，迴響在我們耳際的，仍然是楚浮三十多年前的這番話：「……希區考克的個案，內容是這樣的豐富和複雜，我們大可以預言，在本世紀結束之前，關於希區考克的研究，其熱烈的程度將不下於今天人們對普魯斯特的研究那樣。」楚浮確實目光如炬，一語中的。踏入二十一世紀，關於希區考克的論述，可謂層出不窮，大有方興未艾之勢。而在二〇一二年，英國電影雜誌《視與聽》（*Sight and Sound*）每十年一次的權威性歷史上最傑出的五十部電影選舉，希區考克的《迷魂記》初次登上榜首，取代了《大國民》（*Citizen Kane*）所長期霸占的位置，希區考克也同時被選為世界上最傑出的導演，其聲譽彷彿如日中天。不管希區考克對自己或對我們知情是多是少，幾可肯定的是，我們要了解希區考克的興趣，則是與時並進，欲罷不能。

五、進入詭異恐怖的天地

一九五八年的《迷魂記》（*Vertigo*）是希區考克電影藝術的頂峯昇華之作，現在差不多已成公論，然而，不可或忘的是，一九六〇年的《觸目驚心》同樣是希區考克的經典之作。事實上，這部影片可說是希區考克和好萊塢電影的一個里程碑、一條分水線。影片中的淋浴間那場突如其來的令人嚇至魂飛魄散、呼吸窒息的凶殺過程，其震撼的程度不僅在希區考克以前的作品中從所未見，就算在美國驚悚和恐怖電影史上也是前所未見的。在這觸目驚心的一刻過後，接著而來的是電影和生命同時停頓的一片死寂：在這之後，我們還可能繼續下去嗎？電影和生命，除了重新創造自己之外，還可能再有其它選擇嗎？這個恐怖里程碑彷彿替美國電影和觀眾這一連結體畫出了一條再創造自己的分水線：如戴維．湯姆森所說，這部影片的集體經驗有如希區考克教會了「美國愛上謀殺」。六十年代之後的美國電影（不僅僅是驚慄恐怖片）整體的價值觀和心態，在對待暴力、性、死亡等等題材上，都出現了「原形畢露」的失禁表現，而一直都在與危險進行玩火自焚遊戲的觀眾也好像樂此不疲。拜《觸目驚心》的諾曼．貝斯（Norman Bates）之賜，「媽媽今天有點失常」已不再是我們日常生活中的什麼祕密，而我們每人間中也難免會做出失常的行為。事隔五十年，湯姆森後對《觸目驚心》的重新闡釋提醒了我們，美國電影在六十年代前後脫舊迎新的轉型過程中，本片起了何等重大的轉化和催生作用。

《觸目驚心》是一個關於死亡的故事，殆無疑問，然而，同樣明顯的是，它的謀殺震撼並不是一般的尋仇報復或謀財害命的凶殺所能比擬的。淋浴間內刀如雨下夾雜著人和小提琴的尖叫嘶鳴，讓人感覺到影片的一股令人不寒而慄的漆黑深沉的力量。英國另一位電影論者羅拉・馬爾維（Laura Mulvey）說，我們大可以稱《觸目驚心》為一部精神分析中所說的「死亡動力」（death drive）電影，事實上，馬爾維認為，《觸目驚心》是希區考克最深入引用精神分析元素的一部作品，而這些元素正是構成本片的藝術突破的重要因素。

像眾多的論者一樣，馬爾維同樣指出了《觸目驚心》的分水嶺地位。她說，《觸目驚心》代表了美國電影工業的一個變革時刻，它一方面見證了舊好萊塢的過往，而希區考克本人正正是這個老好萊塢的不可分割的一部分，但與此同時，它也代表了一種與這個舊好萊塢的決裂分離。處身在危機的十字路口、面對自身的死亡現實的好萊塢，為希區考克提供了撰寫它的墓誌銘的機會，但同時也讓他藉此破舊立新，創造出嶄新的局面。《觸目驚心》重新回到製片廠的空間，採用黑白膠卷拍攝，就此而言，它彷彿重走好萊塢的舊路，但是，這部影片的低成本預算及其非常簡化的製作條件，卻又呼應了正在冒起的一些新興力量的感性，例如電視，但同時也包括美國獨立電影和歐洲的藝術電影。馬爾維指出，《觸目驚心》重複使用希區考克本人過往作品中我們所熟悉的敘述形式和題旨，通過對這些「舊」的成分的再安排，創造出了一種「新」的感覺。

馬爾維說，我們首先注意到的是，《觸目驚心》是一部高度形式化和簡約的電影，它雖然牢牢植根於傳統的敘述架構中，卻又同時具備了一種現代的自省性。在其力求簡約的處理下，故事的推進完全扣緊我們的注意力，其骨幹完全不受任何多餘的枝節遮蓋，而在同時，希區考克又能夠在這些傳統的情節和布局形態所累積的文化內容上鋪上了一層更為複雜成熟的精神分析素材，直接探討他一向所關注的題旨和意念。可以說，在這部電影中，形式的結構和精神分析的內容形成了一個難以分解的關係。不過，要指出的是，精神分析的材料雖然在希區考克以前的作品中已有不少例子，但在《觸目驚心》這裡，關於母子關係的精神分析元素卻並非是希區考克引入的，而是小說作者羅拔．布洛治（Robert Bloch）的刻意安排，佛洛伊德的概念可說是布洛治為整個故事布局早就定下的包裝。但是，從小說到電影，希區考克卻作出了兩項創傷性的變動，徹底改觀了小說的面貌。第一項變動是，原著中，情節基本上是從主角諾曼．貝斯的方位單線推進的，但在電影中，這個結構卻一分為二，第一部分以女角色瑪麗安（Marion Crane）為焦點，但未到影片的一半，她即遭殺害。第二部分則以貝斯為焦點，敘述他在這宗凶殺案中的角色。希區考克安排女主角出場未幾即消失，可謂大大違反了好萊塢電影敘述的傳統形態，電影觀眾的慣性依賴驟然失去依據，方向大亂，這是他們的觀影心理受到的第一道重創；第二項變動是，在小說中，作者一筆就交代了瑪麗安被殺的過程，但在電影中，女主角在淋浴間內遭利刀狂風暴雨式的插殺卻是全片恐怖暴力的爆炸點，觀眾不分男女老幼，心臟全部停頓，無一倖免。這是他們受到的第二道重創，引伸而言，這也可以說是好萊塢電影受到的一項重創。

馬爾維指出，瑪麗安遭殺害這場戲將《觸目驚心》的敘述情節帶到一個停頓點，改變了情節和布局的發展結構，影片的地勢環境也同時出現了轉變，這部「死亡動力」影片從這裡開始轉入一個佛洛伊德所說的「詭異恐怖的」（the uncanny）陰森、令人不寒而慄的空間。

馬爾維這個「詭異恐怖」的說法，出處來自另一位電影論者彼德．沃倫（Peter Wollen）的一項分析。沃倫在其一九八一年的《**觸目驚心**的混合布局》一文中指出，片中的浴室凶殺猝然中斷了影片的發展，其情節結構因為女主角之死而分裂為兩個不同的故事。第一個故事以瑪麗安的死為結束。第二個故事則以偵探阿博加斯特（Arbogast）及瑪麗安之妹麗拉（Lila）偵查死者的下落為開端，在這個部分，主角是諾曼．貝斯。接著，以此為起點，沃倫參照了文學理論家波洛普（V. Propp）關於俄羅斯童話故事的形態研究，對《觸目驚心》、《北西北》、《瑪妮》這幾部希區考克的作品進行了一項比較。

他說，這三部影片，引用波洛普的童話形態學的詞彙，都涉及到劫持公主的安排。其中，《北西北》在好些地方都符合了波洛普所描述的典型童話故事結構。故事中的主角出發進行他的尋找，途中歷經各種考驗和遭遇，既有貴人相助，也有重重障礙，最後成功搗破妖魔的洞穴，救出公主。但是，電影《北西北》與這些童話故事卻有一項重大的分別：電影中的主角尋找的不是人物對象，而是訊息，一項謎語的答案。因此，沃倫指出，《北西北》有別於一個簡單的童話故事，它同時也是一個神祕疑案的故事，一個關乎調查和探測的故事。然而，既有偵查的行動，則總有要偵查的東西，一個要解開的謎。實際上，也就是另一個故事，一項罪案。在這裡，沃倫提醒我們，法國文學評論家米修．貝托（Michel Butor）是第一個人指出了，偵探故事永遠是一個雙重的故事，調查活動的故事，總是以講述另一個蘊藏在它裡面的故事為結束，一個罪案的故事。一個故事的敘述以另一個故事的敘述作為收場（英國偵探小說家克麗斯蒂可算是這方面最形式化的表現者，她的私家偵探柏荷（Poirot）系列，每一集結尾都是柏荷齊集案中所有人物於一堂，然後向他們講述這宗罪案的發生經過，犯罪者的真正身分在這項敘述中終告無所遁形）。在《北西北》中，犯罪的故事和偵查的故事是交織在一起的，這是希區考克電影的典型結構，特別是那些圍繞著錯誤的人而展開的故事。在這類「馮京誤作馬涼」的電影中，主人翁既是逃走者，因為他被誤認為犯罪者而成為調查的對象，但同時又是偵查者本身，因為他要找出誰是真正的犯罪者，犯罪的故事和偵查的故事最後則匯聚成為一個公眾的景觀高潮。

表面上，《觸目驚心》和《瑪妮》這兩部影片與《北西北》似乎大異其趣，但實際上三者都有著相類似的基本結構形態。《北西北》中的羅傑（加里．格蘭特）在尋找的途程中，遇上了女陌生者伊芙（伊娃．瑪麗．聖），一個奇異的公主個案（反覆協助主人翁脫離險境，跟著又將他引向新的危險中），最後則成為羅傑從妖魔洞穴中拯救出來的美麗公主。但如果《北西北》是一個圓滿收場的童話故事，《觸目驚心》和《瑪妮》卻是一個黑暗深沉的世界。《觸目驚心》的瑪麗安和《瑪妮》的女主角在逃亡路途中分別遇上了陌生者貝斯和馬克（Mark），每一項接觸都暗藏有情慾和危險的成分，最終導致危險的真正爆發：《北西北》草原上空的飛機襲擊，《觸目驚心》的淋浴間凶殺，《瑪妮》馬房中的攤牌衝突和最終的迫婚。故事的發展跟著轉向，不再以犯罪者或被認為是犯罪者的主角為焦點，而是改為以救出被困的公主為重心，或者，以《觸目驚心》而言，公主已不可能獲救（因為她已經死了）。三部影片最後都以闖入祕密所在地的屋內為收場。

但是，彼德．沃倫說，我們還可以進一步比較《觸目驚心》和《瑪妮》的一些平行的布局安排：「《瑪妮》中，馬克懷疑女主角保護和隱藏起她的母親，我們相信後者是謀殺案兇手。然而，實際上瑪妮才是殺人者，但是，這項行動並不完全是她的錯過。在《觸目驚心》中，私家偵探阿博加斯特和胞妹麗拉懷疑貝斯保護和隱藏起他的母親，我們相信後者是謀殺犯。然而，實際上貝斯才是殺人者，但是，這項行動並不完全是他的錯過。在這兩部影片中，兩個殺人犯的原始創傷，根源都在於母親涉及與父親之外的另一男人產生性關係。」分別在於，其中一人的精神創傷導致日後一連串的盜竊行為，另外一人的家庭創傷則導致一連串的謀殺行為。再有就是，在《觸目驚心》中，謀殺犯是劫持公主的人，在《瑪妮》中，謀殺犯（被動而不是主動的）則是被劫持者的公主本人。

那麼，什麼是這些不同的布局和布局轉化的推動元素呢？沃倫認為，在這幾個例子中，這些形態轉化的推動力可說都是同佛洛伊德所描述的「家庭故事」有關的：即是說，一種幻想的故事，把自己放到另一個想像中的家庭環境去，與自己實際所屬的家庭完全不同。沃倫說：「某種格局的家庭故事實際上是簡單的童話故事的根基，在故事中，主人翁幻想自己並不屬於現有的家庭，而是屬於公主的家庭，一種理想化的皇族家庭。」當然，現在我們所討論的是遠較為複雜的布局，是一種童話故事與偵探故事的混合布局，其形態的轉化動力源自一系列的家庭故事，圍繞著公主遇劫而最後獲救（或與主人翁成婚）的多樣化情節而開展。在彼德．沃倫所比較的三部希區考克作品中，《北西北》的收場最為圓滿（卡里．格蘭特最後獲得美人歸），而在《觸目驚心》中，公主的擄劫則並無出路，從情節結構來說，公主（因偷竊）逃亡的部分發生在前，（對妖魔的）偵查部分發生在後，但這個混合布局仍然受到家庭故事的推動：瑪麗安與貝斯尋找理想新家庭的意願都受到封鎖，沃倫認為，「要打破這一雙重的封鎖，唯一可行的辦法是讓妖魔與公主成婚，構成一個《美女與野獸》的故事。事實上，從某種意義上來說，《瑪妮》就有《美女與野獸》故事的影子，但在《觸目驚心》中，這個方案並不可行，因為公主已名花有主，而妖魔則是一個殘酷的母親的化身，其性慾特性已被暴力所替代。」

換過另一個角度看，沃倫說，《瑪妮》中的女主角，其不可克制的偷竊衝動源自她過去所受到的家庭創傷，《觸目驚心》中則是男主角的家庭創傷導致其不可克制的謀殺衝動，因此，沃倫指出，我們大可以說瑪妮這個角色是瑪麗安和貝斯的組合體，又或者轉過來說，瑪妮的性格和角色可以分配到《觸目驚心》兩個主角身上。一個是逃亡的女偷竊犯；另一個則是因為早年的一項涉及母親的家庭創傷而形成強制性衝動的殺人者。沃倫將貝斯比喻為一個成功的哈姆雷特（他殺死了母親的情人），但卻是一個失敗的馬克（《瑪妮》中擄劫／釋放公主的男主角），無法完成拯救公主的任務（因為像哈姆雷特一樣，他被排擠出父親的位置之外）。在這個變異的混合布局中，事實上既無拯救公主的英雄，也沒有偵破祕密的主人翁。沃倫指出，《觸目驚心》的逃走部分，恐懼是主調，有如一個從家中逃走出來的孩子一樣，害怕被人看到捉返家裡，而另一方面，查找的部分，主調則是要洞穿機密的意慾，要找出暗藏的內容。在這裡，像《瑪妮》一樣，祕密就在於睡房內的母親，然而，要展開這項偵查行動的動力無法由兩位主角推動，因為最終說來，祕密正是導致他們逃走的原因。可以說，希區考克所設置的麥古芬並非僅僅在結尾的妖魔洞穴內才被發現，而是打從開始就是啟動主角逃亡的原動力。他們要迴避的是牆上母親畫像的閹割性的凝視目光，這幅畫像必須反轉面壁。

彼德．沃倫指出，希區考克愈是凸顯出精神分析層面的祕密而不是微型膠卷或者金錢之類的事物作為尋找和慾望的對象，這些故事愈難有美滿的結局。觸發整項尋找過程和故事的欠缺並不是一種想像的和可以解決的欠缺，而是象徵的和無法可以滿足的。

最後，沃倫這樣結論：「我認為《觸目驚心》是一個最為極端的電影個案，在片中，上述這一點得到了殘暴的表述，在這裡，我們看到的並非僅僅是一個童話故事加上偵探故事的混合體，而是轉化成為一個佛洛伊德所稱的詭異恐怖的故事。這是因為，它的焦點並不是放在波洛普所形容的那種欠缺身上，例如是金錢或者是一筒微型膠卷，甚至是一個妻子或公主，而是放在一種無法可以清除的象徵性的欠缺身上，因此，我們得到的，並不是對欠缺的清除，而是對公主的清除。」

有意思的是，沃倫這項分析從波洛普的混合布局的童話故事開始，以佛洛伊德的「詭異恐怖的」故事結束，這似乎意味了，《觸目驚心》已經偏離了偵探故事的收場，米修．貝托所說的偵查活動的故事，總是以講述另一個蘊藏在它裡面的故事為結束，一個罪案的故事，一個謎的解破。然而，在《觸目驚心》這裡，罪案之謎解開了，故事彷彿並未結束，因為它已轉化為另一個「詭異恐怖的」故事，換句話說，一個謎解開了，又帶出了另一個謎：一個關於「詭異恐怖的」故事背後的謎。

六、熟悉的家居環境收藏了詭異恐怖的成分

佛洛伊德的〈家庭故事〉（Family Romances）和〈詭異恐怖的〉（The Uncanny）兩篇文章，一先一後，發表於一九〇九年和一九一九年，在這十年當中，二十世紀見證了歷時四載的第一次世界大戰，一段空前漆黑可怖的創傷經歷，並且是一項具有強制性復發潛能的創傷；在個人方面，佛洛伊德的精神分析研究，也從〈家庭故事〉的兒童幻想轉化為〈詭異恐怖的〉成人恐懼，一項隱晦地面向人類的恐怖生存條件的思考。但是，不少論者指出，〈詭異恐怖的〉同時也是一篇詭異的論述，指向了一個終極的死亡概念，可說是佛洛伊德的著述中最為奇特怪異的一篇文章。在這個時期中，戰爭的餘燼仍未落定，其黑暗的影子仍然籠罩在四周的人們身上，但是，佛洛伊德又不是直接討論戰爭的恐怖性，反之，他覺得現在非要談論不可的，卻是美學範圍內的一種「詭異恐怖的」感覺，一個精神分析學家罕有涉足的範圍，儘管美學可以泛指我們的各種情緒和心理的反應特性，而不一定局限於關於美的理論。佛洛伊德指出，「詭異恐怖的」一詞，無疑是指令人感到害怕的事物，或者是那些令人產生恐懼和可怖反應的成分，但它同時也是一個用法並非太準確的詞，因此往往與一般的怪異或令人不安的意思混為一體。「不過，我們可以相信的是，這些恐怖情緒反應一定有著某種特別的感覺核心，我們才會使用這個特別概念的詞，現在我們很想知道的是，這個特別的共同核心究竟是一些什麼性質的

成分，引致我們要使用〈詭異恐怖的〉這個詞，以此區分令人感到害怕的事物中那些並不屬於〈詭異恐怖的〉的成分」。這就是佛洛伊德要尋求解開的謎。

本領非凡的解謎者佛洛伊德志切於開解這個恐怖的謎，並不奇怪，奇怪的是他所任用的文章體裁和敘述結構。一開始，佛洛伊德就指出，這是一項「罕有的」的論述。表面看來，這似乎是指心理學家「罕有」涉足美學的範圍。但「罕有」也同時意味了某種不尋常的、或者新的突破成分。令人覺得，這似乎才是佛洛伊德現在非要談論不可的內容，而更多於是指心理學家涉足美學的範圍。那麼，關於詭異恐怖的感覺核心，佛洛伊德究竟發現了什麼新的成分？

同時，我們另一個難以避免的感覺是，關於恐怖可怕的體驗，有什麼更甚於這次佛洛伊德形容為歷史上最血腥殘酷的世界大戰？為什麼不直接從戰爭開始而要選擇心理學家罕有涉足的美學範圍入手？也許，一個表面的原因是，在一九一五年，世界大戰爆發之後的幾個月，佛洛伊德已經發表了一篇文章，申述他的「當前情況下關於戰爭與死亡的一些想法」，他要說的話都已說了，再沒有什麼可以補充的了。然而，在〈詭異恐怖的〉文中，佛洛伊德卻好像要為我們提供一個這樣的理由：現實生活中的令人覺得恐怖可怕的經驗其實較為有限，文學作品的創作天地反而具備了遠為豐富的「詭異恐怖的」經驗例子。考慮到佛洛伊德寫這篇文章時的「當前情況」，這不能不說是一種相當怪異的表述。但是，文章雖然表明以美學為對象，裡面仍然藏有戰爭時期現實的詭異恐怖的烙印，因此，我們又可以說，文章雖然是直接討論美學，間接仍在面對當前情況下的恐怖與死亡的感覺。那麼，佛洛伊德所隱示的研究新突破同他要採取這一迂迴曲折的論述途徑又有什麼關係呢？

在這一開場白之後，佛洛伊德接著指出，在這個範圍內由醫學、心理學界人士撰寫的有關論述，他只讀到過一篇文章，這就是德國心理學家奧圖．嚴奇（Otto Jentsch）於一九〇六年發表的〈詭異恐怖感覺的心理學〉。他承認，他無法在這個範圍進行全面的資料研究，尤其是外語方面的相關文獻，理由當然不難明白，並且是這個時期無法避免的情況（文中第一次指涉到戰爭時期）。他指出，嚴奇這篇文章，內容雖然豐富，但並不完備。至此，佛洛伊德等於進一步確定他的探索是一次開創性的嘗試。接下去，我們看到的，可說是一次洋洋大觀的文章體裁的展示。首先，他在德語詞典中就「詭異恐怖的」（unheimlich）一詞進行了詳盡的羅列。unheimlich含有陌生的、不熟識的、奇怪的、令人覺得可怕的等等意思，其反義詞是heimlich，指令人熟習的、舒適的、像屋子裡頭的家居環境那樣的情況，但是，這個詞同時又意味了關閉的、隱藏的、祕密的、從外面看不到的等等意思，因而，這一層含意慢慢又向unheimlich靠近而合為一體。在一項漫長的條目引述中，佛洛伊德最後將焦點集中在這樣的釋義上：一切「原意是守密的、隱藏的但現在卻公開暴露了出來的東西」，都具有unheimlich的意思。（佛洛伊德指出，就他所知在其他語言中並沒有這樣一個相等意思的詞，而在英語中，他挑選了uncanny作為最接近的例子。在佛洛伊德之後，無論是unheimlich或uncanny，其傳達的感覺，可說跟以前大不一樣了。）

從這裡，佛洛伊德跟著轉到文學的範圍，回到嚴奇他認為並不完備但仍提供了一個有用的討論起點的文章。嚴奇說，我們在認知上的疑惑或不肯定的理解，往往是詭異、可怕感覺的來源。一些疑真疑假、似是活的又似是無生命的物體，例如是蠟像或栩栩如生的娃娃等等，通常都會產生這種效果。他說，文學作品中的故事情節時常會利用這種手段，但是，作家必須懂得處理的技巧，要懂得引導讀者，不要讓他們直接停留在這個物體究竟是真的抑或是假的現實考慮上，在這方面，嚴奇認為德國作家荷夫曼（E. T. A. Hoffman）堪稱個中高手，他在小說《沙粒人》（*The Sandman*）中所塑造的洋娃娃奧林匹亞尤其是一個出色的例子。

佛洛伊德認為，嚴奇關於荷夫曼的看法無疑正確，然而，佛洛伊德不失為佛洛伊德，他要指出的是，《沙粒人》的詭異恐怖感覺主要並非來自疑幻疑真的洋娃娃，而是源自小說主人翁孩童時期形成的閹割焦慮。主人翁清楚記得，媽媽每次催促孩子們上床睡覺，常會警告說：「快快上床，沙粒人來了。」他果然聽到逐漸迫近的腳步聲。褓母後來解釋給他聽：沙粒人是個壞人，他會用沙粒撒向不肯早睡的孩子的眼睛，使到他們的眼珠脫出來，血流如注，沙粒人然後拾起眼珠放進他的袋子，拿回去作為食物。對沙粒人的恐懼從此植根於他的精神深處。

至此，佛洛伊德蓋棺論定，小說《沙粒人》的「詭異恐怖的」感覺肯定是源自沙粒人這一形象，而不是由小說中疑幻疑真的洋娃娃造成的。

然而，這僅僅是佛洛伊德踏出的第一步。他說，根據精神分析的臨床經驗，不少孩童對失去他們的眼睛，感到極大的恐懼，而通過對許多夢、幻想、神話故事的內容研究，我們發覺到，小孩對眼睛失明的焦慮和擔心往往是對閹割恐懼的一種替代。（希臘經典神話故事中的伊底帕斯挖眼自殘，可以理解為一項變相的閹割行動。）性器官至高無上的重要性無可置疑，因而，失去這個器官會在小孩的精神上引發起特別強烈和隱晦的感受，完全可以理解，而正是這種強烈的感受其後與他們對其他器官的憂慮形成了共鳴。在這項被美國評論家哈勞德．布洛姆（Harold Bloom）形容為具有「實用價值」的文學批評中，佛洛伊德的精神分析結論非常明確：沙粒人是小說主人翁的父親替代，沙粒會令他失明則是他對父親的閹割威脅的恐懼替代。

但是，我們也可以說，備受佛洛伊德推崇的荷夫曼（他是文學方面製造詭異恐怖效果的一個「無可匹敵」的大師），同樣對佛洛伊德具有「實用」的「價值」。在確立了「本來是應該守祕的、隱藏的，現在卻公開暴露了出來的東西」作為「詭異恐怖的」的一項元素之後，佛洛伊德現在進一步將這種恐怖的感覺追溯至孩童時期的閹割恐懼，換言之，他回到了歷史的、古遠的時期。他對荷夫曼的文學寶藏仍未挖掘完畢。他說，荷夫曼的其他作品中還有不少的詭異恐怖的成分，其中又以兩項主題最為觸目：其一是樣貌與自己相像因而被視為另一個的我（德語中的「幽靈」〔doppelgänger〕），有如一式雙份的兩個人；其二是不斷重複出現的相同遭遇、相同名字、相同號碼、相同性格特點、相同面相等等，這些重複特性甚至會世代相傳。現在要進一步探討的，是這些詭異恐怖的感覺，其成因能否同樣追溯至童年的根源。

佛洛伊德說，在這些一式兩份的關係中，情度強烈的，其中一方會即時與另一方產生精神活動的互通，有如我們所說的心靈感應，又或者說，其中一方會分享到另一方的知識、感受、經驗等等；又或者，其中一方會將自己認同為對方，或將對方代入自己。接著，佛洛伊德轉回到他的本行。他指出，他的心理學同僚奧圖．蘭克（Otto Rank）在一九一四年的一項論述中曾就另外的我這個題旨有過詳細的討論，探討分析另外的我與鏡像、影子、守護神、靈魂論、死亡恐懼等等之間的聯繫。在原始時期，另外的我是人用以對抗自身的滅亡的一種手段，或者如蘭克所說，一種對死亡力量的奮力反抗，由此觀之，原始人對於靈魂不死的概念很可能就是對自己身體的第一個雙份的體現。在古埃及時期，藝術家常用耐用的材料塑造死者的樣貌，同樣是一種延續生命、否定死亡的表現。然而，這些意念都是源自對自己的一種無止境的愛意而產生的，一種支配著孩童和早期人類的精神生活的原始自戀主義，但是，當人類逐漸度過了這個階段之後，「另外的我」的意義也隨之有所改變，它一度是不朽的保證，現在則變成了是死亡的一種詭異恐怖的預示，有如在一項宗教信仰消失之後，受供奉的神明則變成了魔鬼。這個「雙重的我」是古遠的原始遺物，它的再度出現成為了詭異恐怖感覺的來源。佛洛伊德敘述了自己的一次經歷：在一次火車的旅途中，由於火車突然猛烈的衝力，他獨處的臥舖車廂側邊、洗手間的門因受震盪而撞開，一位身穿睡衣、頭帶旅行帽，外觀令人不快的老頭子走進他的房間，佛洛伊德一時之間以為他走錯了方向，馬上跳前想更正他，才突然醒察這是房門鏡子中他自己的映像。雖然這項錯覺並沒有令他感到害怕，但佛洛伊德這樣說：「在毫無準備的情況下我們看到自己的模樣而產生的不愉快感覺，是不是古遠時期我們對另一個我所產生的詭異恐怖感覺的一種殘餘遺跡呢？」

相同事物、相同情況的重複出現，也許不是每個人都認同為詭異恐怖感覺的來源，但是，佛洛伊德指出，根據他的觀察，在某些特殊的條件和環境相結合的情況下，這些重複出現的經歷肯定會令人產生詭異恐怖的感受，一種類似在某些夢境中我們覺得完全無助的那種體驗。佛洛伊德敘述了他個人的一項經歷：有一次，在盛夏的炎熱天氣下，他在義大利一個小鎮的街道上漫步，環境陌生，人影疏落，他誤走誤撞，闖進了一個一看就知是紅燈區的地方。他馬上折回原路，想急急離開這處地方。但轉了幾個彎，在沒有問路之下，竟然又回到了這個紅燈區。佛洛伊德只好轉身再走。但不知何故，左轉右轉之後，又再回到紅燈區。他說，當時的感覺，只能用詭異恐怖來形容。

但在一些其他的重複出現的事例中，我們可以清楚看得到，平日看來好像毫無相干的事情卻會令我們覺得詭異恐怖，則完全是由於無故的重複出現而產生的，迫使我們覺得這不像是「巧合」，而是具有命運或不可迴避的天意這種意味。舉例說，一切涉及到數目字的事情，例如地址、酒店房間、火車廂編號等等，都有著相同的數字，或至少部分相同的數字，遇到這種情況，除非你具有鋼鐵般的信念，全無迷信意識，否則你一定會認為這個一再重複出現的數字，可能暗藏玄機，比方說，例如是你的壽命指標等等。

七、人之初　殺戮為先

佛洛伊德解謎的敘述迂迴推進，看來目標在望，然而，就在這裡，佛洛伊德的論述忽然出現了一個看似自然而然但實際上是頗為奇異的轉向。他說：「相同事情的重複出現，其詭異恐怖的元素如何可以追溯至孩童時期的精神心理條件呢，這個問題我只能在這裡輕輕帶過；因此，我必須請讀者參考我另一正在等候出版的著述，在該項研究中，我對這個題旨會有更細緻的探討，不過會是關於一種不同情況的討論。」接著，他說：「在精神的潛意識裡，我們發現到一種源自本能動力的重複強制性，具有支配性的地位。這項重複強制性很可能取決於各種動力本身的基本性質。它的力度非常強大，足以推翻我們精神領域內的快感原則，令我們某些方面的精神活動帶上了邪惡的色彩；在小孩的一些衝動表現中，這種重複強制性仍然清楚可見，而在神經性病患者的精神分析療程中，部分時間也可清楚見到這種重複強制性的出現。以上的討論可說充分讓我們看到了一項事實：任何能夠提醒我們這種內在的重複強制性，都會令我們產生詭異恐怖的感覺。」

這一轉向奇異之處在於，佛洛伊德要我們參考的另一著作，正在等候出版，因而我們實際上無可參考。不但這樣，這一著作其實尚未完成（或者仍在修改中），要在一年多之後，在一九二〇年十一月才出版。這可能意味了，佛洛伊德想急於宣述他的看法，但某些地方他仍在斟酌中，完稿無可避免地受到延誤。我們奇怪的第二點是，佛洛伊德在這裡探索的是美學範圍內的各種詭異恐怖感覺的核心成分，為什麼現在要轉向到對另一種情況的討論？

不僅如此，我們其後從佛洛伊德寫給其心理學同僚山度・費蘭奇（Sandor Frenczi）的一封信中獲悉，〈詭異恐怖的〉一文是他從抽屜中翻出的一篇多年前尚未完成的舊作補寫而完稿的。佛洛伊德沒有說明是哪一年，但從文中的一條注釋提及到一九一三年的《圖騰與禁忌》（*Totem and Taboo*）一書看來，〈詭異恐怖的〉很可能是在一九一三年之後、第一次世界大戰前後這段期間開始寫的，但不知何故，其後就擱置下來。因此，我們可以說，一九一九年發表的這篇罕有地涉足美學範圍的精神分析學文章，首先是從承接過去未完成的舊作開始，最後則指向了有待將來出版的新書，它的身分堪稱奇特，令人感覺到，佛洛伊德所舞的劍，另有所指。〈詭異恐怖的〉只是一塊踏腳石，有待出版的新書才是矛頭所在。

事實上，一九一〇年至一九二〇年這十年的確是佛洛伊德的精神分析研究的一個根本性轉向的時期。一方面，他的臨床診症開始淡出（大戰的苦難當然是主因），另一方面，他對精神分析的哲學探索則日益支配著他的思考方向，而在這方面，一項橫貫的深沉的主題就是死亡，一個較之以往任何佛洛伊德所嘗試破解的更為困難和神祕的謎。但是，死亡的登場卻是在一個人們意想不到的舞台上出現。也許是受他潛意識裡頭對榮格（Carl Jung）的一種「死亡咒念」的驅動，針對後者對古神話學和神祕主義的研究，佛洛伊德在一九一二和一九一三的兩年內，日夜無間地閱讀了大量有關人種學和宗教起源的文獻，寫成了《圖騰與禁忌》一書的四篇文章，一項創意豐沛的推想性人類學論述。他從古遠時期原人部落的圖騰盛宴的慶祝活動和他們所信奉的禁忌戒條中，推斷人類的原始殺戮意識和死亡觀與及現代人的精神意識之間的一種仍在互相呼應的關係。他說，原始部落的圖騰祭宴可說是一項混合著慶祝和悔恨的矛盾活動。在圖騰主義中，最嚴厲的兩項戒條是不能殺害圖騰的象徵（通常是一種動物）以及不能有亂倫的行為，違者必被處死。在這項所有部落成員必須參與的祭宴活動（因而具有合法化的意味）中，人們把他們供奉的神聖動物擺上祭台，齊心協力進行暢快的屠宰，然後一邊載歌載舞，一邊從皮到骨，連血帶肉，吃個一乾二淨。佛洛伊德說，從精神分析的角度而言，圖騰動物實際上是父親的一種象徵替代，而慶祝和悔疚的矛盾性，與我們今天在所有兒童和神經症患者身上看到的父親情綜的矛盾內容可說如出一轍：長大成人的一眾兄弟們，對於處處限制著他們的自由和對女人的慾念的這個父親，可謂恨之入骨，然而，父親同時又是他們心愛和敬仰的人物，因此，在他們殺死了父親，宣洩了他們的恨意和實現了他們認同、取代父親地位的願望之後，一種犯罪的感覺開始出現，內心變得懊悔不已。作為對他們殺父行動的一種洗脫，他們制定了一項誡條：不能殺害代表父親的圖騰。佛洛伊德說，這一罪疚感所導致的圖騰信仰可說是人類道德、宗教與文明的起源，其後所有的宗教都可視為是一種對這宗殺父行動引起的罪疚感的懺悔和補償，這從當代的基督教內容中仍然可以清楚看到：如果天父之子要用自己的死來抵償人類的原罪，那麼，按照以牙還牙、血債血償的法則來說，這宗原罪必然是一項殺害的行為，一宗謀殺。如果這宗原罪是對天父的一種侵犯，那麼，人類最古老的罪行只能是一項殺親的行為：對原始父親的殺害。自此之後，人類再沒有片刻的安寧。

在這項佛洛伊德自已形容為「高度濃縮的」的人類學探討的基礎上，他作出了這樣的論斷：人類的宗教、道德、社會制度、藝術都是源於這一伊底帕斯情結，這與當代的精神分析學關於所有的精神病症候的核心就是這一父親情結的發現是完全吻合的（在這裡，佛德伊德情難自禁地說：「人類精神意識層面上所有這些問題竟然都可以在父親關係這單一的具體條件上找到答案，這點時常令我為之詫異不已。」）然而，佛洛伊德本人為之「詫異不已」的研究發現，卻是許多其他人視為荒誕的難以置信的幻想神話。在《圖騰與禁忌》面世後，其他領域包括人種學、人類學、甚至心理學本身的眾多論者群起而攻之，認為佛洛伊德不但對這些人類學文獻的閱讀大有偏差，他對人類早期的這一幕原始殺戮情景的推想更屬天方夜談，遠離事實根據。面對這些批評，佛洛伊德完全不為所動。

不為所動，因為此時的佛洛伊德正在另有所思。《圖騰與禁忌》關於人類原罪的探討，不管有意或無意，引出了一些令他深受困擾的成分，這才是佛洛伊德面對的更大的思考。事實上，佛洛伊德是第一個對自己的圖騰祭宴和原始罪行的推想感到極大困擾和充滿懷疑的人。在書的結尾部分中，在關於祭宴的亢奮屠殺和深沉悔恨的高潮敘述過後，佛洛伊德開始揭示他的思考掙扎：人類的這項原始罪行帶出了一個我們經常注意到的心理現象，這就是我們表現在同一對象身上的愛與恨相結合的矛盾情感。這種矛盾二重性起源何在，我們一無所知。我們可以假設，這也許是人類感情的基本現象。但是，有一種可能性值得提出。在最初，這種情感的矛盾性也許並不存在，是人類其後經由父親情結而發展出來的，而在這一核心的特性上，精神分析學對個別人的具體分析，即使在今天，依然是最具說服力的。從一無所知到最具說服服力，佛洛伊德似乎對自己的看法信心十足。但是，在說完這番話之後，佛洛伊德馬上補充了一項注釋：宗教、道德、社會制度的起源非常複雜，他只是從精神分析學的角度提供一些看法，以期能對這些現象的源起研究作出貢獻，但仍然有待其他人總結各種說法，整理出一個完整的架構，而他深信的是，他本人的見解在這最終的答案中必會占有一個中心地位。

這是典型的佛洛伊德情況，在肯定與否定、堅信與懷疑之間反覆向前。接著，佛洛伊德就圖騰與禁忌的探討作出了一些他形容為難以肯定的和充滿困難的結論。他說，明顯可見，我們在此一直作出的假設是，人類有著一種集體的意識，其精神活動的運作程式與個別人的精神活動的程式是一致的，更有甚者，我們假設了人類因為某一項特別行為而產生的罪疚感會世世代代一直保存下來，即使其後的世代對這原先的行為一無所知，這種罪疚感仍然活躍存在。我們相信在早期的世代中，那些沒有受到父親善待的兒子，其所積累的不滿情緒會相傳下去，因而其後並沒有真正受過這種壓制對待的兒子，依然保留了這種反應情緒。事實上，佛洛伊德進一步這樣說明：我們說過了，原始部落最初的道德戒律和規限，是因為人們對做過的一件事情所產生的犯罪感而引發出來的。他們對這項行為感到後悔，決定以後不再犯同樣的錯，因為此舉沒有任何好處。即使在今天，這一創造性的犯罪感仍然存在。比方說，在神經症患者的身上，這表現在他們與社會不協調的一種心態上，作為他們不斷創立新的道德戒律、一再樹立各種約束，尋求對過去罪行的補償、以及防止再發生相同罪行的一種方法。但是，佛洛伊德接著說，如果我們詢問這些神經症患者他們到底犯了些什麼罪，令他們會有這種反應，我們又會大為失望。我們見不到任何的行動，有的只是衝動的意識，一些想做壞事的念頭，但是他們把這些意識壓制下去，並沒有付諸行動。換言之，神經症患者的犯罪感只是一種意識層面上的現實，並非實際上的事實。神經症患者的特點是，他們的意識現實總是凌駕於客觀現實之上。

那麼，在原始人類身上是不是也有類似的情況呢？佛洛伊德說，可以相信的是，原始人對意識層面上的行為有著超高的認同，在這種情況下，哪怕只是意識上的對父親的恨意，哪怕僅僅是一種想殺死和吃掉父親的幻想願望，已經足以引發起一種道德意識，從而導致圖騰信仰和禁忌戒條的出現。這樣一來，我們就無須要將我們深深引以為榮的文明的源起追溯至一項那麼令人反感的可怕罪行上了。

這是峰迴路轉的推想，佛洛伊德似乎非常清楚自己的這項原始罪行的幻想是何等的神奇和天馬行空。然而，正當你以為佛洛伊德為自己的立論作出了兩手準備的時候，他又折回原地，重新再有所肯定。他說，讓我們再深入看看精神症患者的情況。如果我們認為，那些極度偏執的神經症患者對自己的諸多道德限制完全是出於他們對意識層面上的犯罪誘惑的一種防範對抗，以及對意識上有過的犯罪衝動的一種逞罰，這又不完全是正確的。神經症患者身上其實背負著大量的歷史真實經歷；在他們的孩童時期，他們的意識上有的只是邪惡的念頭，在他們弱小時期力所能及的基礎上，他們一樣會將這些念頭付諸行動。每一個極度善良神聖的人都有過一段壞透的孩童時期，一段行為反常的時期，這是他們其後的超常的道德化表現的前奏階段和先決條件。因此，佛洛伊德說，我們可以再這樣假設，原始人的精神意識的現實，最初與實際的現實是吻合的，即是說，原始人確實做出了所有證據都指向了他們心裡頭所想做的事情。至此，佛洛伊德為他的《圖騰與禁忌》一書作出這樣的結語：「可以說，神經症患者是一個在行動上受到抑制的人。對他來說，思想是行動的完全替代。原始人則是不受抑制的，思想直接變成行動，行動，對他而言，更多是一種對思想的代替，因此，在無意宣稱我已將這項討論帶到最後的定論之下，我相信我們可以就這裡所探討的話題作出這樣的假設：天地初開，罪行登場。」

人之初，殺戮為先，這就是佛洛伊德所見到的一幅情景。當時的論者無不譁然反應，不難理解，但是，事後回顧佛洛伊德這個時期前後的情況，我們也不難看到何以他面對這些質疑而完全不為所動。如上所說，他很清楚自己這項推想的幻想特性，然而《圖騰與禁忌》的探討似乎也同時引出了某些令他深受困擾的成分：原始人的殺父行為是否確有其事，其罪疚情綜與現代人的父親情結是否一脈相承，已非最大的問題所在。在殺戮原罪之前，原始人的死亡觀才是更為神祕漆黑的元素。《圖騰與禁忌》實際上揭開了佛洛伊德思考和面對死亡的一項漫長歷程的序幕，其最終的高潮就是他在一九一九年〈詭異恐怖的〉一文中預告的正在等候出版、其實要等到一九二〇年底才面世的《在快感原則以外的》（*Beyond the Pleasure Principle*）一書。

八、要維持生命先要為死亡做好準備

一九一四年六月，一宗政治暗殺案引爆出第一次世界大戰。一場當初普遍認為很快就可以結束的戰爭，經歷半年之後，不但全無停戰的跡象，戰情相反日益擴大，日趨慘烈。一九一五年五月的《當前情況下關於戰爭與死亡的看法》，就是佛洛伊德在這個時期因應時局而寫的文章。這項表述分為兩個部分，第一章所討論的是戰爭對人們所帶來的信念幻滅的情懷，第二章則是人們現在對死亡的不同看法。在這裡，我們彷佛也看到了兩個不同身分的佛洛伊德在說話。在信念幻滅的一章中，我們見到的是一個沮喪和無能為力的佛洛伊德。這完全不奇怪，但是我們知道，在戰爭剛開始的時候，佛洛伊德的反應卻是「異常」的。在寫給同僚的一封信中，他說：「我感到自己是個奧地利人，這是三十年來我第一次有這樣的感覺，覺得好像要給予這個暮氣沉沉的帝國另一次機會。周邊的人無不士氣高漲。同時，鬥志昂揚的行動所產生的振奮抒發作用以及德國的可靠支持也是這種感覺的成因之一。」瓊斯（Ernest Jones）其後指出，佛洛伊德在「（奧匈帝國）宣戰後的即時反應，有點令人意料不到。你會以為一個五十八歲的主張和平的、有識見的學者，一定也會像很多其他人一樣，面對戰爭的出現只會感到可怖。相反，他的初期反應更像是一種青春熱情的表現，戰爭似乎重新引發起他少年時期對軍事的激情嚮往……他整個人好像都投入到了戰爭中去，每天都和他的胞弟阿歷山大討論事態的發展，完全沒有時間工作。正如他自己所說：「我的力比多全都付給了奧匈帝國。」」敏感的瓊斯難掩訝異之情：那怕是個素來和平的和有學識的人，那怕行年快將六十，仍然可以在瞬間閃現出殺戮的「激情」。我們可以從另一個角度這樣說，三十多年來幾乎都在探討精神意識的活動，當《圖騰與禁忌》仍然墨汁未乾（在那裡，佛洛伊德嘗試說明的是精神層面的殺戮具有替代現實層面的殺戮的作用），現實世界中突如其來的戰爭似乎給他攻了個措手不及，精神意識的防線一下全面失守，現在有的，只是現實的殺戮。

不過，他的軍事激情很快就從戰爭的殘酷可怕的現實中冷卻下來，代之而生的是他對兩個在前線上服役的兒子的死亡威脅的憂心和焦慮，這就是他在「當前情況下」討論戰爭所帶來的「幻滅情懷」時的心境：在這場人類史上空前慘烈的殺戮行為中，他本人的身分只是一個被困在後防（確切地說是維也納大街十九號屋子內）的「非作戰人員」，一個現代「龐大的戰爭機器中的嵌齒」，對現實情況方向迷失，在行動上無能為力。令人矚目的是，在文章中，他不止一次用上了「非作戰人員」這個說法。這看似是一個純粹在描述事實的用詞，然而，出自這個精神分析學的創建者，一個經常讓我們看到日常生活中的用語背後所隱藏的另一層我們不敢或不想言明的意義，我們難免會在想：如果不是年屆六十，如果不是一個「非作戰人員」，佛洛伊德是不是就會像其他的作戰人員一樣，在前線上奮勇向前，毫無抑制地宣洩其原始人的殺戮動力，抒發其愛國主義的激情，甚至最終會成為一個他青年時期所嚮往的軍事英雄，一個西班牙語中的「征服者」（conquistador）？

對佛洛伊德而言，有這種傾向並非意外的事情，他申述的論點是：人類的殺戮動力，古已有之，只是經過世代的長年累月的文明壓抑，已是於今為弱，在現代人的精神意識中，慢慢通過其他的途徑，轉移到其它的對象身上，就像他本人那樣，他的「征服者」動力轉化成為一種征服知識的動力。也許，真正令他估計不到的，是在這場現代戰爭中，前線作戰人員所患上的一種新的神經病症，一種「炮彈震盪」的精神後遺症。在釋放其原始的殺戮動力的時候，他們並非全然都是視死如歸，相反，他們承受了一種超過他們精神意識所能負荷的死亡威脅和恐怖沖擊，無法再正常面對現實世界。在大戰期中和大戰過後，湧現了為數眾多的這些現代神經症病患者，成為精神分析治療的新病人，這恐怕不是佛洛伊德始料所及的。不過，現在平民身份的佛洛伊德，感受到的只是信念的幻滅：在民族、國家的集體層面上，是對文明成就的幻滅，在這方面，他毫不諱言，代表人類文明迄今為止最高境界的歐洲白種人國家，理應是領導世界的依託所在，現在卻喪失理性，互相廝殺；在個人層面上，經過長期以來的文化熏陶和道德提煉，竟然可以墮落到那麼低的層次，這種看法現在應該修訂為他根本就沒有發展到那麼高的水平。在感嘆的同時，他憧憬了一個理想化的歐洲環境，或者說在戰爭爆發前已經在發展中、理應可以繼續發展下去的情況：「在這些文明的歐洲國家之間，無數人會選擇離開他們的家鄉，改往另外一個國度居住，因為這些友好的國家有著一種團結的關係，互相之間的交通往來並無阻礙。任何一個人，只要不是受制於環境因素而被局限在單一的地方，都可以在這些不同的文明國家中摘取它們的優秀成分，欣賞它們各種迷人的事物，將它們匯聚成為一個新的、更大的歐洲祖國，他可以在這個大環境中自由行動，不受任何懷疑。」這不是佛洛伊德個人所獨有的一項理想。另一場世界大戰和半個世紀之後，新一代的歐洲政治家重整旗鼓，為這一理想再作奮鬥：建立一個經濟上的共同體，一個將國家與國家之間的相互利益放在單方面的「激情」之上，最終成為一個一體化的聯盟，一個近乎佛洛伊德在這裡所嚮往的大歐洲祖國。

在戰爭的現實面前，平民身份的佛洛伊德只能感嘆：這些最先進的文明國家，現在所全力追求的是他們自己的激情發洩，將激情放在（經濟和商貿的）利益之上，或者說，用利益來理性化他們的激情，將利益放在最高的考慮上作為滿足他們的激情的理由。高度文明所促成的國與國之間的和平互處，經貿互利，「外國人」和「敵人」不再成為同義詞，這種理想現已徹底幻滅，化為烏有。現在看來，「即使在和平的時候，每個國家實際上都是在憎恨、看不起和厭惡所有其它的國家，大家全都在互相針對，何以會這樣，這真是難以明白的事情。我無法解釋為什麼會這樣。」

不過，佛洛伊德畢竟是個專注思考人類的意識與死亡的精神分析家，在其領域內，他是瓊斯所說的一個「有識見的人」。在慨嘆之餘，他不忘從本位作出這樣的申述：原始人最早期的精神狀態，不管其後經歷多長時間的潛伏期，它是繼續存在的，並且會有一天再次浮現，成為意識的表達形態，甚至可以說，這種原始的精神狀態就是唯一的表達形態，彷佛人類其後所有那些更高級的意識發展都會被抹掉，全部化解。可以說，人類的精神發展的可塑性具有一種特別的倒退回歸的容納能力，因為，我們見過的一些例子是，一個優越的階段一旦被放棄之後，以後可能就永無復活的機會。「但是原始的狀態卻是永遠可以重新確立的，原始人的精神意識，可以說，真真正正永不滅亡。」第一次世界大戰時佛洛伊德見證了一個優越的大歐洲祖國雛形的倒退化解，一百年後的今天，我們見到了一個更具遠見的大歐洲祖國計畫，從六個國家組成的歐洲共同體逐步發展到接近三十個成員國的大歐洲聯盟，實行單一市場，採用單一貨幣，大可能歷史重演，重複面臨倒退化解。我們見到了「即使在和平的時候」，仍會有個別的成員國選擇將民族主義的激情放在共同利益之上，「或者說，用利益來理性化他們的激情，將利益放在最高的考慮上作為滿足他們的激情的理由」，仍會將「外國人」視為「敵人」，某些原始的精神狀態果真是「永不滅亡」。

在《當前情況下》關於人們對死亡的改觀了的看法一章中，佛洛伊德完全以一個精神分析家的身分，觀察人們現在對死亡的新看法，或者，更貼切點說，是他本人現在的新看法。兩年前他在《圖騰與禁忌》中關於「人之初，殺戮為先」的原始推想，顯然觸發起他對人類意識的殺戮動力的某些不安的思考，當前的這場空前慘烈的戰爭毫無疑問進一步深化他在這個方向上的推敲揣測：人的意識動力，一定有某種傾向或特性，導致殺戮行為的經常出現，如果屬實，這究竟是一種什麼樣的特性？

原始人是嗜殺的，並且視之為自然不過的事情。此所以人類原始時期的歷史，填滿了無數的殺人內容。「即使在今天，我們的兒童在學校所念的世界歷史，基本上就是一連串的種族屠殺史。」不過，原始人的死亡觀是極度矛盾的。一方面，他知道死亡代表了生命的結束，不是兒戲的事情，但另一方面，他卻漠視死亡，視死亡如無物。有這種矛盾態度，是因為他對待陌生人或者敵人的死亡，同他對待自己的死亡，有著截然不同的觀念。

陌生人或者敵人死了，他不會覺得有什麼不好，因為他憎恨的東西被消滅了。至於他本人的死亡卻是他無法想像的事情，直至他體驗到一個親人的死亡，他的妻子、子女，或者朋友，他才感覺到自己也會有死亡的一天，這為他帶來了極大的衝擊，因為這是他無法接受的。然而同時，在這裡我們也看到了人類情感的矛盾性：這些親人已成為他所愛的自我的一部分，但另一方面，每一個親人同時也是一個陌生者和敵人，有著他所憎恨的成分，因此，這個親人的死，他也會覺得沒有什麼不好。佛洛伊德認為，正是這種感情的矛盾性引發起原始人對死亡的思考反省。現在，他無法再否定死亡，因為他親自感受到死亡所帶來的痛苦，但是他也同時無法接受自身的死亡。在這種情況下，他作出了種種妥協的反應。他接受了他自己的死亡，但不認為死亡是代表生命的結束。在他的愛人屍體的旁邊，他創造了鬼魂的觀念，而由於他對死者的哀痛同時夾雜了一種快意和滿足感，他為此而產生了內疚，這種內疚感意味了他最初所創造的鬼魂，會是一些可怕的和有惡意的魔鬼。面對死者屍體所出現的肉體變化，他產生了一種看法，認為人是由軀體和靈魂構成的，從這裡再引伸出靈魂論、生命不滅論、來世、前世、輪回等等概念，這一切全都是為了拒絕接受死亡就是代表生命的結束。我們否定死亡的這一承襲的和文化的態度，起源就在這裡。

在死者屍體旁邊，原始人的悲傷除了孕育出人類一種強烈的罪疚感之外，還同時在其萌芽的良心意識中建立出人類最早的、意義最重大的一條倫理誡條：你不能殺害！為此，一些性本善的論者認為，人類那麼早就迫切地制定出禁止殺戮的規條，強力的道德意識一定也已成功根植在我們的意識裡頭，豈非可堪告慰之事。然而，佛洛伊德說，恰恰相反，如此強力的禁制，針對的只能是同等強大的意識，精神上不存在的慾念，並不需要任何禁制。你不能殺戮明確地說明了，我們的祖先是世世代代的殺人者，血液裡充滿殺戮的慾念，我們一脈相承，相信難以例外。人類向善的道德努力，是從文明發展的歷史中取得的，我們當然不應看低其力量和意義；非常可惜的是，這些道德訴求雖已成為當代人類所承繼下來的內容，它們的分配情況卻是非常參差不齊的。

今天的文明人，在其精神生活中，其潛意識對死亡的態度與原始人的時期並無分別。我們的潛意識並不相信自己的死亡，它的行為表現彷佛自己是不朽的。可以說，我們的本性裡頭並沒有任何相信死亡的成分。然而，在另一方面，我們對於外人或者敵人的死，卻是毫無保留地全盤接受，與原始人時期的表現沒有什麼兩樣。不過，佛洛伊德並非純然在重複《圖騰與禁忌》的題旨。在這裡，他的論點正在有所調整和推進：今天的文明人有一點與原始人是不同的，在現實生活中，這一分別具有重大的意義。我們的潛意識並沒有真正進行殺戮，它只是在想像這些殺戮，有著這些殺戮的意慾。但是，如果我們完全漠視這一精神意識層面上的現實，認為它們不是現實層面上的事實情況，那是錯誤的。我們不能低估其意義和所可能產生的後果。每一天每一刻，我們的潛意識動力都在剷除每一個阻礙著我們的人，每一個曾經侮辱過或者損害過我們的人。換言之，我們的潛意識蘊藏著一種對別人的強力的死亡念頭，它會不惜為了極其微小的事情而進行殺害。

但在一種情況下，文明人的潛意識會像原始人一樣，他對死亡的兩種對立的價值觀，一方面承認死亡是生命的結束，另一方面則否定死亡的真實性，會構成衝突。那就是當我們面對的死亡是發生在我們至親的人身上，例如我們的父母親，妻子或者兄弟姊妹。這些親愛的人一方面是我們內在所擁有的，是我們自我的一部分，但同時，在某種程度上，他們又是一個陌生者，甚至是一個敵人。除了在極少數情況下，伴隨著我們無比柔情細意的感情關係，總會有絲絲的敵意，足以激發起我們潛意識裡頭的死亡意願。不同於原始時期的情況是，這種感情的矛盾對立性，現在不會再導致靈魂論和道德倫理等等反應，而會是神經症患者的各種症狀，而從這些症狀中我們往往可以深刻認識到精神意識在正常狀況下的條件。

文明的演進還同時對我們的死亡觀帶來了新層次的調整和變化，在我們潛意識最深層的底處，我們深信自身的不朽性，但當我們面對至愛的人的死亡，我們感到了無比的哀痛，悲傷之情無可化解，至愛的人死了，我們自己彷彿也一併死了，無可避免地，我們無法再否定死亡。這項演變對文明人的生活產生了巨大的影響，當生命遊戲中最大的注碼，即生命的本身，不能成為賭注的時候，生命本身也變得貧乏了，成為枯燥的一回事。我們對死者所感到的無法填補的悲痛傷心，令我們現在不敢輕易做一些危害到自己和親人的事情，一些帶有危險性的活動，例如學習飛行，到遠方探險，或者試驗各種爆炸物品，我們都會望而卻步，但實際上它們都是人生不可缺少的活動。一旦有什麼意外，誰來代替母親的兒子，妻子的丈夫，子女的父親？這些念頭令我們為之癱瘓。為了將死亡從我們對生命的考慮中剔除出去，我們放棄和排除了不少的活動。然而，具有東征西討本色的「征服者」佛洛伊德引述了一句格言：「遠航是必要的，生存卻不是。」

太過了解人類意識特性的佛洛伊德顯然不會就此罷休。他說，「面對這種情況，我們別無選擇，只能在文學和戲劇的虛構世界中尋求補償我們在生活中失去了的東西。在那裡，我們看到了懂得如何死亡的人，甚至是懂得如何殺死他人的人。如果我們要在變幻無常的人生中得以全身而退，文學和戲劇的虛構天地看來是唯一的地方我們可以取得某種與死亡的妥協共存。」因為在虛構的天地中，我們可以不止只活一次，「我們認同了作品中的英雄，隨著他的死而死，但實際上我們生還下來，然後又可以認同第二個英雄，再死一次。」在他之前，在他之後，無數藝術評論者都分享過這種體會，佛洛伊德並非在提出嶄新的見解，只不過，在「當前情況下」，他只是藉此來提醒我們，文明人的文化創作和欣賞活動，並非純是一種逃避現實的表現，而是尋求對應我們潛意識裡頭的死亡意識。

大戰徹底摧毀了這一切文明的修為，文明人被迫接受死亡的現實性。佛洛伊德說，死亡真真正正發生在人的身上，不是一個兩個的人，而是大批的人，每天成千上萬的人，沒有幸運可言。生命彷彿再次變得刺激有趣，生命可說恢復它的真正面目。在殘酷恐怖的這場戰爭面前，人類的境況恐怕只能從兩方面來考慮。其一，是所有那些在前線上作戰的人員。他們的心理狀態究竟會產生什麼樣的變化呢？文明人在殺戮過後，凱旋而歸，心理並無什麼負擔，他之前的這句話自然不能作準。大戰產生的第一代「炮彈震盪」受害者，陸續出現，成為精神科心理治療的新一類病人，並且繼後持續成為新世紀的戰爭後遺症。其二，是所有那些留在後方的非作戰人員，像他本人，只能靜待他們的親人的死訊。死亡的現實是恐怖的，但是，佛洛伊德一再重申：戰爭是不可避免的。作為一個精神分析學家，他現在「改觀了」的看法可以綜合這樣地表述：我們的潛意識拒絕面對自已的死亡，我們的血液裡充滿對陌生人的敵意，我們對親者的感情同樣是那樣的矛盾，所有這一切，我們這些文明人與原始人的特性完全沒有什麼分別，戰爭將層層的文化修養徹底剝掉，強迫我們再次成為不信自己會死的英雄；強迫我們視外人為敵人，要置之死地而後已；強迫我們不要理會我們的親人的死亡。我們現在是不是應該有所反省，承認文明人的死亡觀是不符合現實的，是不是要將我們長時期以來極力壓制著的潛意識死亡觀多一點公開出來，給予這種意識在現實中和在我們的思想中所應占有的地位？這種做法無疑不像是向更高層次的提升，反之，在好些方面來說，更像是一種倒退，但是它有一個好處，它會令我們變得更忠於真實多一點，令我們的生命變得更可接受一點。接受生命，這畢竟是所有生命體的首要責任。最後，佛洛伊德說，我們記得一句古老的格言：如果你要保存和平，首先你得要準備好戰爭。「現在也許是時候我們將這句格言改寫為：如果你要維持生命，你先要為自己的死亡做好準備。」

九、快感螳螂在前　死亡黃雀在後

從《圖騰與禁忌》的「天地初開，罪行登場」的天馬行空的想像到《當前情況下》要我們為「死亡做好準備」的呼喚，佛洛伊德的死亡思考毫無疑問正在向更深的底層推進，但他仍未到達盡頭。也是在這段期間（確實日期不詳），他提起筆來撰寫〈詭異恐怖的〉一文。如上所說，他要做的，是要整理出令我們產生詭異恐怖感覺的核心成分，以解開害怕之謎。現在，我們大概可以這樣想像，平民身分的佛洛伊德，每天困守在屋子裡，戰爭先後調走了他的三名兒子，差不多瓦解了他的診症業務，不錯，他仍然可以繼續寫作（事實上，他的十三篇理論心理學文章就是這段時期的產物），但是，這肯定不是他所習慣的處境，孤獨與隔絕的被動存在，親人生死難卜的焦慮，一個他習以為常的舒適家居環境，現在為他帶來的也許只能是陌生的、奇異的、坐立不安的感覺；而當前情況下關於戰爭與死亡的思考，令他體認到早已被文明壓抑下去的原始人殺戮本性，又再「死灰復燃」，捲土重來，這次更造成史上空前慘烈的死亡景象，在這些內外因素的交雜衝擊下，關在人氣微弱的、甚至在他感覺中顯得陰森可怖的屋子內，細味多種語文詞典中有關「詭異恐怖的」一詞的釋義，佛洛伊德開始為這個詞勾畫出新的理解：如果我們認可精神分析研究中的一項發現，認為我們意識中任何的感情經驗，若果受到壓抑的話，它會轉化成為一種恐懼，那麼，在那些令我們害怕恐慌的事物中，必定會有一組這些令人恐慌的東西，是屬於受到壓抑的而現在捲土重來的成分。這樣，佛洛伊德說，我們就不難理解到何以在德文中，令人熟悉的（「家常的」das Heimliche），會變成反面的詭異恐怖的意思（「非家常的」das Unheimliche），因為這種詭異恐怖的成分實際上並不是什麼新的或奇怪的東西，而是精神意識裡頭早以存在的，只不過因為被壓抑下去，才變得陌生起來。這一壓抑的因素，令我們更清楚理解到早前引述的關於詭異恐怖的詞義：某些應該隱藏起來的東西現在公開暴露了出來。

佛洛伊德所尋求確立的核心成分，輪廓已經顯現，然而，不知什麼原因，文章沒有寫完就擱置起來，直到一九一九年世界大戰過後，他才將隱藏的舊稿翻出來，續寫成篇。這中間的停頓雖然原因不詳，不過我們可以這樣推敲：佛洛伊德關於死亡的哲學思考似乎遇到了障礙，或者某些他仍在猶疑的極端概念，需要反覆琢磨，因而未能再進。這是從一九一九年發表的文章往後回溯的一種推想，而在這篇文章中，如前所述，我們又同時看到佛洛伊德要我們作出向前的展望，在羅列了一系列因為相同經歷重複出現而引致詭異恐怖感覺的例子之後，佛洛伊德看似自然而然但實際上卻是頗為有點突然地這樣指出，這種詭異恐怖的元素何以見得與幼孩時期的心理狀況是有關係的，「這個問題我只能在這裡輕輕帶過，我必須請讀者參考我的另一本現正等候出版的著作，在那裡我對這點會有詳細的討論，雖然討論涉及的情況會有所不同。」我們在上文已經引述過，在預告了他的新作後，佛洛伊德接著提出了強制性重複這個概念，指出這股力量在我們的潛意識裡頭具有支配的地位，力足推翻作為意識活動的重大支柱的快感原則，將我們的精神意識動力引向邪惡的方面去，任何令我們想到這種內在的重複強制性的事情都會給我們帶來詭異恐怖的感覺。這一段論述應是續寫的新內容，接著下去再有一段表述屬於同樣的情況。他說：從原始人到今天的文明人，在我們有關各種事情的思考中，沒有一個題目像我們的死亡觀那樣，看法是如此恆常不變的。此中原因有二。其一，是我們當初的情感反應，實在非常強烈，其二，則是我們對死亡的科學知識缺乏肯定的結論。到今天，生物學仍然無法確定死亡是否所有生命體必需面對的命運，抑或它只是生命的一種固定的但也許是可以避免的條件。無疑，邏輯教科書中「人是一定會死的」這個講法，常會被看作為一個無懈可擊的命題，然而，無人會接受這一點；我們的潛意識對自己的死亡性依舊是那樣的反應冷漠。

強制性的重複、死亡在生物學上是否一種必然性，在這裡，佛洛伊德實際上是在預告他的新作內容，或者，我們終於可以這樣說：佛洛伊德是用〈詭異恐怖的〉一文作為《在快感原則以外的》新作登場的最後排練。我們終於也可以這樣說，佛洛伊德關於死亡的探究，從原始人的殺父，到今天文明人的全面互相廝殺，他對人類精神意識的黑暗條件再無懷疑。他同樣清楚的是，他現在所抵達的結論，或者說他準備要提出的精神結構，將不會是人們所易於或樂於接受的，然而，這是如此重大的和具有決裂性的突破，這是他現在非要談論不可的發現，為此，他不惜要取道心理學家罕有涉足的美學範圍入手，如果這有助於他完成其任務的話，雖然這個美學角度與他的新的死亡觀實際上有著啟示性的聯繫。

精神分析的一個主要前提是，我們精神意識的運作模式，基本上是受到一項快感原則的自動調節控制的，當精神意識內積累了不快的緊張壓力之後，這項調節的運作程序即會啟動，向著一個最終尋求減低或消除這種不快張力的方向進行，因此，我們的自然傾向是迴避不快，製造快感。由此引伸，我們可以說，快感和不快的感覺，與精神意識內所積累的張力有著一種此消彼長的關係，刺激性張力成分有所增加，不快的感覺即會增加，有所遞減，快感即會產生。又或者，由於我們相信這項快感原則在精神意識的運作機制中佔有支配性的地位，我們又可以這樣表述：意識的運作機制的一個任務，就是要將這些刺激張力維持在最低可能的水平上，或至少是維持在一種恆常的水平上。

在其新作中，開宗明義，佛洛伊德即重複申述了精神分析這一重大支柱。但是，現在的佛洛伊德已然是一個看法大有不同的佛洛伊德，事實上，他即將開展的陳述，可說是一項基本上動搖了整個精神分析學的體系、一項令其大部分的同業簡直無法接受的看法。他說：我們要指出的是，快感原則在精神意識的整個運作過程中占有支配性地位的這個說法，嚴格而言是不正確的。我們只能說，快感原則是精神意識內的一股強烈的傾向力量，但它並非目空一切，而是會受到某種力量或情況的對抗，而其最終的角力結果，不可能總是會符合這股傾向的追求快感的目的。

在揭示了這一轉向之後，他在〈詭異恐怖的〉中局部排演了的題旨，隨即亮相。首先，他敘述了一項幼童的遊戲活動，即其有名的「不見了／回來了！」（fort / da!）的故事。一個歲半的孩子，利用一個扯線的木卷軸作為玩具，通過不斷重複的拋擲和扯回的動作，代表媽媽「不見了」和「回來了」的兩種情況。這就是整個遊戲的過程。在旁邊的成人（包括旁觀者的佛洛伊德）注意到了，這個孩子在拋擲玩具的時候，發出一種「嗚嗚」的叫聲，面上充滿著一種集中的和滿足的神情。這個「嗚嗚」聲只能是fort「不見了」的意思。而當他把玩具扯回來的時候，則發出da「回來了」的聲音，面上則帶有喜悅的神情。這個遊戲雖然簡單，卻引發起佛洛伊德對一項看來並不簡單的成分的思考。他指出，這是個行為良好的孩子，與媽媽有著很親和的關係，媽媽離開他的身邊，顯然會令他感到不快。但是，他並沒有吵作，而是通過他自己創作的遊戲，將這種不快的體驗從被動的接受（他無法阻止媽媽的走開）化為主動的操控（他等於自己掌握要媽媽走開的決定）。佛洛伊德並且注意到，孩子對遊戲中「不見了」這個部分，興趣遠遠大於「回來了」這個部分，經常只看到他進行拋擲出去的這一幕。媽媽的離開既然是一種不快的感覺，他在遊戲中要一再重複這一痛苦經驗，我們如何去解釋這種重複性和快感原則之間的關係呢？佛洛伊德說，這只能告訴我們，在我們的精神意識裡，存在著一些快感原則以外的動力，這些動力很可能較之快感原則更為原始，並且是獨立於快感原則的運作之外的。換言之，我們不能再假設快感原則在意識的運作中占有支配性的地位。

重複痛苦的經驗並非兒童遊戲的專利。在其有關成人神經症患者的臨床診治中，佛洛伊德一再遇到這種相同的情況。病人過往的一些不快的經驗壓抑在潛意識裡頭，精神分析工作者的任務就是嘗試通過各種方法，找出患者的壓抑源頭，向病人提供一種闡釋。然而，屢試不爽的是，患者對他的壓抑經歷，一點也記不起來，尤其是一些最主要的成分，因此，他無法認同醫生所提供的說法，反之，他與醫生相處的時候，會不受克制地重複這些壓抑的內容，將之視為現在的全新經歷，完全記不起它們其實是過去所發生的事情。佛洛伊德接著指出，患者往往能夠非常準確地重複過往的這些內容，而這些內容又十居其九是同幼孩期的性生活有關的，歸根結底，就是同伊底帕斯情綜或其分支症候有關的。幼孩的成長過程少有是稱心如意、一帆風順的：首先是他的性探索活動，受制於身體發展的現實局限，註定以失敗收場，這一挫折給他帶來難以化解的苦惱；在這之外，他與雙親（通常是異性的一方）的親切關係，或因失望的心情、或因對滿足感徒勞無功的苦等，或因對新誕生的成員的妒忌（這一事件充分說明他所愛的人的不忠），加上在成長過程中他感受到的愛意愈來愈少，教訓和責罵則日益嚴厲，最後終告蕩然無存，這個孩童階段的結束，可說離不開有限的幾種形態。然而，佛洛伊德要指出的是，令人印象彌深的是，神經症患者在治療過程中，往往一再活靈活現地重複這些孩童時期的壓抑情緒，將之轉投到醫生的身上：他們會設法中止療程，或者千方百計重新引發過去所受的遭受遺棄的感受，對醫生惡言相向，展示冷淡的態度；他們會尋找一些合適的新的妒忌對象等等。在過去，所有這些事情沒有一樣會給他們帶來快感，而現在要重新引發這些體驗，同樣不會為他們帶來快感。但是，他們無視這一切，仍然要一而再、再而三地重複這些做法。可以說，患者身不由己，受到一種強制性的動力驅動他們的重複行為。

然而，令我們無法迴避思考的是，在並非神經症患者的正常人那裡，同樣有這種強制性重複的現象，只不過其形式有時會予人一種運中註定的感覺，他們的一生彷彿都受到一種不幸的或可怕的命運支配，周而復始，但是，打從開始，精神分析學就已經將這些似乎是命運的現象視作為自身引起的，很大程度上是早期孩童階段的經歷帶來的結果。這些正常人並無任何神經性病患的症狀，但其重複強制性的形態卻並無兩樣：他們的人際關係常以反目相向告終，比方說，他們對待一些恩人的感激情懷，無一可以維持到底，又或者他們與人的友誼關係，最後一定以破裂收場；同樣，在他們的人生路途中，他們會將某人捧為至高無上的偶像，不久則將之貶為不值一文，另找崇拜的對象；在愛情關係中，情況也一樣，以相愛開始，以分手結束。佛洛伊德說，這種「相同情況的永恆再現」（他借用了尼采的說法）也許不會令我們覺得特別意外，我們認為，在這些經驗中，當事人有著某種主動性，又或者他的某些性格特徵自然會導致某些情況的重複出現。可是，我們也會看到不少事例，當事人完全是被動的受害者，全無自主力量，一次又一次受到相同命運的打擊，我們的感覺則會大為不同。我們只要看看這個經典的故事：一個女人先後結婚三次，每次婚後不久，丈夫即病了，過不了多久就去世。綜合所有這些現象，從神經症患者臨床事例中童年壓抑的重複強制性到平常生活中的重複命運，我們實在有足夠的證據相信，在精神意識中，的確存在著一種重複的強制性，而這股動力較之快感原則可謂更原始、更基本、更本能，令快感原則全無招架之力。我們現在要思考的是，這種重複的強制性究竟是什麼的一回事？一直以來，我們都賦予快感原則在精神意識的運作中支配性的操控地位，現在我們應該怎樣看待重複強制性與它的關係呢？

經過這連番關於重複強制性的敘述後，佛洛伊德跟著就說：「接著下來，會是一項推想，而且會是一項非常放縱奢侈的推想，讀者們接受與否，將視乎你們本身的特別立場而定。」這看似是為讀者做好心理準備，為自己的立論的肯定性留有餘地，但實際上，對佛洛伊德而言，他現在的看法，只能是這整項推想思考的一個完全「合乎邏輯的結論」，別無其他的可能看法。他說，除了童年壓抑、日常生活某些事例的強制性重複之外，我們還可以注意到，在夢境中，我們也常常見到一些創痛性的記憶一再重現，這顯然違背了夢是滿足願望的精神意識活動這一原則，基於此，我們大可以這樣設想，我們造夢的原始功能並不是為了阻止這些苦痛回憶的重現，中斷我們的睡眠活動，人類只是在整個精神意識的運作接受了快感原則的支配地位之後，造夢才能夠發揮其滿足願望的功能。如果在這之前真的有這樣的一個「在快感原則以外的」範疇，那麼，我們同樣有理由相信，在造夢發展出其滿足願望的傾向性之前，一定有這麼樣的一個並無這種特性存在的時期。因而，一切的重複，都是為了驅使我們重新返回到以前的那個時期那裡。

佛洛伊德的一種決裂性的思想轉向，已告形成。在精神意識的運作中，快感原則不再是目空一切的支配者，在快感原則以外，另外有一股強大的對抗性動力，自行運作，不以快感原則的意旨為轉移，這一點現在已殆無疑問。佛洛伊德要進一步確立的是，在這個新的動力結構關係中，重複的強制性究竟反映了什麼樣性質的情況？他說，動力是生命體內在的所有能量的表現形式，然而，有關動力的一項共同特性，甚至可以說所有生命體的動力的一項共同特性，卻是我們一直沒有充分清楚認識到或者沒有明顯地強調的。為此，我們可以這樣說：動力是每一有機生命體與生俱來的一股強大的傾向力，致力於重新恢復這個生命體的以前的原始狀態。

十、死亡動力如同一個無形的幽靈

一直以來，我們都視動力為促進變化和發展的主因，現在卻要一反方向，視之為生命體尋求回復原狀的本性表現。這不能不說是一項重大的震撼。然而，佛洛伊德指出，我們只要看看，在動物世界中，無數事例都證明了，生命體的動力是受到歷史條件制約的，魚群在孵卵期不辭勞苦的集體移徙，在生物學的研究中，普遍被視為是要返回它們以前的水域的表現；鳥群也一樣。再看看人類的遺傳現象和胚胎學的種種事實，無不充分說明了有機體的一種重複強制性。因此，動力的主要傾向就是要爭取回到一種原始的狀態中。因此，基於我們所有的體驗，在並無例外的基礎上，如果我們可以合理地說所有生命體，基於內在的理由，都是會死亡的，都是會返回一種無機體的狀態中，那麼，我們只能說，所有生命的目標就是死亡，或者，從倒敘的角度來表達：無生命體的存在，先於生命體。佛洛伊德將這股動力定性為死亡動力。我們的精神意識的運作結構，現在轉化成為生命動力（包含性慾動力）與死亡動力的一種對立的局面。生命動力無休止的快感和不快感覺的此消彼長的張力均衡仍受到快感原則的調節，但是快感原則不再是意識領域的唯一或者終極的操控者。佛洛伊德毫不含糊地表明，死亡動力才是更原始的、更基本的動力。生命體的主要傾向是死，不是生。

出自佛洛伊德，這是何其令人震撼的轉變！多年以來，快感原則一直是佛洛伊德苦心經營和奮力捍衛的一條精神意識運作的原則，遺棄快感原則幾乎即等於遺棄他的一套精神分析學。參透了死亡動力的存在之後，佛洛伊德對人類的條件和行為再無任何幻想，從原始人的殺戮為先，到經歷了文明壓抑的現代人（精神症患者或正常人皆無例外）的重複強制性、虐待狂和自虐狂、感情關係中的愛恨矛盾性，死亡動力無處不在，不管生命動力如何的不斷鬥爭，生命體最終仍然按照自己的方式尋求走向死亡，別無其它方向。不可能再有比這更為漆黑和消極的世界觀了。新作面世後，精神分析界內內外外的反應不但大不以為然，如果稱之為眾叛親離，相信也不為過。他的英語世界的堅定擁護者瓊斯私底下勸告佛洛伊德刪除書中有關生物學上那些業已不合時宜的遺傳觀點；他的匈牙利親密戰友法蘭奇難掩失望和失落之情（如果死亡是無法迴避的展望，精神分析治療還有什麼作用），其後更索性自立門戶，從佛洛伊德手中挽回精神分析的治療功能；至愛的女兒、被佛洛伊德視為衣缽承繼人的安娜（Anna）同樣表示對死亡動力的提法不敢苟同。這並非是佛洛伊德第一次的改弦易轍，在他認為是「合乎邏輯」的信念一旦形成之後，反對的聲音縱有多大，他也會不為所動，年逾六十的他，這種頑強的又或者是固執的堅持，仍然無改。事實上，關於死亡動力的有效性，佛洛伊德實際上已度過了他的反覆思量的猶疑期，這就是他可以在一九一九年出版而要等到一九二〇底才真正付印《在快感原則以外的》這項預期會引起決裂性爭議的論述的原因，這就是我們說〈詭異恐怖的〉一文是某種為死亡動力這個概念的熱身鋪路的理由。有趣的是，佛洛伊德同樣無改其修辭表述上的進退兼備的風格：「人們或者會問我，我本身是否相信書裡頭的這些假設，或者相信的程度有多大。我會這樣回答，我本身並不信服，也無意說服別人去信服這些說法。或者，說得更準確一點，我不知道我自己的信服程度究竟有多大。」實際的情況是，佛洛伊德對死亡動力的看法並無討價還價的餘地，有的，只是更為不可動搖的立場。在其主編的《在快感原則以外的》文集的序文中，陶德・杜費列斯尼（Todd Dufresne）指出：「直接了當地說，死亡動力成為佛洛伊德晚期的精神分析的主導理論，正正因為他完全信服了這個說法。」他進一步認為：「如果我們對《在快感原則以外的》內容，特別是其有關死亡動力的生物學邏輯這個部分，缺乏恰當的理解，我們對佛洛伊德的整個晚期階段的作品，將不可能會有任何的理解。」

但是，這並非易事，《在快感原則以外的》是一項出了名難以掌握的論述，其看似從容自若的敘述文體包藏了多層次、跨領域的殊不容易消化的成分，具備了向外延伸的難以操控的闡釋空間（部分論者對其中內容的理解導致「法國佛洛伊德」雅克・拉康（Jacques Lacan）稱他們為「缺乏能耐的人」），在佛洛伊德的整體作品中，殊難為本書作出簡單的定位。一方面，死亡動力的提法反轉了精神分析的快感原則的基礎，由此衍生出的新構想，支配了佛洛伊德其後的思考方向，就此而言，《在快感原則以外的》是佛洛伊德思想的一個重大的轉捩點，是其步入所謂晚期階段的具體標誌，此說大體上已成為共識。在另一方面，這一晚期的轉向又並非純然是一種線性的向前的新發展。瓊斯認為書中的生物學依據，大可揚棄，但生物學是佛洛伊德青年時期的至愛，其後雖然集中心理學方面的發展，將這兩門學科融匯在一起可說是他當年的一項鴻圖大計，即使他的精神分析研究之路愈走愈遠，正如他的另一位英國的支持者、為其一套學說在英語世界發揚光大的占姆斯・史特拉奇（James Strachey）所指出的，這項野心「有如一個無形的幽靈緊貼著佛洛伊德所有的理論著作，直至最後一天」。在其構想死亡動力的過程中，佛洛伊德也許未能從生物學的材料中完全找到他所需的依據，其看法仍然是：「生物學真真正正是一個具有無限可能性的領域。我們可以預期生物學在今後數十年內會帶給我們種種最為令人驚異的發現，而我們無法猜想它會對我們現在所提出的問題會提供一些什麼樣的答案，這些答案甚至也許會將我們整項假設的推想結構完全推翻。」縱使這樣，日後的佛洛伊德仍會重申：「我必須坦白地表明，要我放棄對這一生物學上的進化因素的考慮，那是我無法做得到的。」

瓊斯主張對生物學依據的放棄顯然無效，法蘭奇要維護精神分析的治療功能的堅持，同樣改變不了佛洛伊德的消極轉變。佛洛伊德清楚看到，精神症患者對治療的頑強抗拒，可說是死亡動力的無情打壓的一種反映，就此而言，精神分析治療只能是一項無法完成的工作，一項無休止的努力。更嚴重地說，我們無時無刻不在等候宣洩的針對別人的虐待意願，無日無之的向著自己的反覆折磨的自虐傾向，同樣是死亡動力在顯示其作用的結果。生命（包括性慾）動力不停在大肆張揚地努力，但死亡動力則在不動聲色地顯示其主宰的身分，推動生命體重新返回之前的無生命的狀態。佛洛伊德在這裡所倡導的動力二重性，實質上可說是通過精神分析學的途徑而進行的一種哲學上的推敲，如果其最終申述的主調「死亡是所有生命體的目標」聽起來好像是叔本華所說的「生命的終極目標就是死亡」的雷同版本，也許不算是完全的巧合。在這段期間寫給同僚莎洛米（Lou Andreas-Salome）的一封信中，佛洛伊德說：「切合我的年紀，我選擇了死亡這個主題。在我有關動力的研究的基礎上，我最近滋生了一個殊不尋常的想法，現在我必須全力參考以前沒有看過的一切與此有關的材料，例如叔本華的著作。」這或許有點言過其實了。佛洛伊德青年時期在維也納大學正式修讀過哲學的課程，他對柏拉圖、亞里士多德、休姆、叔本華、尼采……的接觸肯定不是一般的涉獵。正如陶德．杜弗烈斯尼的備忘：哲學和生物學可說是佛洛伊德青年時代的雙重至愛。他一度對未婚妻瑪花這樣說：「我一向都憧憬哲學作為老年時的研究對象和人生避難所，現在我發覺我對哲學的興趣可說是與日俱增。」就此而言，《在快感原則以外的》既是六十多歲的佛洛伊德的一種步向晚年的前瞻，同時也是他的一種返回早年志願的回歸，或者像杜費列斯尼所說，是佛洛伊德選擇自己的方法，尋求重新返回之前的一種狀態中（對哲學和生物學的興趣），按自己的意旨走向死亡，最終，這項死亡將按兩個方向開展，其一，是精神分析治療功能的步向死亡（佛洛伊德一九三三年在《可終止的和無可終止的療程》文中所宣示的訊息）；其二，是他本人的步向死亡（在一九二三年他證實患上癌症，最後成為他的死因）。然而，我們又可以這樣說，佛洛伊德尋求重新返回早前的一種狀態中去，實際上是他的生命動力繼續奮力向前的一種頑強的表現。從《圖騰與禁忌》的原始殺戮的推想，歷經第一次世界大戰的集體廝殺，佛洛伊德《在快感原則以外的》關於死亡動力的提出，將為其後一系列的歷史、社會、文化、宗教的思考奠定了一個深沉的、見不到光明的基調，首先的例子，就是緊接而來的《群眾心理學與及關於自我的剖析》（*Group*

Psychology and the Analyses of the Ego）一書。在這裡，佛洛伊德嘗試將個人的精神意識的運作條件擴大至群眾集體的精神意識運作層面上，看看兩者之間有無相聯的地方。他的分析結論並不令人意外，但同樣並不令人感到振奮。群眾對領袖或某一個別人物的崇拜，是精神意識層面上的自我對一個「理想自我」的認同，這種認同崇拜一旦形成之後，這個領袖對群眾即具備了不可抵擋的影響和支配力量，可以讓群眾向東就向東，向西就向西。政治領袖、宗教領袖、演藝領袖（偶像）無不如是。但是，群眾的集體自我的這種對理想自我的投射認同，同時也是死亡動力伺機待發的潛伏條件，群眾一切喪失理性、不可控制的暴力和毀滅性行為都是這種動力的傾瀉宣洩表現。這像是對剛剛過去的集體死亡動力的評註，佛洛伊德這項對理想自我的洞察表述，卻又是一項詭異的、可怕的前瞻感應。不出十年，納粹主義逐漸興起，一種新的群眾的集體理想自我的認同開始形成，為佛洛伊德所嚮往的歐洲祖國大地帶來另一次的種族滅絕，而幾乎畢生都在維也納定居的他，在納粹主義的陰霾籠罩下，最後也要逃亡英國，因此，倫敦而非哲學才是他最後的生活「避難所」。這也許是佛洛伊德所始料不及的吧。

在〈詭異恐怖的〉文中，佛洛伊德預告了他的新作之後，言歸正傳，繼續其對恐怖感覺的核心成分的探究。在德語詞典中，他已經挑出了最貼近其目標的一條釋義：「某些應繼續收藏起來的東西，現在卻暴露了出來。」另一方面，在精神分析學的理論中，任何感情引發而產生的感受，不管其原先的性質如何，一旦受到壓抑，即會轉化成為恐懼。佛洛伊德說，如果這一理論成立的話，那麼，我們同時可以這樣說，在各種令我們感到恐怖的感覺中，必有一種情況是，這一恐怖的來源是某些受到了壓抑的成分，只不過現在才重現出來。現在我們可以明白到，何以德語中「家居的、熟悉的」一詞會逐漸與反義的「非家居的、陌生的」溶合成為同義詞，因為這種詭異恐怖的成分並非什麼新的、陌生的成分，而是我們的精神意識裡頭早已存在的感受，只不過由於受到了壓抑，才變成是一種陌生的東西。在確立了這兩種成分的連繫之後，佛洛伊德作出了最後的補充，但卻是一項非常重要的補充。對佛洛伊德來說，要談及壓抑，幾乎一定是有關早期的童年情綜的壓抑，而童年情綜的特性，則是重點往往在於精神意識層面上的真實性而非在於現實層面上的真實性（因為孩童所害怕的情況實際上發生的例子比較罕見）。引伸而出，我們可以這樣說：就個人而言，我們的精神意識上的壓抑成分，幾乎無不根源於童年的情結，而就人類整體而言，這則是一種久遠的歷史條件，或者說，這就是人的本性。在文明發展的打壓下，人類的原始殺戮和毀滅本性得以在大部分時間內疏導到意識層面上去而非在實際行動中表現出來。這也就是佛洛伊德所迂迴曲折地試圖表達的：現實中的死亡動力的宣洩（戰爭中的殺戮）無疑可怕，但我們意識裡頭無時無刻不在構想的殺人意念，才是更恐怖的事情。這也是佛洛伊德為什麼說，文學想像中的詭異恐怖的事例，較之現實生活中的更為豐富和多樣化。

綜合上述的幾項要素，佛洛伊德要採索羅列「詭異恐怖的」感覺的共同核心成分，至此大功告成。迂迴曲折，層層開展，正是這篇討論詭異感覺的文章被論者稱之為佛洛伊德的著作中最為詭異奇怪的一次表現，「像是一部奇異的理論小說，多於是一篇論文」。文章的體裁更是變化多端，令人目迷五色：「文學評論、自傳體軼事回憶、詞源考究、美學論文、心理學研究，抑或是虛構性內容的彙編」，可謂洋洋大觀，宛如一道大拼盤，論者休．霍爾頓（Hugh Haughton）在這裡的感覺是，「文章好像拿不定主意到底想走那一條路」。然而，它卻又是絕對的自成一格，正正也是這樣的一篇大雜燴，在西方的文學藝術評論範圍內產生了巨大的影響力。

十一、收藏在陰森大屋內的詭異恐怖的母親

返回希區考克的《觸目驚心》，我們見到了彼德．沃倫在剖析了影片的混合布局的美學形式之後，接著用佛洛伊德的詭異恐怖的這個概念來界定其美學衝擊力的性質。這一「提示性的」洞察，進一步導致勞拉．馬爾維其後將《觸目驚心》稱之為一部「死亡動力」的電影。影片的女主角瑪麗安在中段的死亡，在情節層面上，是從謀殺的故事轉變為神祕的故事；在地形格局上，是從開揚的、一目瞭然的公路環境轉變為隱蔽的深沉的、情況不明的老屋內部環境，因而，影片也從這裡開始進入詭異恐怖的空間。馬爾維描述了希區考克在處理這前後兩個部分

（或者說兩種空間）的銜接安排上所任用的影像手段：在凶殺過後，我們見到了死者的屍體倒臥地上，雙目睜開，一滴水珠在鏡頭前跌下，對比出軀體完全無生機的狀態；接著，鏡頭離開浴室的屍體，轉身慢移至房間的另一邊，經過牀頭邊桌子上報紙包著的竊款，然後停在窗口的前面；最後，從窗口這個位置上，將我們的目光對向了山丘上一座漆黑的、似乎同樣毫無生機的大屋上。至此，這組三合一的鏡頭完成了馬爾維所說的影片從開揚的無遮掩的空間轉入了一個詭異恐怖的屋內環境的過渡。這座大屋包藏了佛洛伊德所列舉的所有詭異恐怖感覺的成分，因而，影片下半部分的偵查情節，從瑪麗安的胞妹、未婚夫到私家偵探的一切追查，最後都滙聚到了這裡，而殺人兇手的身分之謎，最後也在這所大屋內得以解開。我們在上文引述過米修．貝托的說法：所有偵查故事的敘述，最終都是以另一個故事的敘述為結束，而這一另個故事通常也是一個犯罪的故事。在《觸目驚心》這裡，負責這另一個故事的敘述者，是一個精神科專家列治蒙德醫生（Dr. Richmond）。在影片差不多最後的一個有如克麗斯蒂式的案情解說的場面中，面對雲集在警長辦公室內的一眾有關角色，列治蒙德醫士從容不迫、有條不紊地敘述了瑪麗安被殺的來龍去脈和揭開了兇手身分之謎。不過，列治蒙德醫生敘述了不是一個而是兩個犯罪的故事。收藏在大屋內的這具木乃伊的媽媽屍體，是貝斯早年的弒親罪案的證物。貝斯先殺其繼父，再殺其生母，這是一則「經典」的伊底帕斯情結悲劇。貝斯殺死母親之後，無法在情感上再面對另一個女性，這是他「失常」殺死瑪麗安的原因，而這並非是第一宗個案。

現在的貝斯可說是一個連環殺手。然而，根據精神病醫生列治蒙德的解釋，真正的殺人者並非是貝斯，而是貝斯所化身的「媽媽」，因此「媽媽」才是一個連環殺手。列治蒙德看來是一個勝任到位的精神病專家，他的解釋一氣呵成，「言之成理」，完成了米修．貝托所委託給他的任務，通過偵查故事的敘述帶出另一個犯罪故事的情節。隨著案件的真相大白，這部好萊塢史上最為令人震撼的凶殺片確實可以「圓滿收場」了。

但正是這個凶殺場面的空前震撼力，無情地對照出最後的這場解說的簡直不成比例的軟弱程度。相比於浴室凶殺的千錘百鍊的縝密部署，精神科醫生的敘述只能用匆匆了事、潰不成軍作為形容。如果說，凶殺的一幕讓我們直接感受到死亡的恐怖現實，那麼，凶殺案情最終的解說帶給我們的，卻是對兇手身分的一種半信半疑的困惑。列治蒙德醫生關於「媽媽」才是兇手的「結論」並不真正令人信服，他其實並沒有完成米修．貝托交給他的任務！為什麼會這樣？

因為，《觸目驚心》的死亡故事並不是一個一般的死亡故事，殺人者和被殺者也非一般的兇手和受害者。返回彼德．沃倫的說法，這是一個「至為極端」的電影個案，它已經偏離了傳統的犯罪與偵查的範圍，轉化成為一個佛洛伊德所說的「詭異恐怖的」的故事，因而，在這種情況下，影片所安排的列治蒙德醫生的解說充其量只能說是一項知其不可而為之的嘗試，我們需要的是一個非一般的謎底答案，代替這個並不完全令人信服的「媽媽」兇手。但如果「媽媽」不是兇手，那麼，這就意味了，死者瑪麗安也並不是一個「媽媽」要除之而後快的「受害者」。那麼，誰是兇手，誰是這個受害者？

在佛洛伊德關於死亡的敘述中，「詭異恐怖的」這個概念是一項提示，為其最終揭示的死亡動力的概念鋪路。在關於《觸目驚心》的電影評論中，勞拉・馬爾維形容彼德・沃倫所作出的詭異恐怖的洞察分析，言簡意賅，富有「提示性」，正是這一「提示」解讀，導致她本人形容《觸目驚心》為一部死亡動力的電影。這在在說明了，影片中列治蒙德醫生這個角色實在值得同情，因為這裡的暴力殺害已經超出「日常」的凶殺動機，面對著警長、瑪麗安的未婚夫、胞妹等一眾角色，列治蒙德以幾乎是獨白的形式交代整個案情的始末，即匆匆收場，雖然令人失望，卻又是可以理解的。我們必須朝著其他方向，尋找兇手和受害者的身分謎底。

在故事中，見斯與其單身的母親有著異常密切的依附關係，但隨著繼父的出現，這一關係即告變質，而貝斯的弒父、弒母行動跟著相繼上演。但在殺死了母親之後，貝斯又為之後悔不已，這是他最終將其母親的屍體木乃伊化後收藏起來的原因。這與佛洛伊德在《圖騰與禁忌》中所想像的原始罪案的格局可說如出一轍。同題在於，這一切在小說和在電影中都屬於情節的史前部分，尤其在電影的混合布局的結構中，上半部分更完全是「公主」的逃亡故事，而在死亡場面之後的偵查部分，表層的推動力在於找出案件的兇手，但這個兇手卻是收藏在深沉陰暗的大屋內的一個長年積壓的、理應繼續收藏起來但現在卻驟然暴露出來的「祕密」，這當中所涉及的詭異恐怖的感覺，實非列治蒙德醫生現在的聊聊數句關於媽媽與兒子的變異關係所能充分概括解釋的。浴室死亡的千鈞震撼力需要一個「媽媽／兒子」以外的兇手、一個超出或者蓋過「經典」或「變調」的伊底帕斯情結關係中的人物作為受害者。我們仍然回到《觸目驚心》帶給我們的核心困惑：誰是兇手？受害者是誰？

「媽媽」不是兇手，站在「媽媽／兒子」這對身分中間的女性也不是真正的受害者。可以說，希區考克是第一個心知肚明影片收場的牽強荒誕性的人。根據影片的劇本審閱馬素爾．斯洛姆（Marshall Schlom）的憶述，在拍完列治蒙德醫生這場戲後，希區考克趨前與演員握手，說：「奧克蘭德先生，非常感謝你。你剛才的演出救回了我這部電影。」表面看，希區考克指的是電影檢查局的壓力。由始至終，《觸目驚心》可說是對當時的美國電影檢查尺度的一種決裂性的挑戰，開場的午間偷情，中段的淋浴間凶殺，結尾的案情交代，這三大關口各有各的難度。到了最後這裡，電檢局人員已預先作出警告：劇本中的「變性人」這個字眼是不可接受的。希區考克非常清楚，影片能否順利過關，將有繫於這場戲的「恰當」處理：愈是戲劇化的表述愈容易引起檢查局的失控反應，但影片又總得要有某種向觀眾的「可信」的交代，這就是困難的所在。希區考克給演員奧克蘭德的指示是，劇本中的台詞他覺得應該怎樣念，由他酙酌處理。顯然，希區考克心中對此並無多大的把握。因此，在看到了奧克蘭德的不慍不火、乾淨利落、一氣呵成的解說後，希區考克彷彿如釋重負。他知道，他現在已從檢查處的手中取回《觸目驚心》的拷貝。

也許是這樣。但實際上，希區考克清楚知道，檢查局最終會放他一馬，奥克蘭德的發揮也許確實完成任務，讓觀眾帶著一個答案離場，然而，在餘悸過後，少有人會全然接受這個兇手身分的答案。希區考克本人首先就是一個例子。他對劇本中的台詞的說服力並無把握，因此在潛意識裡頭，他或許在指望奥克蘭德能「挽救」他脫離險境。事實上，兇手的身分與及伴隨這個身分的凶殺動機，有如一個幽靈，徘徊在《觸目驚心》身側，揮之不去。

但是，我會說，這個幽靈實際上是一個心魔，是希區考克本人的心魔！這就是《觸目驚心》的詭異恐怖的謎底所在。因為，在這裡，謀殺案的兇手正正就是希區考克本人，而他所殺的，正正就是他自已。這是一宗淋漓徹底的、置之死地而後生的自殺行為！

裁判雖然已有結論，我們仍應該對案件重頭再檢視一遍，將案發前、案發期中與案發後一切所可能掌握得到的表面或間接證據，再行推敲分析，以免誤將無辜者作為真兇，畢竟，「錯誤身分的人」正是希區考克電影中經常關注的一個題旨，甚至是希區考克生活中真正的恐懼。

我們先從兇手身分說起。要確立兇手另有其人，我們先要推翻「媽媽」（或者是處於精神分裂狀態中的貝斯）是行凶者這個說法。不管是羅拔·布洛治的一九五九年原著小說，或者是希區考克據此改編的電影，貝斯這個角色與其「媽媽」的關係可說都是最欠缺說服力的部分。布洛治構想這部小說的緣由，來自一則一九五七年十一月的新聞。美國威斯康辛州一個人口不足一千的荒僻的莊田社區，因其內的雜貨店女店主失蹤兩天而揭發出一宗成為全國性新聞的駭人聽聞的凶殺案。兇手艾德．堅恩（Ed Gein）是五十一歲的獨居者，其父早於一九四〇年中風去世，四年後其兄長在火災中喪生，其母也在一年後相繼離開。堅恩無固定工作，行為古怪孤僻，終日在其雙親遺下的大片荒置的田地上閒蕩。若與人交談，話題多離不開犯罪者如何這樣那樣失手，女性如何如何可鄙，尤喜高談闊論解剖學和變性手術等題目，早已被區內的人視為一個怪人。不過，人們的貧乏想像力，遠遠無法窺見到警察最後在其家居大屋內所發現的別有洞天的情景。屋內到處是垃圾廢物，食物紙盒，錫罐，發黃的雜誌和報紙，解剖學書籍。樓上的五間空置的房間封滿塵埃，但是其母親的睡房和客廳卻是重門深鎖，裡面一塵不染。然後，真正令人「觸目驚心」、毛骨悚然的部分，則是堅恩的活動空間：他的房間和廚房。其情景用人類五臟六腑的解剖學博物館來形容也反映不出十之一二。牆上、桌子陳列了人體的嘴唇、鼻子、頭蓋改造的湯碗，一字形排列的十具骷髏骨頭，人皮包裝的坐椅、手袋等等，冰箱內塞滿了一包包封好了的人體器官，「洋洋大觀」，不能盡錄。

這宗非筆墨所能形容的解剖學式的屠宰凶殺案件，顯然不是二十世紀五十年代的美國社會所能慣性接受的，更非新聞媒體的報導尺度所敢「盡情」披露的，因此，案件雖然成為全國性的頭條新聞，但案情的報導除了輪廓性的寥寥幾筆之外，一切令人震抖失禁的內容幾乎完全欠奉。相對今天媒體的煽情失控行為，美國五十年代的報聞業彷彿仍處在純情的時期，具有一種「一片空白」的無知面相。

但在這一面相背後，小說家布洛治卻看到了一個契機。在其《希區考克與**觸目驚心**的製作過程》一書中，史提芬・里貝路（Stephen Rebello）引述了小說家本人對成書過程的回述：「由於報章無意渲染地方小鎮所發生的令人反胃的事件，因此有關的事實報導只有一鱗半爪，我唯一能掌握到的就是兇手殺害了雜貨店的女店主後，在他的農場內被警察逮捕，當時一身穿上了彷彿是鹿皮的衣服。接著，警察還發現了一些其它的、「並沒有具體說明的」證據，令人相信兇手不僅還有其他的凶殺前科，甚至還可能挖掘過不少的墓穴。」令布洛洛覺得異常的是，在這個人口寥寥可數的社區內，何以人們對這樣的一個大規模的屠夫連環屠殺行為可以一無所知，或者反應冷漠？在這裡，布洛治看到了「一個小說的好題材。」

他立即著手為這樣的一部小說構想一個顯然有著不正常心理的中心角色，並為這個人物編造一套能夠成立而又聳人聽聞的殺人手段和動機。首先，他鎖定了這個主角是個汽車旅館的主理人，為他造就了一個容易接觸到陌生人的機會。但是，布洛治說：「這個人物是個獨居者，專以過路的人客為殺害對象，光是這些並未足以解釋何以他的連串殺人行為不易為人察覺。我在想，如果他在行凶時其實是處在一種失憶神遊的精神病態中，另一個人格掌管了他的行為，情況又如何？但，是誰的人格呢？在五十年代末期，如所周知，佛洛伊德的理論非常流行，雖然我的選擇會是榮格（Carl Jung），如果我真的要跟隨某一個人的話。我決定參照佛洛伊德的理論框架發展小說的情節。佛洛伊德的一個大概念就是伊底帕斯情結，於是我在想，根據這個角色是個具有不尋常的內向性格的人，「比方我們可以說，他與母親有著某種情況」，假定他的媽媽已經死了（基於情節發展的方便，你當然不想她仍然在主角的身邊出沒），但是我們再假設，在主角的**幻想**中，她仍然活著。主角具有失憶神遊症，理由就是他在殺人的時候，「他實際上變成了他的媽媽」，「然後我再想，在他行凶時，如果其媽媽仍然以某種的形態出現在他身邊，豈非更妙？這就是我構想出主角實際上『保存』了其媽媽的軀體的原因。」

十二、媽媽並非真兇　死者也另有其人

一切問題，根源可說就在這個起點。布洛治選擇了流行的佛洛伊德概念，因為他要寫的是流行小說，否則他的選擇會是一個榮格的框架（我們不知道，如果他這樣做，小說最後的面貌會是怎樣），因而，他現在的考慮是流行為主，信念其次。這不是一項信念十足的創作，導致並非信念十足的創作結果，也就並不令人意外。佛洛伊德關於伊底帕斯情結的大概念，不管流行不流行，在小說中，最後仍然是一個大概念，沒有轉化成為一個令人深為信服的個案。事實上，貝斯與媽媽的關係（已死的媽媽仍然「活著」，時而與兒子對話，時而「附身」在兒子身上行凶），作為整個布局中的核心成分，正是最為欠缺說服力的地方。楚浮早就指出，小說對這個關係的處理，手段上具有欺騙性，「來吧，坐到媽媽這邊來」，這種對白在敘述客觀現實

的層面上不無誤導的作用。舉一反三，楚浮對媽媽這個角色的一切顯然同樣沒有十足的信念。也許為此，他問希區考克：為什麼會選取這部小說？答覆是：「我感興趣的，純粹是浴室中那突而其來的毫無預示的謀殺，僅此而已。」這個簡短的答覆，只有謀殺的本身，沒有任何關於謀殺的背景，沒有任何關於媽媽的成分。不管可信與否，這個答覆埋伏了其他的線索。

楚浮的提問只是點到即止，但是，評論家戴維．湯姆森對媽媽是殺人兇手的質疑卻是窮追猛打，不肯放過。他認為，《觸目驚心》的特別意義在於希區考克表達了一種遠遠超出人們所能相信的或者看得到的惡劣性。這不是說，影片所處身於的美國六十年代社會就是一個並不惡劣的社會，事實上，行將卸任的艾森豪威爾總統個人所體現的一套家長式關懷作風，業已不符美國社會日趨機會主義化的時宜，角逐下任總統的兩個候選人理查德．尼克森和約翰．甘迺迪是兩個超出艾森豪威爾所能理解的奸狡的人，兩個不惜為了爭勝而不擇任何手段的競選人（雖然新世紀的競選人會將他們貶為次等的角色）。在這場角逐中，雙方的手段是惡劣的、骯髒的，但仍在可理解的程度內。但是，手段惡劣是一回事，將一個陌生女人斬成一截截卻是另一回事。希區考克所走出的這一大步，完全不是人們所能預期得到的。湯姆森說，今天回頭再看，影片所體現的這種冷血、殘酷的特性正是其核心暴力的最好解釋，而並非什麼充滿恨意的媽媽鬼魂附身兒子身上的這種荒謬答案所能交代的。非常清楚，媽媽是兇手是「荒謬」的說法。湯姆森再進一步無情地鞭撻：媽媽可以附在兒子身上的這一荒謬的內在謬誤，根本無法符合演員貝堅斯（Anthony Perkins）在演繹上的許多令人好感的細節。這個年輕人靦腆拘謹，沒有半點地方可以令人聯想到一個怒火沖天的媽媽和那些刀如雨下的瘋狂刺戳。反之，這種暴力和惡意更多是來自影片的設計而非貝斯的精神病態。但是，湯姆森說，影片的名稱又確確實實叫做《精神分裂的人》。湯姆森似乎在問：是誰的精神有問題？再從受害人瑪麗安的角度來考慮這宗暴力事件的安排。影片上半部分關於這個角色的塑造和處理，精彩吸引，然後，一場無意的邂逅引發出一股狂暴的力量，徹底改變了她的命運。一個運程奇差的偶一失足的女子，掉進了一股非她所能抵擋的風暴旋渦中，湯姆森說，史帶芬納的電影劇本中特別引起希區考克興趣的，正是這一點。但這一切並非是她的過錯，她受到的對待，無論作為獎賞或者懲罰，都是太不成比例。結果是，淋浴間凶殺這場戲變成是見得到的情況和看不到的情況兩者之間的一場怪異的角力牽扯，最終是想像的戰勝了實際的（希區考克通常都如是），留下觀眾自行推敲在平常的和荒誕的（瑪麗安在公路上的情況和貝斯在屋內的情況）兩者間的距離意義何在。毫無疑問，在這場凶殺戲中，希區考克將電影的蒙太奇手段發揮至化境，而伯納德·赫曼（Bernard Hermann）的配樂更彷如鬼哭神嚎，整體的效果簡直是一種天驚地動的瘋狂失控。那麼，要回答的問題是：是誰殺死瑪麗安？是什麼風暴覺得非要吞噬這部影片不可？兩條問題的答案都一樣：希區考克。理由同是一條：好讓這部歇斯底里的電影得以繼續下去，完成任務。

湯姆森的看法清楚不過：希區考克是真兇，這宗兇殺是一種歇斯底里的行為，出自一個歇斯底里的人的設計。在湯姆森之後，同是英國人的米高．伍德，對其同鄉希區考克作出了基本上一樣的結論，有點不同的是，伍德選擇了比較風趣幽默的語調來申述他的觀點，也許因為英國人的幽默正是他有所議論的事情。電影中列治蒙德的一套關於兇手的解釋，在湯姆森看來，只是這個精神科醫生在自說自話，是一個歇斯底里的希區考克在暴力宣洩過後落荒而逃的一種表現，相對於貝斯在凶殺之後清洗現場血跡的仔細周詳，列治蒙德可算草草收場，急不及待離開。伍德所見略同，但他看到的是另一種情況的希區考克。他為什麼要安排一眾角色如此耐性地同座一堂聆聽精神科醫生解釋貝斯的「精神狀態」？這場戲是不是為了向電影檢查處作出交代，又或者是擔心觀眾不明白精神分裂是什麼一回事，因此他要和編劇史提芬諾合力泡製出如此的一番解詞？伍德說，兩者相信都難以成立，「因為希區考克在應付電影檢查尺度方面已是箇中能手，而另一方面，他的含蓄隱約的表達技巧就算已經退化，也不至於退化到零吧」。再有就是，這兩方面的理由都難以解釋演員奧克蘭德在演活了列治蒙德這個令人並無好感的精神科醫生的精彩演技發揮。伍德認為這個醫生的角色令人並無好感，原因也許只有一個，因為他的說話實在欠缺可信性。「這場戲可說是某種動機不正的開玩笑，就像希區考克許多在其電視作品中的玩笑一樣，不斷展示這樣或那樣的各種昭然若揭的資料，好像他完全不知道這些資料是如何的明顯可見。毫無疑問，這是一個反效果的玩笑，但是，其意思卻明顯不過。希區考克的含蓄隱約的表達技巧並沒有退化；他決定要做的，是直接地攻擊我們的愚蠢性。如所周知，希區考克對觀眾並沒有太高的評價，他們只是「白痴的一群」。

伍德說，動機不正的玩笑，黑色的幽默，低級趣味的惡作劇，所有這些，在希區考克那個年代的英格蘭是相當普遍的行為，其所反映的，並不是人們的侵略性通過幽默找到了出路，而是有修養的人無法通過其它途徑表達的一種無政府主義的衝動，一種特別是希區考克所不能夠相信存在於自己身上的衝動。

為什麼這特別是希區考克的一種情況，伍德沒有說明，但是希區考克在其片場內外的生活中通過無數建立在別人的痛苦身上的惡作劇而取得也許是屬於他特別情況的樂趣，卻是眾所周知的事情。但是，伍德有這樣的評論：「這些玩笑並非僅僅是希區考克的英國人作風的一種表現，也不是一種無傷大雅的嗜好，雖則他本人也許認為些玩笑確實無傷大雅，但它們同樣不是斯普圖所意味的一種杜思妥也夫斯基的扭曲世界觀的投射。它們是希區考克電影作品的從屬的部分，因為，他的電影所處理的正是一些針對平常生活的一種有計畫的短暫干擾，是對生活的不測風雲的一種有節制的挑逗」，希區考克電影中的不少這樣的例子都「像是一種玩笑，看看人們在突然間被提點起生命結束的可能性的反應，其意圖是用死亡作為動搖我們的慣性舒適的手段」。不過，《觸目驚心》中精神科醫生的一場戲卻是反效果的玩笑，是在「攻擊我們的愚蠢性」，這是伍德的「幽默」之言，形同早前湯姆森的「荒謬」說法，意思都一樣：誰說是媽媽在殺人？事實是，從導演希區考克到編劇史提芬納到湯姆森到伍德，大家都清楚不過：這裡頭根本沒有什麼上身的「媽媽」，更沒有被視為嫉妒對象的受害人「瑪麗安」，我們直接面對的，是電影之中情節以外的暴力和死亡本身。在希區考克現在的精神狀態中，根本不存在什麼媽媽是殺人者這種事情，他要表達的，或者要我們共同感受的，是死亡的恐怖而又同時是痛快徹底的終結，謀殺看似是突而其來的事情，實際上卻是一次破斧沉舟的預謀行為，再要追究「媽媽」的可信性，也許才是「愚蠢」之事。

在清除了貝斯的媽媽是殺人兇手的障礙之後，要確立希區考克才是真兇、而他殺害的則是他自己的本人，看來目標也已在望。不過，我們仍未能徹底離開母親這項因素。在故事中，貝斯的弒親確實是情節的原始起點。在轉化的精神意識層面上，貝斯的連環凶殺是否某種強制性重複的弒親行為，不無其可信性。而在希區考克的電影作品和現實生活難分難解的混合情懷中，母親同樣是一再令人疑雲難消的一項成分，其處理少有是愉快和喜悅的。斯普圖在其傳記中著重指出的是，希區考克對其家庭關係的一貫諱莫如深的作風意味了其童年生活的某種並不輕鬆的成長體驗，希區考克所選擇提供的三數關於父母的事例，在缺乏足夠資料的佐證下，很難決定其真假，但不管是真是假，都是成年人的希區考克對其童年期父母的一種想像，從中可以追溯到他日後的恐懼和罪疚的一些根源。在其雙親當中，愛爾蘭天主教徒背景的母親艾瑪（Emma）在希區考克的成長中看來肯定是留下較深影響的一方。根據親人的形容，艾瑪「衣著非常講究，舉止文靜，談吐溫和，氣質不凡。在弄飯做菜方面，手藝出色，而且一絲不苟。如果要出門，她一定會穿得整整齊齊，無懈可擊。在處理所有事情方面，她都不失其莊重得體的一面」。在希區考克身上，我們大概可以見到不少這方面的特點。但是，留給其最深烙印的，可能仍然是母親在寵愛一面之外的嚴格家教和約束，尤其是希區考克每天晚上要在艾瑪床邊交代當天做過的事情這一環節。數十年後，希區考克印象猶新：「這是她要我非做不可的事情。這有如是一項儀式。我永遠都記得這些晚上的懺悔。」有些什麼需要懺悔的呢？縱使沒有做錯什麼事情，天天要向媽媽招供，早晚也許要揑造出一些事例作為「交代」。希區考克鈫述的這一情況，如果屬實，大可以視作為他的罪疚想像的溫床，而他在青少年時期天天到倫敦的高等法院旁聽各種案件的審訊，則是他的關於真實罪案的資料蒐集。他正在為自己做好準備，他要做一個關於人類內心天地的各種黑暗慾望、恐懼和罪疚的記錄者。

相對於父親給他帶來的一次坐牢創傷，媽媽則將他變為天天負疚在心的罪人，這是否一定意味了在希區考克和母親之間的一種難以消化的困難關係，無疑不易一口咬定，但如果這些儀式導致他在有關母親的表述方面的沉默傾向，卻不難想像，因為，每晚的「如實招供」，要說的都已經說了，話題再無新意。斯普圖說，我們看到了母與子之間的一種親切的精神關係，不過，這種關係也許過分親切了一點，有點令人透不過氣。這是母親對兒子的無私奉獻，但卻是一種束縛多於解放的、盤問多於鼓勵的關懷奉獻，在希區考克身上種下了某種神經性症候的罪疚感。事實上，楚浮也有相同的見解：「希區考克是一個神經性患者」，不僅是他的體形，他有著自己一套獨特的思想方向、道德觀和沉迷傾向，不過，楚浮的看法是，「希區考克要將他的神經症的一套強加於所有人身上，不會是一件容易的事情」。我們可以理解，這指向了希區考克一種終身的困難人際關係。

相隔斯普圖二十年之後的麥克格列根在其傳記中力圖改寫這幅畫像，嘗試確立希區考克家庭的一種歡樂愉快的生活氣氛，但實質上麥克格列根並沒有提供足以令人信服或足以抗衡斯普圖說法的新鮮材料。希區考克仍在英國拍片的時期，不少於週末到他家作客的演員或相知，從來沒有見過他的母親。他是否在閣樓或地庫內把母親收藏起來？客人之一的女演員愛爾斯・蘭道夫（Elsie Randolph）一直到了一九八一年希區考克去世後才知道他有一個母親和一個兄長。在其一九四二年的電影《疑雲》（*Shadow of a Doubt*）中，其中一個角色經常幻想謀殺人，與他同住的是其生病和苛嚴的母親，但他從來不讓人見到這個媽媽。媽媽從不出現，也許，像佛洛伊德所說，這本應是收藏在屋內的一種古遠的成份，如果暴露出來，恐怕沒有什麼好處，說不定只會給人帶來詭異恐怖的感覺，就像二十年後的《觸目驚心》那樣。但在一九四二年，門縫已開始打開。斯普圖說，《疑雲》是希區考克自傳成分最重的電影，並且是其第一部同時也是最後一部的作品對母親角色有正面親和的描寫。這裡頭有其原因。在一九四二年五、六月間，希區考克與編劇懷爾德（Thornton Wilder）開始集中精神，為新片《查利舅父》（Uncle

Charlie）編寫劇本。也是此時，倫敦傳來了母親突然病危、情況不妙的消息，但是，好萊塢片廠緊張的拍片日程，處於戰爭狀態中的歐洲航空往返條件困難，這都是令到希區考克無法抽身回倫敦探望母親的原因。不單這樣，與其合作愉快的編劇懷爾德也在這時投入戰爭服務中去，留下希區考克獨對劇本。但不管有或者沒有懷爾德的合作，《查利舅父》的發展方向肯定不再是希區考克原來構想的那麼一回事。根據斯普圖的形容，素來對自己家庭背景的一切守口如瓶的希區考克，在這段期間與少數幾個相熟的工作伙伴的交談中罕有地傾訴他的一些童年往事、父母和倫敦故居的記憶。同時，在改寫修訂這個劇本的過程中，希區考克表現出前所未見的一種投入程度，不斷的反覆琢磨，注入個人化的細節和材料。在八月份完稿的、最後易名為《疑雲》的電影劇本中，我們看到了最具自傳色彩的希區考克一面。斯普圖認為《疑雲》一片是這個時期希區考克對其個人的感情危機的一種反應。影片中的家庭母親角色，取名愛瑪，與希區考克的母親同名。希區考克對母親角色的任何苦澀或恨意感覺，有待日後的表達，事實上，從一九四五年的《美人記》開始，對母親角色的抗拒情緒，將會有源源不絕的流露。但在當前的《疑雲》中，這個媽媽卻是一個我們在日常生活中可以辨認的媽媽，不管這個愛瑪是不是就是希區考克本人的母親愛瑪。

十三、穿破肥胖，死亡動力才是大抱負的真身

這一年的夏天，在《疑雲》的拍攝仍在進行中，希區考克安排了一個宣傳發布會作為其四十三歲的生日慶祝派對。在晚餐過後，希區考克展露其「緊張懸疑大師」的本色，站起身來，舉起手中一柄長刀，面露笑容，徐徐引向其喉嚨部位，好像要引頸自刎，霎時間，全場雅雀無聲。然後，希區考克不發一言坐下，吩咐為人客奉上白蘭地。這是一項極不常見的死亡表演。斯普圖認為，希區考克的這一幕，與他所受到的工作壓力和對母親病危的憂慮，他對自己處身於美國的安全環境中，而其高齡的母親卻困在戰火塗炭的地方奄奄一息，此一對照所引起的內疚感，這一切肯定都有關連。不過，米高．伍德的闡釋則稍為有所不同。他說，這個玩笑肯定品味奇差，但它與希區考克電影中的許多其他情景，品味並無多大分別，這彷彿是一種關於人生無常的突然點醒提示，是一種藉死亡來將我們從慣性的舒適狀態中巔覆過來的用意。但這裡頭還有更大的啟示。

生日過後不久，在九月中旬，希區考克終於接獲母親病逝的消息。僅僅幾個月之後，在一九四三年一月，希區考克再接獲其長兄威廉．希區考克突然去世（死因似有自殺成分）的通知。這幾年間，希區考克的心境狀態，箇中感受也許只有他本人才能體會：祖國處於戰難中，希區考克沒有回去作出任何支援行動，備受國內輿論的批評；母親去世，他沒有奔喪；兄長去

世，同樣沒有回去奔喪。輿論他可以反駁，他的家庭感情別人也許不會懷疑，但不要以為希區考克這段期間的「中年危機」所產生的內疚壓力，隨著時間的推移會在其精神意識的系統內得到淨化調整，因為，希區考克是生活在一種「長年危機」的精神狀態中。斯普圖的傳記所要反覆強調的，是希區考克內心世界的一種分裂情況。他的鎮靜自若和秩序井然的一套，是他尋求應付人生無常禍福難料的一種心理策略；然而，他對藝術的完美追求毫不放鬆，對身體和健康的處理卻是全無約束的刺激放縱；他的英國紳士外表包藏的是苦無出路的慾望和魔念。這種種的矛盾分裂長期在希區考克的精神意識中伺機待發、破裂而出，這或許解釋了他的許多品味奇差的笑話和令人側目的越軌行為。斯普圖所申述的這一題旨未必人人同意，但四十年代中期這一系列事故在希區考克意識深層的天地內激盪起不能化解的內疚和折磨旋渦，應該不難想像，更不能低估其潛在的推遲發作會是什麼樣的情況。事實上，我們已可以看到這次「危機」的一些當前效應。在一九四三年一月，希區考克決定面對自己的接近三百磅的痴肥條件。他定下一個近乎禁食的餐單，以削減一百磅體重為目標：早餐和午餐只有咖啡，晚餐只限於一小塊牛排，一份蔬菜，滴酒不飲。平日，他的典型晚餐包括開胃小食，一隻燒鷄，一片煮熟的火腿，馬薯，兩份蔬菜，麵包，甜品，一瓶酒，飯後從不缺少的白蘭地，稍後再有他的至愛冰淇淋。到了一九四三年底，其體重果然下降至二百磅左右。不過，斯普圖指出，節食是極難持之有恆的一回事，希區考克也不例外，很快他又回復美酒、美食的快感追求，體重再慢慢攀升，返回三百磅的水平。此後，升升降降，成為定局。斯普圖說，希區考克如此的放縱作為，能活到八十歲，堪稱奇蹟。

四三年這一次近乎自毀式的減肥行動，說是希區考克對這幾年所經歷的精神危機特別是對其母親從病危到去世他一直留在美國的一種罪疚壓力的轉化反應，也許不中不遠。究竟是什麼原因令他不回倫敦見其母親最後一面？或作最後的告別？客觀環境因素無疑可以成立，但這裡頭存在著一種愛與恨的矛盾混合的母親情意結，或者才是更大的支配因素。在編寫《疑雲》的一刻，希區考克的即時感情狀態像是要將他所有的對母親的愛與哀痛、他的成長過程中種種溫馨記憶，盡情傾吐，他的編劇懷爾德正好在這關頭離開，更好像是一種天意，「造就」他獨自發揮的空間，不受其他聲音的干擾。不過，如果我們同意斯普圖的見解，在《疑雲》中我們第一次也是最後一次見到一個良性的母親角色，那麼，在這之後的作品中，希區考克所「虛構」的母親形象，再無這種慷慨的情懷，恰恰相反，更多的是一個要令人退避三舍的人物，到了《觸目驚心》則演變成為深藏在黑暗大屋地庫內的詭異恐怖的木乃伊骷髏骨頭，一種死亡動力的受害者的見證。

希區考克的矛盾母親情結從愛意的一端傾側到憎恨抗拒的另一端，在其「晚期」的作品中已成為其潛意識的常態主題，看來是無庸置疑之事，但是，這是否就構成了希區考克是一個潛在的弒親分子？卻又未必。在《觸目驚心》的電影故事中，貝斯的弒母發生在敘述情節的史前時期，其後他以旅館的住客作為強制性重複的謀殺對象，也許會引起這樣的解釋：貝斯是在重複弒母的行動。然而，如上所說，這同母親是殺人者的說法同樣欠缺說服力。《希區考克與維多利亞時代的遺風》（*Alfred Hitchcock: The Legacy of Victorianism*）的作者保菈・科恩（Paula M. Cohen）說，在電影中我們完全看不到貝斯的媽媽有什麼不對的地方。而上文引述的戴維德・湯姆森強調的更是導演和編劇對瑪麗安這個角色的引人同情的親和處理，她的一時偷念，罪不該死，同樣，在貝斯角色的處理上，我們也感受不到兩種可能情況的其中任何一種：其一，在貝斯的分裂精神狀態中，他變成了「媽媽」，瑪麗安成為她的嫉妒對象；其二，貝斯仍然是貝斯，但瑪麗安則是令他無法喘息的可憎的母親。聆訊至此，情況已經非常清楚：影片所提供的兇手身份並非是真正的兇手，而死者瑪麗安，現在看來，也並非是真正的死者。湯姆森鑑證浴室兇殺的暴力源頭來自希區考克，這距離裁定希區考克為殺人兇手只是一步之遙，現在要做的，是要驗證死者並非別人，而是希區考克的本人。考慮各種情況，相信這也非難事。

先從死亡的狀態說起。楚浮和斯普圖都將希區考克的死亡定在《觸目驚心》之後的日子，但是兩人的說法實際上仍然離不開以《觸目驚心》作為鑑證希區考克的生與死的分界線。楚浮說，《觸目驚心》是希區考克的電影事業的巔峰，因此，他接著在推進《鳥》這個項目的時候顯得信心十足。然而，也是在這個時期，在他的成就終於獲得了充分的認可之時，他的運程就開始改變了。楚浮沒有說明這是向好的抑或是向壞方向的改變，但其意思在這裡不言而喻。

楚浮說：「我深信的是，在《瑪妮》之後，希區考克不再是以前的他了，這部影片的失敗令其自信心大損。」影片的票房差劣並非主因，楚浮認為更大的原因在於他與蒂比．赫德倫的職業與個人的關係上一敗塗地的收場。在《鳥》和《瑪妮》兩部影片中，他起用蒂比為女主角，意在將她改造為另一個葛麗絲．凱莉，重覆他的迷情痴夢。值得細味的是，楚浮認為在《瑪妮》之後希區考克變成了另一個人，這等於賦予了過去的希區考克的一種死亡。不僅如此，在這一「深信」之外，楚浮再有另外一項深信：「我深信，在《觸目驚心》之後，希區考克對自己的作品再沒有一部是感到滿意的。」為什麼會這樣？楚浮沒有解釋，但我們不難這樣理解：在《觸目驚心》之後，希區考克的生命力已經結束了，他的作品當然也不可能再有生命力，希區考克自然最清楚這一點，因而，楚浮實際上是在認定了《觸目驚心》為希區考克的生命結束的日子，如果他在《瑪妮》的一片中再次驗證希區考克的死亡，那只是因為，希區考克的迷情痴夢，由來已久，但在蒂比的一段關係中卻是全面崩潰失控，楚浮的兩個「深信」等於是將希區考克的死亡一分為二：《觸目驚心》的深信，肯定的是希區考克的肉身死亡，《瑪妮》的深信，肯定的是希區考克的靈魂死亡。在如此的情況下，希區考克的運程有什麼辦法能不轉壞呢？

楚浮，這位傑出的希區考克仰慕者，一個夫復何求的內心知己，在他之後，誰再可以將他有關希區考克的種種談論完全置之不理？沿著楚浮的觀察方向，斯普圖要做的，是為現在的希區考克的存在條件提供更徹底的解剖診斷。他說，《觸目驚心》為他帶來最大的財富收入，但在這部影片中，希區考克的性格出現了一種變化，可以說，他在這裡所做的，是他過去從來沒有做過的。整部影片瀰漫著一種死亡的氣氛：它宣示了末日的到臨，一種可怕的殺戮癲狂，以及對人格的一種徹底的消滅，這一切都是在希區考克的作品中從沒有見過的。斯普圖說，希區考克在《觸目驚心》中尋求突破美國電影表達手段的界限，然而，同一時間，希區考克本人也出現了某種僵化的轉變，他本已非常脆弱的分享感情的能力更是在此之後一去不返。說得很清楚，希區考克已經僵化，再無生命力。而像楚浮一樣，斯普圖同樣將《瑪妮》再定性定為希區考克里程的一條分界線：「《瑪妮》之後，確實可以說，希區考克內裡的某些東西，已經死了。」希區考克與蒂比的一段關係紀錄了一個偉大的天才完全失去自我控制的令人惋惜的衰落過程，「《瑪妮》標誌了希區考克的藝術生命的終結。」斯普圖一樣是將希區考克的死亡一分為二：先是感覺的僵化，再而是藝術的終結。在希區考克的電影與人生的進程中，從《觸目驚心》到《瑪妮》的這幾年成為他的「最後」一頁，看來已成多數的看法。米高．伍德的傳記寫到這最後的一章，題目是「運程已盡」。他說，從《瑪妮》打後的作品，感覺像是出自一個希區考克複製人之手，心不在焉，而這個時期的照片中所見到的希區考克，一片疲態，神情傷感，臉上斑點處處，難掩焦慮，比起往昔的那種一派莊重、力求泰然自若的形象，可謂相去遠矣。伍德說，所有這一切的轉變，其起點都是始自《觸目驚心》。此落彼起的論者，各有各的觀察角度，都在作出同樣的申述。勞拉．馬維爾說，《觸目驚心》在精神分析的層面上是一部死亡動力的電影，與此同時，處於五十年代末、六十年代初交界點的好萊塢，自己也正在面對舊的將盡、新的將生的死亡威脅，這部電影等於也為希區考克提供了撰寫好萊塢的墓誌銘的機會。我們現在可以補充說：希區考克也同時通過《觸目驚心》撰寫了自己的墓誌銘！

到此，只剩下一個問題有待回答：希區考克為什麼要選擇在這個時候作出自我了斷，或者說，要將「死亡」本身置之死地而後已？這裡頭或者不會有單一的決定性因素，但如果我們返回母親、美食、美星這三大籠罩著希區考克生活的條件中再作推敲，也許會在其當時的積累壓抑的精神狀態中，找到這次死亡動力逆發的可能解釋。

可以說，每人都有其包含著母親元素的家庭故事，而食物毫無例外也總是物質（維持生命）和精神（對不同的生活和環境遭遇發展出來的條件反應）的混合吸納和宣洩平台。在對待家庭故事方面，希區考克表現的是一種異常的沉默和空白敘述，而在其選擇性的披露中，像父親的警局教訓和母親強制性的「懺悔」儀式，都不是希區考克會覺得興奮或輕鬆的經驗，至於母親最後幾年在倫敦的病危和去世、繼而其兄威廉的帶有自殺成分的死亡，希區考克都沒有回去探望和奔喪，則不能說是他的家庭故事的某種完全無憾的情況。他在家庭故事上的長期不發一言，是一種壓抑和抗拒的敘述，而他在美食方面的極端放縱的追求，相對於此，則像是一種針對性的宣洩表達。「我的進食是為了享受」，希區考克為他的快感至上的奢侈美食條件（這不再是當年在倫敦東區母親每天供應的馬鈴薯的佐食主題）作出合理化的解說。往後，希區考克再作出補充：「食物往往是一種對性活動的替代。」精神壓抑以美食為出路，溺迷美食的長期代價則是他的遠超常規的三百磅體重，一個斯普圖形容為牢籠的軀體，禁錮著他的情慾幻想的出路，更大的不幸是他同時生活在一個美星川流不息的環境中，而他本人則是一個卓越的夢幻雕塑家，將一個又一個的美星對象按自己的慾望意願塑造成為完美無瑕、可供占有的女神，直到最後幻想破滅，又再重頭做起。在希區考克的精神天地中這三大操縱條件周而復始的綜合運作，在一個重門深鎖的牢籠內折騰煎熬，欲出無路，其苦可知。我們可以相信，要再找一個結合這三大壓抑的例子，雖非絕無可能，也會是難度超高的事情。因而，這個高壓牢籠一旦爆破，其死亡動力的強大猛烈程度，也會是超乎我們所能想像的。這正是在《觸目驚心》所發生的情況。

十四、野獸原型代替夢幻情聖

從戰後到五十年代末期，或者說，從他與英格麗．褒曼的電影緣分到洗盡鉛華的黑白《觸目驚心》，可說是希區考克的好萊塢電影事業全盛期的最終確立和最後結束的歷程。這項歷程最後一站是一條成分複雜豐富的、層面牽連廣泛的分水線，但在這裡，上文引述過的一項楚浮觀察，則似乎向我們提點了此時希區考克內心世界的一種精神狀況：《觸目驚心》是他商業上最成功的作品，而他的藝術成就也通過評論界的連串正面評價開始得到更大的認可，但正正也是在這個時候，他的運程開始了轉變。

這是說，現在的希區考克顯然嘗到了滿足的滋味（因此，在籌拍新片《鳥》的時候，他有著無比的信心），然而，這個說法的另一面是，在希區考克的電影藝術成就尚未獲得充分的認可之前，他有的也許只能是一份若有憾焉的心情。事實上，情況正是如此。從英國時期到美國時期的數十年電影製作歷程中，希區考克以其令人吃驚的充沛創作力，差不多是連綿不絕地導演了一部又一部的作品，就中可謂佳作連篇，更不乏膾炙人口的例子。必須承認，他的電影才華早就受到賞識和肯定。然而，這些評價的整體傾向持續地視希區考克為一個高超的電影技匠，少有視他的電影為具有思想深度的藝術品。即使以體認主流品味為主的美國奧斯卡金像獎，希區考克歷來也是只有提名，從未獲得最佳導演獎的榮譽。因而，在《觸目驚心》項目的前夕，年屆六十的希區考克遠遠不是一個躊躇滿志的人：他的情慾幻想並無出路，藝術成就又未受到深度的賞識，人生還有什麼意思，又或者，生命還有什麼值得留戀？楚浮所描述的最終的地位肯定，對希區考克而言，未免有點為時已晚了？

希區考克與英格麗·褒曼的三部電影緣分，始於一九四四年的《意亂情迷》（*Spellbound*），到了一九四五年的《美人記》，希區考克對女主角的迷情痴夢則已眾人皆見。斯普圖形容這部影片是人到中年的希區考克（四十六歲）第一次認真地在談情說愛（我們可以更貼切地稱之為他的情愛獨白），其長年的性慾壓抑盡情地傾注在褒曼這個美艷不可方物的女神身上，而他滿腦子的虛幻情愛想像則全部交由他的代理人卡里．格蘭特付諸實行：在陽台上，兩人一邊議論晚餐的內容，一邊在進行嘴唇、耳朵、頸邊的情意綿綿的細吻，堪稱是希區考克將食與色共治一爐（在現實中則是食替代了色）的精心泡製。但是到了一九四六年的《魔羯星座底下》（Under the Capricorn），這段褒曼迷情宣告徹底幻滅，女神邂逅了義大利電影導演羅拔圖．羅沙里尼（Roberto Rossellini），未幾即宣布嫁到義大利去。女神棄他而去，已令希區考克情何以堪，人們的看法是，女神竟然棄他而就另一個電影導演，則是罪無可恕。

希區考克與格蕾絲．凱利的片緣，開始於一九五三年的《電話謀殺案》（*Dial M for Murder*），同樣在三片後結束。在一九五四年最後的《捉賊記》（*To Catch a Thief*）中，希區考克重施故技，再次調製其食物與情慾交替混合的快感幻想，稍有調整的是，雍容高貴的女神褒曼則換上了風情萬種的嘉麗，但希區考克的替代自我依舊是彷彿「歲月無痕」的卡里．格蘭特。然而，現實無情，《捉賊記》之後，嘉麗未幾即宣布嫁入摩納哥的王室豪門。

褒曼的一頁令希區考克「耿耿於懷」，嘉麗的離去則留下希區考克「痴痴」在等，期盼她再次返回水銀燈下。

但是，他的有待填補的慾望空缺，不能久等。一九五五年夏天，他在電視上的一個戲劇節目中看到了一位女演員的演出。這是二十六歲的從選美活動中出身的金髮女郎維菈・米爾斯（Vera Miles），從她的臉型輪廓中希區考克馬上見到了一個新的褒曼和嘉麗的可能性。希區考克立即展開行動，安排她的聘請。最初，他的想法是起用她作為正在籌備中的新項目《希區考克製作》電視劇集的演員之一，但甫見面，希區考克即改變初衷，與她簽署一份為期五年的三部影片的合約，指明在合約期內，維菈為希區考克所獨家「擁有」，不能在任何泳衣、內衣或「有失高貴女性儀容的、不得體的」的商品廣告中出現。與此同時，他著令長期服裝指導伊迪芙・赫德（Edith Head）著手為維菈設計全套服裝組合，不管是銀幕上或銀幕下穿用的。她的第一部電影將會是與亨利・方達（Henry Fonda）演出的《被錯認的男人》（*The Wrong Man*），其勢頭在在顯示出一個新的格蕾絲・凱利行將誕生。

不幸的是，《被錯認的男人》的拍攝雖然如期進行，對希區考克而言，維菈也同時是另一個「被錯認的女人」，在拍片期間，維菈宣布與當時正在演出《泰山》（*Tarzan*）電影系列的演員戈頓・史葛特（Gordon Scott）結婚。這有如一盤冷水迎頭淋下（希區考克每天的鮮花攻勢隨即冷卻下來），更大的災情是接踵而來的新片《迷魂記》，希區考克敲定了占姆斯・史超活（James Stewart）匹對維菈作為男女主角，但在這個時候他接到了維菈的電話通知：她肯定無法履行這項安排。希區考克咆哮了：「維菈不去把握她一生最大的機會，竟然懷孕了。這部影片會令她成為真正的大明星，但她卻無法抗拒那個泰山丈夫史葛特。」確實是可忍，孰不可忍！之前的褒曼、格蕾絲至少是棄他而就即非級數更高但至少看來是可相匹配的對象，而現在，竟然是一個「泰山」式的野獸原型！

日後，這個「野獸原型」的「泰山」形象將會折返並折磨希區考克的精神世界（《瑪妮》中的辛・康納利），但在當前，在經歷接二連三的迷情幻滅、一個又一個女神的無情遺棄之後，其心境大概只能用無限傷感和惆悵作為形容。但，某種黑暗的、毀滅性的覺醒似乎也在此時在其意識深層中緩慢而又強力地蠕動，向著一個爆裂點推進。《迷魂記》正是在這種心境下的一種宣述：他的迷情終究是一個無法實現的理想，更令人神傷和黯然的定論是，即使找到了這樣的一個理想的慾望對象，這個對象最終也會扼殺在自己手裡，就如懷爾德（Oscar Wilder）所說：我們往往會毀滅我們所愛的東西。《迷魂記》最後也是希區考克電影藝術上最卓越的「嘔心瀝血」的精心傑作，是他個人最不留餘地的內心剖白和精神「自照」：他一再落空的迷情苦戀，每次慾望產生的嫉妒折磨，他近乎病態的而又無法自拔的危險遊戲，他日益醒覺到的金髮女郎全都是不足信賴的欺騙性的假象，所有這些，透過占姆斯的貫注發揮，讓人身不由已地追隨希區考克的一舉一動，冷看自己的處境，追問情為何物，最後則哽咽其中的悲情。令他耿耿於懷的是，《迷魂記》並未獲得即時的賞識，觀眾並無熱烈的反應，評論也欠缺廣泛的興奮擁抱，它要經過數十載的醞釀，才真正大放異彩，散發出其特醇的令人沉醉的味道。

這是希區考克個人的生命動力與死亡動力漫長鬥爭最後的一波。《迷魂記》之後，死亡動力的（虐待和自虐、毀滅別人和自我毀滅）的題旨正式進駐他的藝術和人生舞台的中央位置，導致令人《觸目驚心》的一幕。

但在這個交接期中，希區考克彷彿仍能如常地完成手頭上的工作，在《迷魂記》的製作期間，他與編劇家里曼（Ernest Lehman）也同步在進行下一部影片的劇本策畫，準備改編流行小說家哈蒙德．恩納斯（Hammond Innes）的小說《怒海爭雄》（*The Wreck of the Mary Deare*），但之前的希區考克覺得這部小說有其吸引的地方，不知何故，現在卻對之興趣全失。編劇毫無寸進，導演全無意慾，最後，希區考克提供了一個「麥古芬」給里曼：我一直想做的，是在勒斯摩山（Mount Rushmore）的總統人像下拍一場追逐的戲。里曼的才華確實不能不令人佩服，就是根據這一麥古芬，他和希區考克最後打磨出故事莫名其妙、情節子虛烏有的《北西北》。在拍攝過程中，卡里．格蘭特不斷追問希區考克：這個故事究竟是關於什麼的呢？里曼的體驗是：你不能小覷希區考克，尤其在看過《北西北》後。事實是，在《觸目驚心》的風雲變色前，這可說是希區考克最後一次仍能展露其輕鬆、幽默的一面，不失某種親和的情懷。然而，包裝在這部華麗鮮艷的影片裡面，我們同時也清楚看到希區考克一種岌岌可危的境況：面對魅力沒法擋的伊芙．瑪莉．聖，格蘭特「心甘情願」被騙到一個四周人影全無的空曠田園上，全無遮擋地靜候一架不知從那裡來的飛機從遠處上空慢慢逼近，然後俯衝向他掃射，如是往返數次，最後奇蹟地粉身碎骨自滅。整場戲有如一個超現實的荒誕夢境，不用分析家的臨床診斷也可以看到，這是造夢者意識深層的一種恐懼，見到自己赤裸裸地處身於一個呼叫無門的境況中，面對死無葬身之地的下場。再挖深一層，這種恐懼的來源就是充滿欺騙性的金髮女郎，而讓恐懼轉化為現實的催化劑，則是造夢者自身對慾望的無法控制的強制性重複，偏向虎山行的最終結果。

從夢中醒來，回到冷峻的現實生活中，年屆六十的希區考克不可避免地對現在的人生體驗有所思量。如果他的真情剖白、藝術發揮爐火純青的《迷魂記》不受觀眾的喜愛，其過不在他本人，而是因為作為他的代言人占姆斯．史超活年紀太大了，魅力已失；如果一眾美星相繼棄他而走，只能怪卡里．格蘭特一再奪得美人歸，為什麼這個角色不能落在他身上？不少旁邊的人看到，希區考克一直想自己也能成為一個卡里．格蘭特，如果真有這個想法，則誠屬不幸，因為卡里．格蘭特是一個超越現實、大於生命的形象。「人人都想做卡里．格蘭特，連我自己也想做卡里．格蘭特」，格蘭特如是說。他其後急流勇退，提早退出電影生涯，甚至要接受心理輔導的精神療程，也許就是他為卡里．格蘭特形象付出的代價。在《迷魂記》和《北西北》之後，希區考克結束了他分別和史超活與格蘭特的四部影片緣分，雖然在銀幕下這兩位演員到最後依然與希區考克維持了良好的關係，在希區考克晚年的美國影藝學院終身成就獎的頒發晚會上，兩人與希區考克同坐一枱，旁邊還有抱病在身的褒曼，共同重溫希區考克這段藝術成就卓越、感情深暗複雜的電影旅程。

《北西北》過後，希區考克的「麥古芬」創作取向似乎告一段落，彷彿為新的元素的出現讓路。不錯，在《北西北》中，他仍然為金髮女郎伊娃・瑪麗・聖進行了悉心的打造，不過，他已再無展開鮮花攻勢，再沒有每天冗長的單獨的「工作會議」的纏擾，也無再續前緣的意欲；與此同時，他也接受了卡里・格蘭特的形象並非是一個他所能操作實現的目標。最後，更有意思的轉變也許是，他說：「我現在可以接受一個冷靜的棕髮女郎，如果有合適人選的話。」在接著的新片《法官不獲准保釋》（*No Bail for the Judge*）中，他準備起用奧德莉・夏萍（Audrey Hepburn）演一個律師，要為其錯誤被控為殺人犯的法官父親洗脫罪名。但當奧德莉・夏萍看過劇本之後，改變初衷，斷然拒絕了這項片約。希區考克在劇本中加插了一段情節，描寫女律師在查案過程中，被挾持到海德公園內，受到強姦。夏萍剛憑不久前的《羅馬假期》（*Roman Holiday*，或譯作《金枝玉葉》）獲得奧斯卡最佳女主角獎，而接著演出的《修女傳》（*The Nun's Story*），其風頭則力壓同期的《北西北》，希區考克不可能再有更大的諷刺選擇。再一個美麗女星唾棄他的垂青，大師內心的憤恨與怒火已到了頂點。他對同僚的說法是：「她憑什麼拒絕這個角色，她尚未能證明自己是美國今天的一個大明星。」一個沒有什麼人附和的說法。情況是，一股黑暗的暴力洪流正在淹沒他的慾望幻想，希區考克走向終極的死亡動力的最後「蛻變」，已告完成。

十五、齋戒沐浴　武士切腹

一九五九年夏天，容顏好像依舊、精神已經變質的希區考克敲定了新片計畫：改編對象是羅拔．布洛治剛出版的恐怖驚悚小說《Psycho》。無人意料得到，變成電影的《觸目驚心》宣述了好萊塢華麗美好的傳統的死亡，催生了一個由死亡支配一切的新秩序，在這個創作過程中，這個扭轉生死乾坤的死神大使為我們上演了一幕並無討價餘地、即時生效的軀體自毀，而這個軀體的擁有者並非別人，正正是死神使者的本人。

布洛治的小說所稱的「精神病患者」（psycho）是當時美國一些第二次世界大戰的退役軍人代稱，他們的精神系統出現了各種創傷震盪的後遺症，導致異常行為，這是最簡單的說法。真實事件中的殺人兇手艾德．堅恩擺布裝飾他屋內琳琅滿目的屍體殘肢碎件，其啟發源頭指向了納粹時期集中營的凶殘恐怖的一頁。而這一德國根源在早前的第一次世界大戰中已經有過令人「觸目驚心」的發揮，引發起出身自德語系統國家的佛洛伊德對《當前情況下關於戰爭的一些想法》，對詭異恐怖的人類條件進行了苦思，而他的一套關於創傷神經症的精神分析論述，則在第一次世界大戰及其後此落彼起的各種戰爭的創傷震盪後遺症的精神治療和輔導中，起了始創性的影響作用。

在德語中，恐怖詞Schauer語義根源意指暴風雨的危險警告，就此而言，它和英語中發音相同的淋浴shower一詞，具有一脈相承的共同的水性成分。在二十年代於德國「習藝」的希區考克，從當時的德國恐怖類型電影中，吸取了他自己的恐怖片美學成分，想不到事隔數十載之後，德國的歷史連繫、恐怖、殺戮所有的這些成分最終又再匯聚到他鎖定的旅館浴室內，有所區別的是，當年的希區考克正值雄心勃勃、事業起飛的階般，現在的他則心境近乎奄奄一息，其意識動力正向著對禁錮他的慾望出路的軀體作出最後了斷的目標進發。

當布洛治的小說尋求向好萊塢出售其電影版權時，一眾片廠無不敬而遠之，其結論是：「過於恐怖」，「不可能搬上銀幕」；當希區考克獨排眾議決定出手的時候，派拉蒙片廠的行政人員盡皆相顧失色：「一個穿起老媽子衣服的斬刀狂瘋子，希區考克看中這麼一個荒謬的譁眾作品，究竟是什麼一回事？」希區考克的立場寸步不讓，派拉蒙同樣拒絕妥協。在如此情況下，派拉蒙說：我們不能批出你慣有的製作預算，沒有彩色，沒有卡里・格蘭特、占姆斯・史超活這種級數的大明星。希區考克說：這樣就這樣吧！

他最後的方案是，他會自行負擔影片的製作費用，起用他的電視劇集的工作班底，進行最低成本的運作，自己不收導演費，不用大明星，不用彩色，影片的版權六成由他擁有，其餘四成讓給派拉蒙，交換條件是派拉蒙負起影片的發行。如此的條件，派拉蒙再無反對的理由。事後的情況無人估計到，《觸目驚心》成為希區考克執導以來商業上最賣座的影片，為他帶來巨大的財富，不計其它方面的影響；事前的抉擇則是無人認同：這是令人搖頭的決定。為什麼會選擇這部小說呢，楚浮有此提問，純然是因為其中淋浴間的突如其來的死亡，希區考克有此回答。

現在，讓我們看看希區考克對這「純然是突而其來的死亡」所作出的縝密部署和細心考慮。沒有彩色，黑白就黑白，這看似是製作費用的考慮，實際是黑白基調更符合他此時的心境。沒有格蘭特和嘉麗，同樣是他的選擇取向，柏堅斯的「平民真實性」看來是希區考克覺得大可互動的一個替代自我，至於珍納・李（Janet Leigh），雖然同為金髮女郎，他再無需要對她進行鮮艷華麗的改造。相反，在服裝設計方面，希區考克同樣要求的是她穿著平民百姓的日常裝束，他的構想另有焦點：他指定珍納・李要配戴黑白色的胸罩，在午間酒店偷情的一幕，胸罩是白色的（她仍然是好女郎），但在貝斯旅館房間內，胸罩則是黑色（在盜竊款項後，她變成了壞女郎），因為，他要安排她在銀幕上的上半身近乎裸露的演出，在他的死亡動力的迸發前夕，他容許性慾幻想作出最後的赤裸裸的宣洩（這一視覺處理導致資深的評論家戴維・湯姆森要就珍納・李的胸圍尺碼作出評估）！

《觸目驚心》的編劇約瑟夫・史提芬諾（Joseph Stefano）記述他與希區考克第一次工作會議的情況。似乎福至心靈，史提芬諾提出了影片開場的構想：女主角瑪麗安與其情人於午餐時分在酒店「纏綿」幽會。這似乎正中希區考克下懷，一拍即合。史提芬諾面試成功，獲得錄用，與此不無關係。但是，導演如何發揮，相信則非編劇家所能想像得到。這場纏綿的序幕，令珍納．李成為好萊塢第一個穿著胸罩半裸上身演出的女星，但纏綿過程的場面調度，則更多像是導演本人的一種「第一次」臨床實踐，因為，飾演瑪麗安有婦之夫的情人的約翰．格溫（John Gavin），同樣半裸上身，面對初次合作的半裸珍納．李，即「肉帛相見」，情緒緊張，手足無措。有意思的是，希區考克無法向他提供有效的指導，而是提議珍納．李對格溫作出「挑逗性」的誘導，一項或者是他認為女性更勝任的工作。彷彿洞察秋毫的楚浮向希區孝克引述了一位法國影評家的說法：約翰．格溫在戲中裸露上半身，但是珍納．李卻戴上了胸罩，因此只有一半的觀眾感到滿足。希區考克木然回答：「這場戲沒有什麼不道德的地方，我自己並無任何刺激。老實說，如果我能夠讓珍納．李裸露乳房直接磨擦男演員的胸膛，這場戲肯定好看得多。」

不管怎樣，希區考克本人的「宣洩」已經得到了滿足，序幕的副題過後，影片向著希區考克再心無旁騖的死亡目標全速推進。瑪麗安偷取了巨款，駕車穿州過境前往其情人那裡，首先是經過天然暴雨的危險「淋浴」，然後進入貝斯旅館的室內淋溶室，英語的「淋浴」也隨著進入德語文化中的「恐怖」天地。在這裡我們再看看希區考克另一層的微調。

從瑪麗安誤闖貝斯旅館這裡開始，三種轉變幾乎是無跡可尋、不動聲色地同步運作，逆轉了我們一切的慣常反應和認知：貝斯的出場徹底淘汰了瑪麗安、關於凶怖罪案的調查代替了感情迷惘的逃亡旅程、幕前的貝斯、瑪麗安和幕後的導演幾乎變成三位一體，影片完全成為希區考克的一項自我表述，超越一切邏輯，漠視一切理性，但從中一閃而過，我們接觸到了藝術想像與生活真實合而為一的片刻。

午間的幽會之後，瑪麗安返回工作的地產公司，如常地推門而入，並無注意到站在門口側邊頭戴牛仔帽的希區考克，後者彷彿在此完成交接的工作，一種命運的交接：由此開始，瑪麗安的軀體將由希區考克的命運之手主宰，或者說，她的軀體已成為希區考克的軀體替代，一個供奉平台上的祭祀圖騰。希區考克現在的心境再無寬恕之情。我們看到，貝斯旅館雖然不是什麼五星酒店，但希區考克為瑪麗安所安排的最後晚餐，實在苛刻，只有一片麵包，一杯牛奶。在小說中，布洛治起碼有點像樣：餐桌鋪上了紅白色格子圖案的枱布，其上擺放了肉腸，乳酪，用玻璃瓶子裝載的自製酸瓜，令人垂涎。瑪麗安不再說話即時展開行動。貝斯替她添加咖啡：說：「你確實很餓了！」電影劇本由占姆斯．卡溫納（James Cavanagh）撰寫的第一稿仍然保留了這份餐單，但到史提芬諾接手時，這一具體提供已遭希區考克砍掉。出自一個美食家之手，能不說這是經過深思的考慮嗎？瑪麗安只咬了一兩口就停下來。貝斯的評語變成了：「你的食量真小，像麻雀一樣。」麻雀般的食量，這不正是長期拖著三百磅重軀體的希區考克想做而無法做到的事情嗎？正是這一令人窒息的牢籠希區考克現在要去之而後快。他對瑪麗安淋浴這場戲的指示因而同樣反映了他的深層意欲。珍納．李說：對我在淋浴間內的發揮，希區考克有非常明確的要求，他要我確切表達出，這不是一般的清潔，而是「瑪麗安的一種清洗她所犯下的罪行、準備面對責任的沐浴。這是一場洗禮，要將她精神上的折磨冲走。瑪麗安還原為一個聖潔的處女。希區考克要觀眾感受到她現在的平靜心境，她的某種再生，因而令到接著出現的死神入闖變得更為驚人，悲劇性更大。」冲走折磨，一種再生，一種平靜的心境，這不也是希區考克本人現在所深切渴望得到的嗎？

瑪麗安的齋戒沐浴，為希區考克最後的武士切腹作好了準備，貝斯扭曲的母親情結則是希區考克「人之將死」的肺腑遺言。希區考克關於童年時每晚要在母親床前招供一切的經典故事，是否屬實，難以確定，但是，貝斯在山腳旅館內與瑪麗安的真情短聚，引發起他和山坡上屋內我們見不到的母親的攤牌衝突，則是憤恨情緒和恐懼想像的化為真實。一個長期臥病的母親令貝斯疲於奔命，能否將之委託他人照顧？瑪麗安的折衷提議觸及了無可化解的矛盾要害，貝斯即時色變，我們可以設想，貝斯的憤恨與內疚的母親情結也就是希區考克的憤恨與內疚的母親情結，貝斯的毀滅性宣洩也就是希區考克的毀滅性宣洩。

至此，貝斯的階段性任務已告完結，在最後的壯烈切腹儀式中，他已無用武之地，因為，希區考克要充當自己的劊子手。在整個「恐怖淋浴」段落的拍攝中，安東尼．柏堅斯被方便地「放逐」到紐約市進行他在舞台劇方面的工作。這一電影史上前無古人、後有無數前仆後繼的變異仿效者的殺戮過程，純粹是希區考克和他的軀體替代珍納．李兩者之間的事情。

為這一生死大事，希區考克付出他的全部心血。史提芬諾指出，希區考克對處理影片中的角色性格和行為動機基本上全無興趣，但一到設計淋浴間這場戲，則全神投入，一絲不苟。這可說合該如此，因為影片只有一個角色：他自已本人。他起用近日合作愉快的片頭設計師索爾・巴斯（Saul Bass）按他的構想就這場戲進行精細的分鏡頭繪圖，以此作為拍攝的藍本。巴斯不負所託，繪出了一組心思巧妙、令人目眩的連環圖畫，但見刀起刀落，不見血跡，沐浴者全程沒有任何裸露，希區考克到最後只作出了兩處「畫龍點睛」的補充：第一，加插了一個利刀直插入死者腹部的鏡頭（感覺如此）；第二，死者倒下，血濺浴室。希區考克在劇本上注明兇手的揮刀過程要有砍殺和彷彿撕裂屏幕這樣的效果，換言之，務求恐怖效果直接到位。

按照這組繪圖，希區考克前後安排了七十八個鏡頭位置，動用了一個星期（有說更長）的拍攝時間，最終剪出了四十五秒鐘的膠卷，真正做到刀不碰人，血不流出，女淋浴者衣不蔽體而全無裸露，兇殘程度驚天地、泣鬼神，電影檢查官望而興嘆，欲禁無從，希區考克引以為榮的一次「純電影」的發揮。論者指出，這場戲成為歷史上最多人進行反覆研究、深入剖析的一個案例。可以說，只有這樣的死亡規格才能匹配大師的身分！

希區考克生於一八九九年，《觸目驚心》拍攝於一九五九年，宣述了他的精神分析上的死亡，終年六十。但是這一則訃聞並不容易撰寫。在其精神意識的發展和積累過程中，美星、美食、母親構成了錯綜複雜的相互作用，很難斷言是那一項因素促發其最後死亡動力的逆發。在其家庭故事中，我們並不認為他的矛盾母親情結會真正極端化，無論在精神上或行動上，我們無法想像希區考克會是一個弒親者，但是，在其後期的電影作品中，他選擇呈現一幅日益沉重壓抑的母親形象卻是事實；他的暴飲暴食奇蹟地沒有成為他最後的直接「死因」，但對其精神和軀體所帶來的終身禁錮折磨相信毋庸多言；至於他的情慾生活，拜其職業環境的近水樓台條件之賜，此去彼來的的美星為他造就了彷彿唾手可得的機會但又偏偏好夢成空，實在造物弄人。希區考克所面對的這些難關和考驗，在不同程度上，是人人所面對的共同經驗，但是，希區考克的人生使命在於藝術，因此，藝術創作也許是他最終超越自己、昇華生命的唯一途徑和機會。也許，這僅僅只是一種可能的途徑，一種可能的機會，如果希區考克未能真正做到這一點，或者，像法蘭斯瓦．楚浮所說，在大師級的作品中，我們有時免不了見到瑕疵的地方，但在芸芸眾多的電影藝術家中，希區考克的路也許走得最遠，最接近藝術最終的超越和昇華的可能性，繼續維持著我們對藝術的信心和奉獻。

第二部分　普魯斯特

一、大作見報，媽媽悄然引退

像所有的普魯斯特事情一樣，眼前的事物並不僅僅就是眼前的事物，它總會引起作者「百感交集」的發揮。因此，普魯斯特的報紙閱讀，遠遠不是一般的報紙閱讀，當他要談論閱讀報紙一事，可以肯定，他也不會僅僅只是談論閱讀報紙一事，事實上，它會帶領我們進入一個只能是普魯斯特專利的生活天地。

在《愛拔蒂失蹤了》（《找尋》第六卷，中譯慣作《逃亡者》）中，普魯斯特剛睡醒（你不會知道這是什麼鐘點，但不會是上午則幾可肯定），媽媽拿著一束信件入到來房間，隨手放在他的床邊，一邊似乎在想著別的事情。在媽媽和普魯斯特之間，沒有一刻是欠缺戲劇內容的。「隨著她即時轉身準備離開，好讓我能清靜獨處時，她向我露出了笑容。清楚到她的底細，同時清楚到，如果你掌握著她的意欲總是要取悅人的這一主調，那麼你在揣測她的表情意思時，你總不會出錯，因此我也向她報以笑容，心中想到：『這東信件中一定有我感到興趣的東西，因此媽媽要採取一副若無其事、漫不經心的神情，好讓我能充分享受到收件時的意外驚喜，不像有些人那樣，急不及待向你宣布，令你的快意減半，大為掃興。同時，她不想多作逗留，怕我因為自尊關係而要隱藏我的驚喜高興之情，反而削弱了我的真正深刻感受程度。』」第一人稱的敘述者知道媽媽的想法，媽媽也知道兒子知道她的想法，但媽媽依然按此行事，進行兩者之間的默契遊戲。

劇情繼續開展。媽媽走到門邊時，剛好女僕人弗朗索瓦絲拿著一通電報正要進來，媽媽讓她把電報交給我後，即著她離開，並強行將她拉出門外，此舉令到弗朗索瓦絲有點愕然和不知所措，即時露出不悅神情。「因為，在弗朗索瓦絲心目中，她的職責包括可以隨時進入我的房間的特權，而且可以逗留多久就多久。然而，她臉上的不敢置信和充滿怒意的表情，很快就消失，代之而起的，則是一種帶有超昇的憐憫和哲學性的諷刺的持久不散的黑色笑容，一種她的受傷尊嚴分泌出來的惡毒油脂，用來治療她的傷口。為了不讓我們看不起她，她要看不起我們。因為，她非常清楚我們是主人，一類心地不良的人，不以高超智慧見稱，只喜用恐懼來宣示他們的主人身分，向他們的僕人，一類較有思想性的人，發號施令，執行種種荒謬的工作，例如在流行病肆虐期間常常要將水煮沸，要用濕布揩抹我的房間，並且要在他們正當準備進入我的房間時離開。」

我們馬上進入具體而微的普魯斯特生活天地中。令人同情的不幸和令人迷惑的幸運同時交織在一起，一個行動不便的哮喘病患者，睡眠時間晝夜顛倒，而當他醒來時，會有一個媽媽負責派遞他的信件，一個僕人負責傳送他的電報，這不是一般的奢侈。但是，故事中的主人翁會告訴你，在一段很長的日子中，媽媽拒絕進入他的房間給他一個睡前的吻別，給他帶來幾乎掉淚的痛苦，成為文學作品中最難「消化」的一段經歷（《找尋》第一卷《往史璜恩那邊走》）。當你以為普魯斯特是在這裡描述僕人的心態時，他實際上告訴你他是一個可怕的難以侍候的主人：為了對抗哮喘，他的居室密不通風，薰煙瀰漫；其具有法國醫學現代衛生及防疫學之父那樣顯赫地位的父親艾德里恩·普魯斯特（Adrian Proust）灌輸了給他一套幾乎無懈可擊的防疫和消毒的程序和紀律：經常洗手，用煮沸了的水處理毛巾和抹布，經常揩抹地板，一套足以令任何僕人宣布絕望和崩潰的秩序！但幸運之神再次降臨普魯斯特身上，在他生命的最後九年中，他和塞麗斯特之間的一段「曠世奇緣」可說為他體現了一個神奇的母親和僕人的理想混合化身，既有母親的悉心照顧而無任何的內疚壓力，又有僕人的任勞任怨而無半分的遲疑考慮，一種無以名之的關係，只能稱之為一種特為《找尋失落了的時間》而設的情緣。普魯斯特在一九一四年開始聘用塞麗絲特，他開始撰寫《愛拔蒂失蹤了》的章節則是在一九一四至一九一五年之間的事，也許就是在聘用這位至尊女僕的前後。

「媽媽把信件就放在我的旁邊，確保我不會看不到它們。但我感覺到，這裡頭只有報紙，沒有其它東西。我相信，報紙上或者刊登了我喜歡的作者的文章，但由於他不是經常有新作，這會給我帶來意外之喜。……」「我翻開了《費加洛報》。多麼煩悶！它的頭條文章，題目與我早前投去但未見發表的一篇文稿完全相同。不但題目相同，裡面一兩處地方的字眼也相同。這太過分了。我要去信投訴。這時，我聽到了被著令離開她有權隨意進出我的房間而深為不岔的弗朗索瓦絲正在發牢騷：『居然有此想法！一個我看著出世的小孩。當然，我沒有親眼見到他在母親腹中的時候，但我對你說，我初次見到他時，還未足五歲！』不過，出現的不僅是這幾個詞，而是全都的內容，甚至我的署名……這是我寫的文章，現在終於發表了！但是我的腦筋，即使在那些日子，已經開始老化，有點不太靈活了，在那刻仍有點抗拒，似乎沒有真正明白到這是我本人所寫的一篇文章，像那些老年人那樣，一旦開始了一個動作，就慣性地繼續下去，就算這個動作已經失去了意思，甚至一個他們應該即時避開的、事前看不到的障礙，令到他們的動作再繼續下去就有危險那樣。」

讀報並非等閒事，當然潛在風險。「我接著思考到，報紙像一個精神麵包，在天還未真正光亮，從印刷廠出來，觸手仍暖，在晨早的霧霞中，送到每戶人家的門口，然後由女僕人連同一壺鮮奶送到主人那裡，這個神奇的麵包會變身成為千萬個麵包，但每個麵包仍舊是獨特的，它廣泛散播到家家戶戶，每人拿到的卻是同一樣的東西。」

「我手中拿著的，不是某一份特定的報紙，而是千萬份的其中一份；裡頭不是一篇我寫的文章，而是一篇我寫的但人人閱讀的的文章。要充分理解這份報紙在每戶人家中所真正發生的情況，我不能以作者的身分而一定要以這份報紙的其他眾多讀者的其中一人的身分讀這篇文章；我拿在手中的並非只是我所撰寫的文章，而是它在眾多讀者腦袋中再生的一種代表符號。因此，要讀這篇文章，我一定要暫時放下我的作者身分，變成一個報紙的一般讀者。想到這裡，我即時產生第一浪的憂慮。毫無心理準備的讀者會不會注意到這篇文章呢？就像這個毫無心理準備的讀者一樣，我臉上裝出平常的表情，不知道今天早上的報紙有什麼內容，急於想知的是今天有什麼社會和政治新聞。然而，我的文章太長了，我的眼睛雖然故意要避開它（為了尊重實情，而不是在自我瞞騙，就如我們在等候的時候，總是故意拖慢對時間的計算），仍然無法躲開接觸到其中的一些段落。」

但，作者隨即在問，那些注意到了這篇文章、甚至讀了這篇文章的人，有多少人會注意到作者的署名呢？連他自己本人也無法說得出前一天報紙頭條文章的作者名字。名頌一時，先不說名流千古，哪一位作家不暗自憧憬這樣的一種虛榮？「想到這點，我向自己許下諾言，以後閱讀這些文章，一定要留意作者的姓名」；然而，普魯斯特總有他的一套比喻體會，顯示我們的願望追求是何等一廂情願的事情：「像一個妒忌的愛人一樣，為了使自己相信他的情人的忠心，他自己先迴避做出一些對情人不忠的事，我黯然地相信，我的這些用意日後並不會逼令別人作出相同的回報，正如今天它們也沒有做到這一點。」

可是，作者繼續展開的一段漫長的思考獨白讓讀者清楚看到，揚名立萬並不是普魯斯特最大的憂慮，他的文學使命所終生「找尋」的目標，一旦落實成為一個前無古人的包羅一切、涵蓋一切的普魯斯特天地的時候，普魯斯特名傳於世將不會有任何問題。但在這個過程中，作者每一刻都在面對和尋求克服一個核心的困難：作家的工具是語言，他的最基本的工作，是要讓讀者通過他任用的語言清楚看到他要傳達的意思，這是談何容易的事情，而即使做到了，讀者所領略到的意思，是否就是作者要傳達的意思？為了進行這項思考，作者首先肯定了：一定有人會讀到這篇文章吧，不管他們有否留意到作者的署名。跟隨他們的榜樣，作者展開了他的閱讀：「我知道，不少讀者會非常不喜歡這篇文章，但即使如此，我在閱讀這篇文章時，我在每一詞句背後所看到的內容，好像白紙黑字般清楚地印在那裡，我無法相信會有任何人看到這些詞句時，會看到不與我所看到的完全一模一樣的東西，因為，像有些人那樣，以為在電話中傳送到另一端去的，就是我們實際上所發出的話音，我以同樣的天真假定了，作者的想法會原封不動的直接傳送到讀者那邊，而實際上，讀者在腦海中所建立的卻是另外的一套內容；正當我嘗試把自己放在一個普通的讀者的位置上，我的頭腦在我一邊閱讀的時候，一邊隨即就在改寫我的文章。」普魯斯特為寫作提供了清楚的定位，作品一旦離開作者，它的生命即不受管制，作者和讀者的關係似有似無，可謂非常脆弱。普魯斯特再作了一個比喻，讀者是一個廣泛的群體，反應人人不同，作品是一個集體的維納斯，如果我們只以作者的思想為依據，我們掌握到的，只會是維納斯的斷肢碎片，因為，只有在讀者群的集體思想中我們才能看到完整的面貌。數十年之後的羅蘭．巴特（Roland Barthes）在宣述作者的死亡的時候，在他的耳際普魯斯特的號角餘響也許依舊隱約可聞。

但是，普魯斯特有其異乎尋常的深刻體會，雖然他在這裡的思考看似輕鬆自若。《找尋失落了的時間》全書起筆的第一句：「有一段很長的日子，我很早就上床睡覺。」句子結構簡單到無可再簡單，意思也顯淺到無可再顯淺，但是它卻成為文學史上最令人苦惱和洩氣的句子，因為它的顯淺掩藏了一條隱晦的長廊，無論如何努力摸索仍然前無去路，讀者十居其九頹然折返，敗興離開，從此放棄。這是誰的責任？普魯斯特陳述了語言在離開作者的筆端之後其獨立的遊走路向，講出了作品的含意在讀者腦中自由生長的權利。但是，我們不能輕易相信普魯斯特似乎要我們相信的這樣一套法則，因為，這正是他要拒絕雙手奉送給讀者的自由和權利。如果他只能寫出顯淺易明的句子，如果他的作品內容能夠全無障礙地送到讀者那裡去，那麼，他與其他的作家並沒有什麼太大的分別，他的名字即使能留傳於世，也與其他的作家情況沒有什麼太大的分別，普魯斯特的整個文學寫作歷程所「找尋」的，正是一種要能夠超越這一套法則的寫作，昇華成為一個普魯斯特獨有的天地。為了這項追尋，他付出了無比巨大的努力，如果讀者想得到他所得到的，那就要付出相同的巨大努力，沒有什麼自由發揮的「權益」，或者，他唯一的自由，只是選擇閱讀或不閱讀、追尋或不追尋的自由而已。

作者在閱讀這一天的《費加洛報》，我們在閱讀作者的閱讀，自自然然進入了普魯斯特的家居天地，處身在普魯斯特的社會環境中，只差沒有同樣思考普魯斯特所思考的寫作問題（那是假設我們的使命不在寫作方面），這是一項涵蓋廣泛成分的敘述：一個知道什麼時候拿著信件和報紙進來的媽媽，一個同樣沒有忘記主人的電報傳送的盡責女僕，在其他的資產階級家庭中，更普遍的情況是，女僕會負責將鮮奶和報紙在早上時分端到主人那裡，報紙現在毫無疑問是印刷技術進入大眾傳播階段的典範產物，就像步其後塵的電話也開始廣泛流通一樣；當然，在這裡我們的敘述者不是一般的讀者，而是一個報章的投稿人，他的閱報首先是看看自己的文章刊登出來沒有（如果沒有，我們相信，那會是作者連串的疑問和不安的開始），如果登出來了，這一天將會成為作者、讀者非常忙碌的一天。在此，作者、讀者是一種虛擬的兩位一體，在進行自我的互動，另一方面，讀者也是千千百百的獨立個體，思想行為各有不同，將閱讀交給他們各自發揮，風險是作者會成為一個「普及」的作者，拒絕給予他們閱讀的自由，風險是作者會成為一個「非一般的作者」。閱讀普魯斯特的閱讀，令我們變成了一個忙碌的讀者。

但是，這個閱讀天地不會成為一個普魯斯特專利的天地，如果我們不最後返回裡頭的兩項核心題旨：母親和作家。普魯斯特夫人（讓娜 Jeanne 是她的名字）不是一個「平凡普通」的母親（如果有「平凡普通」的母親這回事），正如他的兒子普魯斯特不是一個「普通」的作家

（但作家很多都是普通的作家），可惜的是，在她有生之年，她無緣見到兒子的「成家立業」，成家一事，她業已放棄，但對兒子的作家事業卻是寄望殷切。她知道普魯斯特的寫作志向，也知道普魯斯特是有天分的，但他會不會有這樣的意志力去完成其立業的志向呢？這是她長期的憂慮，而在她逝世的時候，普魯斯特的《找尋失落了的時間》仍未真正動筆，對她而言，這不能不說是一件憾事。但這個並不普通的母親，在殷切寄望之餘，實際上還付出了具體的、殊不普通的支持行動：她是普魯斯特第一部翻譯作品《亞敏的聖經》的聯合執筆人，這段合作關係在普魯斯特邁向作家的過程中起了難以低估的催生作用。在這段閱讀報紙的敘述中，作者並無任何涉及母親這個角色的地方，我們見到的是一個心思細微的「共謀者」：她知道《費加洛報》刊登了兒子的文章，兒子一定要是第一「發現」此事的人，她知道這是何等重大的事情，如何不讓他的高興心情受到半分的削弱，變成是她同樣重大的任務。在實際生活中，普魯斯特的父親艾德里恩（Adrian Proust）在傳遞兒子的信件時總會揚聲通告，讓娜說，你這樣做不就剝奪了他的意外喜悅嗎？從此，她要親自處理這項任務。母親的用心當然難逃洞察秋毫的普魯斯特的領會。然而，關於母親與作家這一雙重互扣的題旨的處理，在這一天的讀報回憶中，似乎也就局限於此，母親的共謀身分，停在關懷與知情的層面上，並無再進，作家的事業則止於雜文的投稿者，同樣並無再進，也就是說，普魯斯特似乎有意將這一項重大的題旨凍結在某一時間點上，並無予以任何的更新。出自普魯斯特的記憶和敘述秩序，這不像是完全「自然」的情況。

二、趁光明還在，努力工作吧！

普魯斯特大約是在一九一五至一九一六年期間開始撰寫《被囚者》和《愛拔蒂失蹤了》這兩個部分（最終成為《找尋失落了的時間》的第五卷和第六卷），但閱讀《費加洛報》這一節的「第一稿」早在一九〇八至一九〇九年的《針對聖貝孚》（*Against Sainte-Beuve*）的一連串「初稿」文本中已經出現，現在則「正式」移植至最終的小說第六卷《愛拔蒂失蹤了》這裡。關於母親的敘述，這兩稿的內容並無多大出入，但兩者之間在時間上的先後分野卻有著一項文本之外的重大顯示：在一九〇八年前後，普魯斯特仍未動筆開始他的小說，但到了一九一五、一九一六年，小說不但已經出版了第一卷（《往斯璜家那邊走》）和第二卷（《花樣年華倩影情》），第三卷和第四卷也正在如火如荼進行中，普魯斯特並非是個一般的作家地位已經得到確立，並向著偉大作家的地位邁進，母親在兒子實現其文學使命的歷程中所起的重大作用，在當初那段閱讀《費加洛報》的敘述中只是一種隱晦的示意，那麼，在現在的情況下，同樣的隱晦示意變相成為一種掩藏和壓抑；如果我們將這兩個前後版本的比較再擴大一點，回到《針對聖貝孚》的起步點，我們無法不看到，母親的貢獻角色和共謀身分，可說是從隱約的「可見」

變成明顯的「消失」：普魯斯特最終選擇了在小說中將這一頁關係「收藏」起來，我們再無疑問：作者對這個題旨的「從輕發落」，實際上是一種沉重的「從嚴處理」，標誌了在母親與寫作這一緊扣的關係上，天平出現傾斜，前者開始讓路予後者，導向一個新的局面。

在一九〇八年底左右，普魯斯特買了一大批他在康德西中學時期所用的練習簿，作為「原稿紙」，三十七歲的普魯斯特顯然已覺得時不我與，「決心」開始他醞釀已久的寫作計畫（在這段時期的書信中，他引用了聖經的話：「趁光明還在，努力工作吧！」）他在筆記本寫上了：「我現在正著手進行一項重大的寫作計畫。」從〇八年底到一九〇九年中左右，他一共填滿了十本這些練習簿子，合共構成差不多七百頁的內容（到他於一九二二年逝世之時，這個數字達到了一百多本），裡頭有評論性質的文章，有小說性質的虛構章節，但相互之間並無連貫或任何的連接邏輯，普魯斯特的大方向是某種評論與小說的的混合體，則似乎並無疑問。在一九〇八年五月致友人路易·德阿爾布費拉（Louis d'Albufera）的一封信中，他列出了構想的一系列寫作題目：論高尚性，一部巴黎的小說，關於聖貝孚和福樓拜，關於女人，關於雞姦（但出版有難度），關於彩色玻璃，等等。在這裡，他初次正式提到了要評論聖貝孚的構想，一個在此之前普魯斯特已多次表達過針對性意見的人物。聖貝孚（Charles Augustine Sainte-Beuve，一八〇四—一八六九）為法國當時極權威的評論家，對讀者的閱讀口味，有著左右大局的影響力，然而，在普魯斯特眼中，聖貝孚的評論品味實在平庸，而且，在涉及當代的作家時，更無慧眼識別哪些是傑出的作品，哪些不是，因而，面對波特萊爾、巴爾札特、福樓拜、斯頓荷等偉大人物，彷彿視而不見。不過，這仍非致命之事，作為文學評論家，聖貝孚最大的罪過，是將作家的創作表現與他的社會活動和生活行為聯在一起，認為後者才是了解前者的鑰匙。至此，普魯斯特忍無可忍，積累多時的不滿，全面傾瀉而出。他說，我們不必一一引述其他人對聖貝孚的獨創性和優越見解的頌揚，讓我們直接聽他本人的自道好了：

「對我而言，」聖貝孚說：「文學作品和作家本人及他的一切條件，並非是兩件不同的事情，或至少不是兩個可分開對待的部分。如果我們要多一點認識一個作家，也就是說，要知道在他的天分才智之外多一點的東西，我們並沒有什麼太多的途徑或者角度。可以說，關於一個作家，有某一些問題我們必須先向自己發問，即使這些問題看來和作家所寫的東西好像沒有什麼關連，而在我們回答了這些問題之前，我們都不能肯定我們已經充份掌握到這位作家，哪怕這只是我們一己的私下答案：這位作家的宗教信仰是什麼？大自然的一切對他有什麼的影響？對女人，對金錢，他的態度是怎樣的？他是個有錢人，抑或是個窮人；他的飲食習慣是怎樣的，日常生活習慣是怎樣的？他的壞行為是什麼，短處是什麼？我們要評價一位作家或者他的作品，這些問題沒有一條的答案是無關宏旨的，尤其如果這是一部涉及廣泛內容的文學之類的作品，除非這是一部關於純幾何學的論述。」普魯斯特說，這就是聖貝孚畢生所本能地信奉的一套批評方法，直到最後，他彷彿開始確立了一種文學的植物學。在不少論者眼中，聖貝孚就是因此而被視為十九世紀的出類拔萃的評論大師。

然而，普魯斯特現在要針對的，也正就是這一套方法。「……我們要蒐集所有可能找到的關於這個作家的資料，彙集他的一切書信，向所有認識他的人查詢一切，如果這些人仍在生，則與他們交談，如果他們已去世了，則閱讀一切他們可能寫過的關於這位作家的東西，可是，我只能說，這種做法較諸我們僅憑表面去了解我們自己好不了多少，看到的只是皮毛：寫出這部書的我，並不是那個展露出我們的各種習慣、我們所交往的人、我們的各種短處的我。這個我，深入埋在我們的內裡，如果我們要嘗試了解它，我們只有在這個深入的地方尋找，才有望成功重現它的面貌。這只能是一項出自內心的活動，沒有其它可行途徑，每一分關於這個作家的真實細節，都需要經過我們的努力探求……我們太容易相信，有一天我們會收到一位圖書館朋友寄來的一封未經發表的信件，或從我們一位熟悉這位作家的人的口中，掌握到關於這位作家的一切。」

普魯斯特對聖貝孚的筆伐，洋洋灑灑，欲罷不能：「聖貝孚區分不出真正的寫作和談話的分野」，寫作是我們獨自一人的孤單活動，收起談話所用的字眼，這些詞句雖然出自我們口中，卻同時等於屬於別人的詞句，因此，任用這些詞句時，即使我們只是獨自一人，我們並非以真正的自己去談論評價事情」，普魯斯特強調的是，只有在我們完全撇開這些與人交談的說話詞句，完全單獨自處，我們才能真正「面對自己，再次找出和說出我們內心真正的聲音」。

普魯斯特仍然意猶未盡：作家所交予給讀者的，事實上一定是「他在孤單一人時所寫的東西，是他為自己而寫的東西，基本上是他的自我的作品……作家為了社會面而寫的東西，又或者是那些為了面向相識的人而寫的東西，也即是說，那些淪為只為了吸引一少撮人而寫的、等同為與人談話的記錄，代表的只能遠遠是那個表面的我，而不是深藏在我們裡頭的我，因為，這個內在深處的自己，只有在我們遺棄其他人、在我們遺棄那個認識其人的我的時候，才會在我們面前出現，我們會明顯感覺到，當我們與人同在之時，在一旁靜靜等候的這個我，才是唯一的真正的我，而這也是藝術家們最終與之為伴的唯一對象，他們會視這個真正的我為神聖的對象，愈來愈不顧意離開它半步，會為了它的榮譽而奉獻出一生。」然而，聖貝孚是一個缺乏深度的評論家，只能將文學和談話放在同一個層面上對待。有論者說，普魯斯特對聖貝孚的攻擊，是一次精彩的表現，但未免有點不公平。公平與否，我們只能說，聖貝孚成為開刀的對象，因為在這個時期，普魯斯特也正向自己開刀，正在為自己的文學使命作出界定，為自己的文學創作方向，作出關鍵性的取向。

在這裡，我們看到了普魯斯特對評論和創作兩種文體的混合使用。聖貝孚當年的評論文章，以《星期一閒話》為欄名，每週一篇，在《憲法報》（*Le Constitutionnel*）上刊出，可說是作者一個星期下來的「辛勤而又愉快的耕耘成果，是他逢星期一早上的一種光榮的召喚」。普魯斯特運用小說家的想像，引領我們進入聖貝孚在巴黎的蒙栢納街的小屋內，分享評論家此時的喜悅心情：「在這個星期一的早上，如果是在冬天，在其拉上了窗簾的睡房門窗外，晨光仍未盡展，作者打開了報紙，充分意識到他的大作正在報上等候他，而他那些精雕細琢的詞句，也會在此刻同步出現在巴黎許許多多的寢室內，傳達他的那些卓越的見解，引發起不少讀者由衷的敬佩之情，就像他本人，為自己想出來的這個其他人從來沒有想到過的精彩見解，對他自己能夠將這個原創見解的活力充分展現出來，但又同時能夠將這個見解的細緻層次有所保留，有如像普照的陽光同時附帶著它的影子，但作者不忘對之進行柔情的細撫，因而對自己產生出無比的敬佩一樣。」這就是說，作者的行文並非平鋪直敘，而是有其布局的心思。普魯斯特賦予聖貝孚這一想像的寫作技巧，正如日後的尚．伊夫．坦迪對普魯斯特實際任用的敘述手法所作出的觀察那樣：「普魯斯特在掌握如何推遲他的敘述效應，如何操控懸疑的效果而不是一開始就將一切如盤托出，手段可謂日趨熟練，進展神速。」坦迪將普魯斯特這一發展的時期斷定在一九一〇年前後，也正就是他撰寫《針對聖貝孚》這個題目下的連串文章的時候。

「毫無疑問，」普魯斯特在《聖貝孚的評論方法》這篇文章中接著說：「現在的聖貝孚不會再有一個初出道的投稿者那種心情感受了，後者給這份報紙寫了一篇文章，已有好長的一段日子，但是每天打開報章，總是全無蹤影，最後覺得，文章見報已然無望了。然後一天早上，媽媽入到來房間，比平日更為若無其事地把報紙放在他旁邊，彷佛裡頭完全沒有什麼值得一看的東西。……」媽媽要讓作者第一身充分體驗自己的大作見報的喜悅興奮之情，不經任何的過濾，作者當然也不負所託，他的雀躍心情呼應著開展的陽光對曦微的晨光不留餘地的驅趕，並立即著僕人出外搜購這份報紙，要親自感受每個讀者打開報紙見到他的文章那種感覺，他為現代傳播的這一神奇的大眾功能為之讚歎，更為自己的見解在此一刻像色彩繽紛的旭日沐浴著每個讀者的心靈而感到無比的光榮。」

這一段「想像」聖貝孚閱讀《憲法報》上的《星期一閒話》的描寫，就是其後主人翁身分的敘述者在《愛拔蒂失蹤了》裡頭閱讀《費加洛報》的「真實」感受的初稿，而整個《針對聖貝孚》的寫作計畫，眾所認同，也就是小說《找尋失落了的時間》的前身，在這個轉化過程中，十九世紀的一代文學評論大師聖貝孚從此「淡出」，初出道的投稿者則變身「成為」普魯斯特，一個二十世紀的文學創作巨人，很可能也是往後的世紀也難再出現的巨人，這項轉化過程可說是世界文學史上千載難得一見的壯觀奇景，一個三十七歲前基本上遊手好閒、生活作風「頹廢」的、一事無成的「文藝青年」，在其餘下的十四年歲月中寫出了一部獨一無二的「涵蓋一切、結束一切」的小說巨構，一個被視為媽媽的孩子、一個「缺乏意志力」的弱不禁風的富家子弟，能夠在人生最後階段中謝絕一切他之前樂此不疲的社交活動，改為足不出戶，在日月無光的病榻上，完成七大卷的長篇小說，整體字數超過福樓拜、斯湯達爾等小說家畢生作品的總和，這是所有賭博活動中無人會下注的「盤口」。從一九〇九年的「針對」到一九一三年的「找尋」（小說的第一卷正式出版）這短短幾年中，在普魯斯特的生命中，究竟發生了什麼事情？

三、夫人筆記本　杯中瑪德蓮

普魯斯特在一九〇八年底購買了一大批他在康德西中學時期所用的那種記事簿，準備開始其新作的撰寫，他的過去已然埋藏在他的未來中。但如果這意味了他對現在的計畫已經成竹在胸，只待落實進行，那只是一種假象。他深信這會是一部「重要」的作品，我們對這一自信心並無懷疑，然而，困擾著普魯斯特的一個更「重要」的、必須先行解決的問題是：「這應該是一部小說呢，抑或應該是一項哲學的論述？我是不是一個小說家呢？」普魯斯特對這一問題的苦思由來已久，現在則進一步深化。如上所述，在一九〇八年上半年，普魯斯特已經在構想一篇全面針對聖貝孚的文章，但同時虛構性體裁的題目也出現在他的議程表上，明顯可見，某種形式的評論與創作的混合體似乎是他這項「重要的作品」的大方向，是他對自己是否一個小說家的某種回答。但到了年底，他的寫作仍然毫無寸進。

在〇八年十二月的一封致友人喬治·迪·羅里（Georges de Lauris）的信件中，他說：「我準備撰寫一些對聖貝孚的看法……在我的腦中，我已經構想好兩篇（大體上評論性質的）文章。其中一篇採用傳統的體裁……另外一篇則以關於某個早上的敘述開始，媽媽入到來我的床邊，我告訴她我打算寫一篇關於聖貝孚的文章。接著我向她鋪陳文章的內容……」，到底走哪一條路，普魯斯特仍然舉旗未定，要一直等到一九〇九年中，普魯斯特才真正「動筆」。

然而，有意思的是，《找尋》的真身雖然仍在難產的階段，但其最後的胚胎此時已在具體孕育中。在一九〇八年的元旦日，他的友人史特勞斯夫人（Madame Strauss）從巴黎的一家高雅文具店（Kirby Beard）挑選了五本精美的筆記本送給他，作為禮品。在二月份的答謝信中，普魯斯特告訴史特勞斯夫人：「我現正準備進行一項相當長篇的寫作。」大約在五月左右，他從中挑了最大的長方形那本（封面是一個吸著菸斗的年青男士），開始兵分兩路，一方面，是斷斷續續寫下對聖貝孚的觀察與評論，另一方面，則是他對其餘宣布了的題目的草稿片段，包括他構想中的「巴黎小說」。關於聖貝孚的部分，一共占據了二十五頁，構成最終在他去世後出版的《針對聖貝孚》文集中的《聖貝孚的方法》的骨幹內容，但是，小說體裁的部分，卻是愈寫愈多，基本上已是他全神貫注的所在，換言之，評論家開始轉化為小說家的歷程已經展開。根據普魯斯特自己的記錄，他在這個時期實際上寫好了的一些片段包括：同性戀的部分、主人翁敘述者的童年往事、每晚等待母親的睡前安吻、他對兩條不同的路徑的發現，在此，這兩條路徑的名字分別為Villebon和Meseglise，在小說中最後的名稱則是「斯瑻家的路徑」和「蓋芒提特的路徑」，主人翁起初以為這是兩個不同的社會和生活層面，但最後發現它們實際上引向一個循環的匯聚點，由此引發出開端的失落了的時光和結尾的重新尋獲的時光，一個貫穿前後的結構和哲學主題。我們清楚見到，《找尋失落了的時間》中許多重要情節的「初稿」已出現在這裡。這本藍色的記事本，在普魯斯特生前未有曝光，在他死後三十多年，經由權威的普魯斯特學者菲臘普．柯爾伯教授（Philip Kolb）整理並冠名，成為傳奇性的《一九〇八年筆記本》（*Carnet de 1908/The Carnet of 1908*）。

在評論與創作的徬徨抉擇中，在「我是否一個小說家」的苦思中，普魯斯特看來已找到了答案。在同年的八月中旬，普魯斯特給《法國水銀報》的出版人阿爾佛烈德．瓦勒（Alfred Vallette）寫了一封信，尋求由他來出版他的新作：「我差不多寫好了一本書，書名雖然暫時叫做《針對聖貝孚》，實際上卻是一部不折不扣的小說，甚至是一部含有非常不雅成分的小說。書中一個人物是一個同性戀者……。聖貝孚的名字出現在這裡並非是偶然的。事實上，書的結尾是一節很長的關於聖貝孚和關於美學的談話……人們一旦看完整部書後就會看到（而我希望人們會看到），整部小說只不過就是這最尾部分中所揭示的藝術原則的一種實際運用，你可以說，這有如一篇在結尾才出現的序文那樣。」

然而，看似文思湧現的普魯斯特，過不了多久，又再陷入僵局，不但小說的部分再度被擱淺，即使關於聖貝孚的評論，推進也有困難。在十二月中旬致友人喬治．德．羅里的信中，普魯斯特仍在琢磨他的老問題：「在我的腦海中，現在有兩種不同的路向，我必須作出選擇，但我既沒有這樣的意志力，也欠缺清晰的看法去作出這樣的決定。第一種方向，是一篇傳統格式的文章，像Taine所寫的那種，只不過是千倍的低劣（除了在內容方面我相信是新穎的之外）。第二種方向，則以某天早上的經歷開始，我睡醒了，媽媽來到床邊，我告訴她我構想了一篇關於聖貝孚的評論文章，並向她陳述文章的內容。」在這兩者當中，應該選擇那一種體裁呢？應該是哲學性質的論述，抑或是走小說的方向？

答案實際上已在心中。羅里主張他選擇與媽媽的談話作為開端的評論體裁。普魯斯特回覆他：「這是正確的意見。但我是否會聽從你的建議呢？也許不會，而理由我相信你會同意。令人氣惱的是，我在腦海中擬好了的那篇聖貝孚文章，部分內容我已記不起了，我無法把這篇文章寫下來，因為我無法支撐起身。」要寫出這篇文章，他必須再去翻閱一些聖貝孚的著作，但現在哮喘嚴重發作的普魯斯特顯然力有不逮。然而，這一大堆理由實際上都只是一種託詞，他要成為一個小說家的意向，再無轉變的餘地，只待他克服最後的一個「障礙」，他的「找尋」就會到位。

在一九〇九年一月中旬給羅里的信中，普魯斯特再次匯報情況：「……不，我的聖貝孚文章仍未動筆，我懷疑我是否可以真正寫出來……。我每天的情況好壞不定，如果我感覺還可以的話，我當然會提起筆來……但你大可以相信，如果我真正想動筆的話，我肯定不是為了撰寫『評論』的文章。」至此，「評論」的方向已被剔除，但普魯斯特小說寫作的「真正動筆」，我們似乎要等到同年的六月另一通致羅里的信中才可以看到情況：「喬治：我開始了的

『聖貝孚』的寫作活動可說令到我疲乏不堪（情況可用極為惡劣來形容），我簡直不知道我在這封信中在說什麼。」這封信可以看作為普魯斯特已經開始了他的小說寫作的「證據」。普魯斯特編年史的權威學者科爾伯認為，普魯斯特從這個時期開始所有關於「針對聖貝孚」的指涉，實際上是小說《找尋失落了的時間》的代稱。事實上，小說最後的名稱要一直等到第一卷的《往斯璜家那邊走》在一九一三年出版的前夕才敲定。

總的而言，一九〇九年是一個轉折點看來已無疑問，但是，像《普魯斯特傳》（*Marcel Proust*）的作者威廉．卡特（William Carter）所說，普魯斯特究竟具體在什麼時候想通了《找尋》小說的整體結構，看來永遠難以確立，但與此同時，普魯斯特在此之前的一切寫作，從其年青時期的短篇小說集《快樂與時光》（*Pleasure and Days*，一八九六，這是他生前在《找尋》以外出版的唯一創作性作品），到其半途而廢的小說《讓．桑托爾》（*Jean Santeuil*，大概寫於一八九六至一九〇〇年期間，草稿長達一千五百多頁，在其死後在一九五五年出版），到他撰寫的一連串仿效十九世紀法國名家風格的「遊戲」文章，到此時的一系列《針對聖貝孚》的筆記文稿，都可以看作為《找尋》的初稿，一項對其真正的文學使命堅持不懈的找尋歷程，這一說法同樣可以成立。因而，從一九〇八年至一九〇九年間，普魯斯特究竟發生了一些什麼事情，令他終於結束了一項找尋，從而展開其波瀾壯闊的另一項《找尋》，自然不是一個可以輕易放過的問題。

在其《一九〇八年記事本》中，普魯斯特撰寫了數段長短不一的文字，準備作為《針對聖貝孚》的序文。在其中一篇，他敘述了一段經驗：「前幾天的晚上，我從冰天雪地的嚴寒中回到家裡，身體幾乎凍僵了，一時無法回暖，我在房間內開了燈，開始閱讀。我的老廚子提議給我弄點熱茶，這是我從不沾口的飲品。也真是機緣巧合吧，她給我端來了幾片吐司。我將其中一片放在茶杯中浸了一下，然後放進口中，就在我的味覺接觸到浸透鬆化了的麵包夾雜著茶味那一刻，我全身突然湧現了一種強烈的反應，我彷彿聞到了老鸛草和香橙花的香味，感受到一種異乎尋常的令人目眩的光亮和快樂感覺；我一動也不敢動，擔心任何的動作都會破壞這一刻所發生的我完全不明白是什麼的一回事，繼續全神集中在浸濕了的麵包的味道，這似乎就是此刻的各種奇妙感覺的緣由，突然之間，我記憶裡頭的一重重搖晃不定的屏障一下子全部散開倒下，我提及過的童年時在鄉郊（我的祖父的）大屋內渡過的那些夏天日子，那些早上的時光，以及在它們的記憶火車的連綿不絕的一卡又一卡的車廂內所盛滿的那些快樂時刻，突然湧現在心頭。在這剎那間，我的記憶清晰回來了：每天早上，我穿好衣服，就會走到樓下我祖父的睡房，他剛起來了，正在享用他的茶。他會將一小塊甜餅在茶杯中泡一下然後遞給我。在這些夏天的日子過去了之後，這些浸濕了的甜餅帶給我的感覺變成了我那些消逝「死去了」的時光（至少在精神意識裡已經死去了）的一個隱藏地方，如果不是在這個嚴寒的晚上，我從外面回到家裡，老廚子給我弄來了這杯熱茶的話，我肯定永遠不再會再找到它們，這些記憶似乎和這塊茶杯中的甜餅有著一種神奇的默契，通過它而復活再生，而我對這一默契則是全不知情。但是，在甜餅一入口那一刻，整個花園的情景，在此之前已是一片模糊和再無色澤，它們周邊的那些我早已遺忘了的小徑，現在全部在杯中清楚浮現出來，那些一圈又一圈的花床，色彩繽紛，活靈活現在我眼前，如同那些日本的紙花只有在水中才會復活盛放那樣。」接著下去，普魯斯特再列舉了一些相類似的例子，一些在全無心理準備之下發生的情況，例如碰到了路面上高低不平的磚塊而幾乎失足，例如隨手拈起了一塊漿得硬硬的餐巾所產生的觸覺，會在剎那間觸發起往日他所經歷過的某些經歷，然而，當這一記憶回來的時候，他看到的雖然同樣是當年所看到的情景，接觸到的雖然同樣是當年所接觸到的現實，但現在的情景和現實卻又不完全是往日的那一情景和現實，因為，現在的這些感覺似乎是出自一個深藏在內裡的他，一個不受各種外在的因素干擾和束縛的他，令他看到了當年他其實並沒有真正看到的情景、接觸到了他當年他其實並沒有真正接觸到的現實，這種奇妙的記憶復活，令他感到目眩的光亮，感受到一種覆蓋著整個人的快樂和幸福，他的一切人生的困擾和疑惑一下子煙消雲散，他的欠缺自信心、他對文學作用的消極看法，一掃而空，因而，他也清楚看到了，當年的他所經歷和體驗到的只是一種浪費了的時光，只是一種失落了的時光。這種奇妙的記憶復活已非第一次，普魯斯特現在決定要追究它的產生緣由和它帶來的啟示。他的找尋進入了新的階段。

也是在這個時期，與他同時代的佛洛伊德正在維也納進行著他的漫長的、路途殊不平坦的關於精神和記憶活動的探究，普魯斯特所稱之為「自發性記憶」的現象，在佛洛伊德不同階段的精神分析研究中則是他界定為「潛意識」的部分。對佛洛伊德而言，潛意識是一個歷史的地方，收藏了個人過往的種種不愉快的記憶、不可告人的或無法得到滿足的慾望，在「正常」的意識活動中，這些記憶並無出路，又或者說，出路是有的，但它們已轉化成為病態的精神條件。經過歲月的無情印證，佛洛伊德最終只能低頭默認：精神病的療程是「不可終止」的，精神病是「無可治療」的，因而，潛意識這個地方是一個我們無法超生的歷史牢籠，永遠鎖著我們的種種記憶，特別是那些不愉快的創傷記憶。

對普魯斯特而言，因一片吐司的味覺、一把匙碰及瓷碟的聲音、一片在威尼斯聖馬克教堂洗禮池邊的高低不平的石塊引致幾乎失足的身體反應等等情況而「自發」產生的記憶，則是一種可令佛洛伊德難以辨認的潛意識，它來自過去，但並無任何歷史創傷的痕跡，有的卻是現在的一種強烈的快樂感覺，過去的牢籠神奇地消失了，代之而起的，卻是一種導向未來的充滿生機的自由，以前看來前景渺茫的文學使命，現在卻清晰明亮地展現在眼前，以前看似他永遠沒有才華去完成的文學藝術作品，現在看來似乎就在跟前，唾手可得。如何解釋這種奇妙的感覺呢？然而，這正是難以解釋的地方，或者說，至少這不是理性思考所能直接解釋的，在當前的這一刻，在毫無預兆或心理準備下，一閃而過的這項記憶，或者應該說，在他眼前閃現的視像啟示，彷彿在瞬息間即會與他的自覺意識擦肩而過，並同時對他說：「現在就抓緊我吧，如果你有足夠的定力的話，好好去理解我提供給你的快樂的玄機所在吧。」彷彿對應這項提示，普魯斯特一動也不敢動，也正是在時空好像凍結的這一刻中，一個對周邊外在環境全無感覺的普魯斯特，一個來自內裡深處的普魯斯特，豁然開通，「直覺」地看到了，在他眼前出現的威尼斯，一個他用盡各種手法去描寫敘述的地方，他的記憶拍下過無數所謂的紀念照片的地方，實在從來沒有真正傳達過任何東西給他，但是現在，因為一件偶然的事故，一直藏在他內在深處的那些威尼斯真正的印象，連同那一天他在威尼斯所體驗過的種種感覺，突然一下子全部湧現出來，令他好像由頭開始，重新經歷往日的那些時光，就如浸在茶杯中的瑪德蓮甜餅勾起了他童年在康貝里故居的一切舊事那樣。何以這兩次不同場合的自發性記憶所勾起的康貝里和威尼斯印象，都能「為我帶來了一種前所未有的喜悅感覺，一種絕對的肯定那樣的喜悅心情，一種不需任何證明也足以令我覺得死亡已是毫不相干之事那樣的喜悅」，普魯斯特再追究下去。

在「一動也不敢動」的狀態中，他比較這些不同場合的快樂感覺，「一把匙子碰及瓷碟的聲音，高低不平的石塊，瑪德蓮的味道，所有這些例子都有著一種共同點，我是在當下這一刻體驗到這種感覺，同時也是在久遠之前的一刻體驗著這種感覺，因而，過去又好像覆蓋了現在，以致令我難以肯定我究竟是活在當下，抑或活在過去中；實情是，在我裡頭的存在體能夠享受到這些感覺，因為它正在享受到一種共存於過去的一刻和當下的一刻之間的東西，一種外在於時間的東西，因為它找到了唯一它能夠生活和領略事物的本質的環境，也就是說，一個不在時間範圍內的環境。」既然不在時間的範圍之內，可以說也就不在歷史的範圍內，一個純淨的、無創痛汙染的範圍。在巴黎的普魯斯特似乎解決了在維也納的佛洛伊德所難以解決的困難。解開了「時間」之謎的普魯斯特因而也同時肯定地看到了，將他的生命的「時間」流程記錄下來，這就是他的文學使命。現在，有待處理的，是如何在這個流程中，將他原先所無法真正體驗到的或者洞察出的種種經歷的真正本質，予以還原復活，讓他內裡深處的我講出他真正要講的話。對普魯斯特而言，這個過程就是藝術創作的過程，並且是藝術創作的唯一途徑。

至此，我們可以說，如果普魯斯特在這篇一九〇九年初的序文中所寫的情況屬實的話，這片浸在茶杯中的吐司（其後變成杯中的瑪德蓮甜餅）就是發生在普魯斯特這個生命時期中的意義重大的事件，這就是他從徒勞無功的「找尋」階段（因而，在大多數人眼中，一個依然是一事無成的、缺乏意志力的、縱有天分卻始終是一個虛度光陰的紈絝子弟）蛻變成為最終的《找尋》的不朽文學藝術作品的創作者的轉捩點。英國的《馬修．普魯斯特傳》（*Marcel Proust*）作者喬治．品特（George Painter）看法非常肯定：在一九〇九年初短短的幾天時間內，在記事本的七頁紙上面，普魯斯特寫下了他的小說「找尋失落了的時間」的開端和「再次尋回時間」的結尾，全書的安排堪稱大功告成。

四、使命不定位，找尋無法開始

不過，其後的讓・伊夫・坦迪和威廉・卡特（William Carter）對這個時間表則持比較緩進的看法，大體上都將普魯斯特真正開始《找尋失落了的時間》的寫作往後再推遲幾個月，而不是在一月或二月間的事情。正如卡特所概括指出的，普魯斯特雖然敲定了小說的主題（循環的時間體驗），但以失落了的時間作為小說的開端、重新尋獲的時間作為結尾的這一具體結構，則相信是在春季尾前後的事，而這兩個部分的主要內容的寫作可說是同步進行的。從這時開始，他的寫作活動雖然依舊以《針對聖貝孚》為名，但關於評論的部分已經完全中止，小說的寫作則全面進行，再無反覆。在其生命的最後階段，普魯斯特基本上足不出戶，不眠不寢，日以繼夜，將其人生的種種體驗和思考，放入這個首尾呼應的結構當中，唯一始料不及的，是小說的規模日益擴大，最終構成波瀾壯闊的七大卷巨構，在他完稿去世之日，正式出版了的冊數只及一半。

放開這些具體細節不談，在普魯斯特逝世超過三十年後才面世的這一組以《針對聖貝孚》為統稱的文稿，普遍被視為《找尋失落了的時間》最後的「前身」或「草稿」，則已可肯定，因而，在一九〇八年前後，普魯斯特開始醞釀和準備動筆撰寫一篇評論聖貝孚的文章，以及一片浸在茶杯中的吐司引發出的「自發性記憶」體驗，被定性為發生在普魯斯特生命中這個時期的一項重大事件，是他蛻變為二十世紀最偉大的小說家的關鍵所在。這無可避免地成為了一種公論。

然而，不能不指出的是，如果僅僅只是這樣，我們實際上掌握到的，只能說是普魯斯特的蛻變的一半情況，我們讓普魯斯特從自發性記憶中所尋獲的文學使命，遮掩了他另外的一項同樣重大的尋獲：如何完美地處理在其生命中他與媽媽讓娜的一段異常緊密而又複雜的關係。可以說，小說家的使命與「媽媽的使命」是他的神奇蛻變過程中兩個緊密相連的題旨，是他「重新尋獲的時間」中兩項形影不離的不可分割的成分，這兩者的有機組合構成了整部《找尋》巨著的靈魂提點。

事實上，我們甚至可以說，普魯斯特只有在他對「媽媽的使命」的找尋有了方向之後，他的小說寫作的前進方向才真正勃然開通，而在這裡，我們所說的「媽媽的使命」，指的既是普魯斯特要為媽媽的母親情懷在他的生命中、以及他的子女情懷其媽媽的生命中彼此牽動所產生的千絲萬縷的、無窮的愛意夾雜著令人無法透氣的壓迫與抗拒這一個人生的故事，作出一個恰當的、無愧於懷的、心境釋然的處理，同時指的也是普魯斯特夫人對兒子完成其文學大業的殷切期望、而普魯斯特同樣焦急地期待著對此目標的完成，為了他自己，也為了能向母親說明他是有這方面的才華的，說明她的看法是無誤的，而更重的是，說明他不是媽媽心目中的一個缺乏意志力的人，可以說，這個「使命」同他的小說家使命在這個層面上是緊密相扣的。所有這一切，實際上是普魯斯特長時間以來就在進行著的一項無休止的「找尋」，而到了現在一九〇八年的《針對聖貝孚》項目，涵蓋在這個宏觀的人生使命中的種種元素，人生與藝術的、道德與美學的、理性認知的與感性直覺的、已知的普魯斯特與可能成為的普魯斯特，所有的這一切，看來已到了匯流成河的關頭，只待最後的瑪德蓮開啟「自發性記憶」的神奇大門，即會一湧而出。

一九〇三年，普魯斯特的父親猝然去世，一九〇五年，讓娜．普魯斯特相繼而去。普魯斯特說：「我深愛我的父親，但媽媽的去世卻帶走了一小塊的馬修爾。」這是無可彌補的一小片。在一九〇六年上半年，遵照母親去世前的叮囑，普魯斯特進入了一所療養院，嘗試處理他的神經衰弱和失眠症，甚至他的哮喘症，但短住了幾個月即離開，情況並無改善，此時的他實際上才慢慢的進入哀悼期，在其後的小說中，敘述者描寫了在他深愛的外婆去世後，他的悲痛如何在經歷了一段長時間之後才全面浮顯出來，而我們知道，在小說中，普魯斯特的這個外婆角色基本上是他的外婆和媽媽的混合體，時而一分為二，時而合二為一，他對外婆的感受許多時就是他對母親的感受。普魯斯特對讓娜的哀悼和追憶究竟持續了多長時間當然無可界定，但從外在的情況而言，從一九〇五年到一九〇八年的聖貝孚項目開始時，這當中被論者視作為普魯斯特生命中的一段空白期，我們大可以視之為兒子某種的「守孝三年」，現在，他大概可以收拾起他的哀痛情懷了。

然而，普魯斯特對母親的哀痛情懷又不無令人感到矛盾與曖昧的一面，尤其事後看來，他最終的創作活動就是緊接在這個「守孝三年」的空白期之後，似乎他的新生的開始有賴於母子之間的舊愛的結束，似乎只有在愛的束縛解除之後，實現使命的空間條件才能出現。波蘭裔的兒童心理學家愛麗絲．米勒（Alice Miller）在《身體從不說謊》（*The Body Never Lies*）一書中提供了這方面一個斬釘截鐵的看法：只有在媽媽死後，普魯斯特才能夠真正暢所欲言地表達他個人世界中對各種事物的觀察、看法和感受，才能最終留下給世人一份如此豐富的文學遺產。何以如此？因為，媽媽在生時，普魯斯特永遠無法向她表露自己的內心反應，在其母親洶湧澎湃的母愛面前，他會感到有點招架無力，而且不時會覺得自己是媽媽的一種難以承受的負擔。在米勒看來，讓娜不是一個她會恭維的好媽媽。她說：「讓娜按自己的一套價值表達她對兒子的『愛』。她非常著緊普魯斯特的健康和健全的發展，但她同時也要主宰他的一切，控制他所有的人際關係，甚至在他到了十八歲的成人年紀，她也企圖阻撓他與別人的一些她認為並不適合的關係。」這指的當然是普魯斯特的同性戀傾向。讓娜要求的，是兒子對她的一種全盤依賴和全面順從，而普魯斯特對此的反應卻是矛盾的：既有不時的抗拒情緒與行為，但同時又為這種反應感到懊悔和不安，而且害怕失去母親的愛；普魯斯特一生從未停止過對母愛的渴求，但內裡也同時在不斷地尋求自衛之道，以期抵擋母親對他的權力控制，這一困難矛盾的處境就是導致他的哮喘症的成因。米勒的一條基本的命題是，兒童的身體是一個敏感的接收所（更不要說是一個像普魯斯特這樣的超敏感的兒童身體），在其生命最初的階段中，他們最需要的，是父母的愛、關懷、照顧與及一種積極的溝通對應，這些需要得到滿足，兒童的身體就會留下終生難忘的愉快美好記憶，反之，這方面的匱乏則會在他們的身體內形成難以彌補的空洞，畢生渴求得到滿足。身體不會忘記這些情況。

普魯斯特的個案顯然並不完全可以按這一模式歸類。在其孩童時期，普魯斯特欠缺的並不是父母的愛與關懷，他的問題在於他有太多的這方面的愛與關懷。不過，米勒對這一個案的見解未免有點過分肯定。米勒認為普魯斯特的身體通過哮喘而表達出來的「真相」包含了兩種成分，其一是打從普魯斯特出生開始，母親對他的過分寵愛照顧，傳達了某種恐懼憂慮，令這個異常敏感的嬰孩也同時感受到一種壓力，其二，是讓娜同時又對這個天賦異秉的、具有非凡創作天分的兒子，感到一種威脅，讓娜來自一個「模範」的資產階級家庭，有著這個階級的一些約定俗成的價值觀。她的丈夫是一個具有社會和事業地位的醫生，她如何去履行這個妻子的角色，社會有著一定的期望，取得人們對她的尊敬，因而是她非常著重的一點，而米勒的看法是，馬修爾的獨創性和富有生命動力的特質則對她履行這個角色構成了某種威脅，她要經常用盡方法去抗衡這些威脅。敏感的普魯斯特無可避免地感受到這一切，從而衍生他對母親以至父親的抗拒與反感，甚至日積月累，形成強烈的憤恨與怒意。米勒引述普魯斯特在其未完成的小說《讓．桑托爾》中主人翁對雙親的憎恨描寫：「伴隨著他對自己的憤怒，他對雙親的憤怒也是與時俱增。他的長期焦慮不安，對自己的無所事事的這種可怕殘酷的情況，不時的控制不了的哭泣，他的頭痛，他的失眠，所有這一切，他認為都是雙親所造成的，為此，他會毫不猶豫地去做回一些傷害他們的事，或者更痛快的是，當母親進來他的房間時，他不會有任何的高興反應，反之會直截了當地告訴她，他無意從事任何工作，他會樂於在其他地方渡過每個晚上，他認為父親是個頑冥不靈的人……所有這些話，皆因他需要將自己的積壓全部傾瀉出來，要讓自己的話一句句痛擊他們，他要母親為她對自己所做出的種種惡劣事情，受到報應。然而，這些說不出口的話只能壓在他心裡頭，變成一種儲存在身體內的毒素，逐漸滲透至身體每一處地方。他的手足不時震抖，他要死命地抓住空氣，找尋這股憤怒的發洩對象。」

如所周知，《讓．桑托爾》是普魯斯特半自傳體的小說，或者說，普魯斯特的所有作品，不管何種體裁，基本上可說都是半自傳體的，問題在於，在這些作品中，那些地方是源自生活的記錄，哪些地方是出自想像的發揮，似乎可以任由我們取捨定奪，這也基本上是一種共同默認的情況，因此形成不少論者乾脆結論：普魯斯特的生平就是他的小說，他的小說就是他的生平。以此而言，普魯斯特對母親的抗拒與憤怒顯然有其可信的地方。但是，普魯斯特在其小說作品和無數的文字表述中同樣留下了大量的對母親的難分難捨的深情愛意，具有同樣的可信性。普魯斯特不是一個會令人懷疑或覺得不可信的人。米勒說兒童的「身體從不說謊」，她可以補充：成人的「普魯斯特也從不說謊」。在一次與塞麗絲特的知心傾談中，普魯斯特說：

「……我也從來不會騙人。」當然，普魯斯特雖不會說謊，我們不能期望他事事會說出全部的真話。如上所說，在小說與生平之間，我們要自行斟酌。小說中的讓·桑托爾要為自己向母親作出報復的憤恨情緒找尋出路，生活中的普魯斯特會不會走上弒親之路？

五、弒親者與高尚的子女情懷

讓我們再次返回普魯斯特的閱報天地。一九〇七年一月二十四日的早上，熱氣騰騰的咖啡侍候在旁，普魯斯特如常翻開當天的《費加洛報》。閱報這回事，恆常令普魯斯特覺得是一項並不愉悅的、盡是官能刺激的活動，「過去二十四小時內人世間的所有痛苦、災難……那些奪去五萬五千人性命的大小戰役，各種各樣的罪案，罷工、破產、火災、中毒、自殺、離婚，政客和藝人的洶湧激發的情緒……通過一則則轉化成為好像專們為我們而寫的故事送抵我們面前，成為我們每天的一頓盛宴，伴隨著我們享用僕人剛剛端上來的咖啡，令人有著一種奇異的興奮和刺激的感覺，雖然這些故事與我們並無關係。」

然而，這一天的《費加洛報》卻不能令他置身度外。他的瀏覽目光接觸到了這樣的一個標題：一個瘋人的悲劇行為。一個男子用廚刀殺死了他的母親，然後把自己關在房間內，自殺身亡。但是，事件過程非常恐怖，難以卒讀。根據僕人的敘述，滿身鮮血的母親發出淒厲的叫聲：「亨利，你對我做了些什麼事？你對我做了些什麼事？」移動了幾步就倒在樓梯旁死去。聞訊趕至的警察人員破門進入房間，臥在床上的兒子試圖用刀割頸自殺，未竟其事，再而用槍轟向頭部，滿面血漿，左邊眼球差不多完全脫落，奄奄一息，警員嘗試向他套取口供，但不及片刻，亨利即告死去。

這個名叫亨利·萬·貝萊恩柏格（Henri van Blarenberghe）的年輕人是普魯斯特的一個相識，在一些晚宴場合中有過數面之緣，雖非深交，但亨利的雙親與普魯斯特的父母卻頗有過從，特別是貝萊恩伯格夫人與普魯斯特的母親有著不俗的交情。亨利不久之前喪父，普魯斯特曾致信亨利，代表他的亡母向貝萊恩伯格夫人致以慰問。事隔一段時日，仍在出門避靜的哀痛期中的亨利給普魯斯特覆信，深深感謝他的關懷情意，並且說，在他返回巴黎之後，期盼能與他會面，「握手交談往事」。而在最近（一月十二日），普魯斯特才給他寫了一信，託他打聽以前曾在其父親管理的鐵路公司任職的一位雇員的下落。在一月十七日，他收到了亨利的回覆，告訴他這個職員已經離開了，去向不詳，但接著，亨利說：「聽到你說，自從你的雙親那麼早就不幸離世之後，你的健康情況一直欠佳，我深感不安。也許，我可以告訴你，如果這對你會有少許安慰作用的話，我父親的死所帶來的震盪打擊同樣令我身心大受折磨。不過，希望總會孕育出永恆……一九〇七年會給我帶來什麼景象我不知道，但我深深期望，這新的一年會給你和我都帶來一些好轉，而在未來的幾個月內，我們能夠再聚面。再次表達我對你的深切同情。」這是案發前八天收到的信。當普魯斯特讀到《費加洛報》上這則「一個瘋子的悲劇行為」時，他的枱上正放著亨利這封信，準備回覆。

《費加洛報》的主編卡爾密特（Gaston Calmette）知道案件中的亨利是普魯斯特一個相識的人，在一月三十日他向普魯斯特約稿，請他就此事寫篇文章。在一月三十一日凌晨，從三點到早上八點，普魯斯特筆不離手，一氣寫出了長達五大頁稿紙的《一個弒親者的子女情懷》一文，只差結尾的一段。但此時普魯斯特實在太累了，手腕已痠痛無力。他著人先把文稿送往報館。略事休息後，在報館即日送回的校樣上他補上了結尾一段，並且向負責處理編務的助理編輯卡丹（Cardane）表示，「他可以就我的文章作出任何的刪減，但結尾的這一段則萬萬不能動」。

二月一日，文章見報。這是何其令人為之愕然的一篇文章。如果卡爾密特約稿的原意是因為普魯斯特一家人與事件中的人物有所往來，他也許能夠為這宗慘劇提供某種背景情況，作為他的感嘆或者哀痛的注釋，但是，讀者現在得到的，卻是作者對子女的一種高尚情操的頌揚，因為，普魯斯特看到的，不是一個「瘋子」的行動，而是與古希臘戲劇的悲劇角色相呼應的一種難以躲避的人類命運條件，在瘋狂的一刻，我們喪失了理性，但在瘋狂過後，我們的痛苦是難以言喻的。像埃阿斯（Ajax）的例子，在他於希臘的草原上瘋狂殺戮牧羊人及羊群一刻，受到雅典娜（Athene）的蒙蔽，彷如「有眼無珠」，看到的只是假象，不知道自己在做什麼事情，但是，埃阿斯的妻子說，在他的神智恢復過來之後，明白到眼前的恐怖景象，全是他一人造成的，哀傷加上自咎，為他帶來新一層的痛苦折磨。「在明白了真相之後，他一直就在黑色的苦痛中嚎叫」，曾經說過流淚不是男人所為之事的他，如今則「一動不動地坐著，不斷地哭叫出來，我就知道他正在策畫自己的應有下場」。

埃阿斯的悲劇為普魯斯特引述的另一希臘悲劇鋪路。亨利．布萊恩伯格用刀殺死母親後，關在自己房內，先用刀而後用槍自殺，警察到場時，他已奄奄一息，身上多處刀傷，左邊臉被槍火轟開，眼球差不多脫落枕頭上。「讀到這段報導，」普魯斯特說：「湧上我心頭的，不是埃阿斯的悲劇，而是歷史上所記錄下的人類經受的苦痛中最為殘忍可怕的一幕，我看到的，是那個最為不幸的伊底帕斯的眼睛……」伊底帕斯當然就是希臘悲劇中最為經典的弒母個案，在二十世紀的佛洛伊德精神分析學中被普遍化為人類精神意識的支配性情結的名稱，在普魯斯特所敘述的子女情懷中，這些希臘戲劇的演出則「幾乎是一項神聖的儀式」，體現出一種天地的正氣。然而，在《費加洛報》副編輯卡丹尼眼中，普魯斯特的表述卻是他殊難接受的為弒親罪行開脫的一種說法，因為，普魯斯特強調萬萬不能刪除的結尾一段，正正是卡丹尼毫不猶豫地揮刀斬去的一段。

「亨利，你對我做了些什麼事情？你對我做了些什麼事情？」布萊恩伯格夫人臨死前發出的這些淒厲呼叫，在普魯斯特看來，並非純然是母親對忤逆子女的絕望譴責，反過來，同樣是弒親者在失常的瘋狂過後，在無盡的悲痛中所聽到的自己的悲鳴的空谷回響；「這個可憐的弒親者並不是一個凶殘的罪犯，一個缺乏人性的道德上的痲瘋患者，而是一個崇高的榜樣，一個充滿柔情和愛意的兒子，因為一股無可躲避的命運力量，或者讓我們用今天這個時代的話說，一股病態的力量，逼使他走上犯罪以及為此而付出應有的代價之路，但其作為卻應該永遠是一個超卓的事例。」何以如此？因為，在亨利的弒親行為中，普魯斯特看到了卡丹尼也許無法看到的一種核心情懷，罪行玷汙了亨利，但沒有腐化他，他的靈魂核心依舊無損，現在回頭再看亨利寫給他的信，其筆跡是何等的細緻精雅，或者應該說，是何其堅穩有力的一雙手才能寫出這樣超凡的漂亮書法。普魯斯特深入揭開伊底帕斯、俄瑞斯忒斯、亨利這一眾弒親者的悲劇但又高尚的子女情懷，是否也正在表述自己的心靈核心所包藏著的某種「弒親情懷」？

「你對我做了些什麼事情？你對我做了些什麼事情？」普魯斯特說：「如果我們肯細想一下，我相信，我們將會同意，人世間也許不會有那一個愛子情切的母親，不會在她最後的日子中，向兒子作出這樣的責問。真相是，隨著我們歲月漸增，我們殺死了那顆疼愛我們的心。」因為，兒子對母親的愛，對業已愛子情深的母親，只能是百上加斤的負擔，兒子每多一分的愛母情懷，母親就更多一分的悉心對應，不想兒子有任何的愛意落空的感覺，如此日復一日，年復一年，母親本來活力充沛的軀體慢慢走上了磨損衰退之路，眼神漸露疲態，烏黑的頭髮好像突然間變了白色，動作緩慢，步履沉重，往昔的那股永不言倦的、從不敗退的活力，現在彷彿意識到了，希望已經不再存在，過去的那種與生俱來的、不會腐朽的快樂性格，常常是我們不開心時刻的慰藉，現在終於凋謝枯萎了，這一切一切，我們能視而不見嗎？——「也許，在這為時已晚的頭腦清晰的一刻，即使那些終生混沌一片的頭腦也會偶爾出現片刻的清晰那樣，像唐·吉訶德也曾有他的眼睛明亮的一刻那樣，所有這些情景終於在我們的眼前清晰閃現——也許，在這一刻，我們也會像用刀刺死母親的亨利·布萊恩伯格一樣，我們對自己一生做過的這些可怕行為，感到無地自容，我們會抓起就近的槍枝，做出了斷。然而，對大多數人來說，他們在這片刻的視像中所感受的痛苦（那是假設他們能攀登上這樣的高度，看得到這樣的景象）很快就溶化在晨早那些照耀著人生的樂事的陽光中。但是，能有什麼樣的樂事，什麼樣的生存下去的理由，什麼樣的一種人生，可以令我們抵擋得起這種片刻醒覺所帶來的震撼力？那一種情況才是真正的情況，醒覺帶來的痛苦抑或人生的樂事？何者才是真相？」

我們所愛的人，往往也就是我們最終所殺害的人。「可憐天下父母心」，母親承受著子女的無時無刻不在的對她的愛與依賴，承受著子女不讓她離開他們的身邊和視線片刻的這種殘忍的要求，這就是普魯斯特所看到的母親心力交瘁、生命的光澤日漸褪色的根由，這就是希臘悲劇所揭示的弒親故事背後的高尚子女情懷，只不過，普魯斯特並不期望人人都能洞察出這種感受。實際上，普魯斯特已經預示了他的文章在卡丹尼剪刀下的命運。

在被刪去的結尾一段中，普魯斯特這樣寫：「讓我們記住，在古希臘人心目中，可說沒有任何比設在科朗納斯（Colonus）的伊底帕斯墓地和設在斯巴達（Sparta）俄瑞斯忒斯（Orestes）的墓地更為神聖的、包藏著更為深厚的尊崇和敬意的聖壇，更能標示出它們所在的大地、這片曾為保護它們而付出巨大代價的大地的輝煌與榮耀，而這個俄瑞斯忒斯正就是復仇之神將之驅逐至阿波羅和雅典娜跟前，宣示『任何弒親的兒子我們都會把他從聖壇前驅走』的同一人」。在文章見報的同一天，普魯斯特致信《費加洛報》的主編卡爾密特說，如果卡丹尼認為這段話是他在為弒親者開脫，「那是有點過分了」。普魯斯特進一步指出，即使在當代的論者當中，卡丹尼應當知道，也有這樣的看法：在希臘人的信仰中，一個看管著伊底帕斯和俄瑞斯忒斯的墓地的城市永遠是一個勝利光榮的城市，因為，希臘人的哲學價值觀要求的是，弒親者的罪行，是在不由自主的情況下產生的，必須在弒親者有生之年受到懲罰，然而，正因為這些弒親者是身不由己的犯罪者，為了要恢復更高層次的公平正義，他們的名字在死後應該受到尊敬，並且獲得聖化的地位。

在這一天的忙碌書信往來中，卡爾密特事實上給普魯斯特寫了一封親切的安撫回覆：「我的親愛的作者和好朋友，你的文章非常出色，對於刪去的那幾句話，你不要介懷：它們大概有點把卡丹尼嚇壞了，覺得對這個不幸的弒親者的行為，責難不足。卡丹尼肯定是錯了：但是沒有一個讀者是不會感激而且懷著佩服神迷的心情一讀再讀你這篇文章的。」真相是，無論對或錯，卡丹尼完全不是普魯斯特的主題，在這篇一股作氣的文章中，他借助古希臘悲劇的澎湃力量，衝破自身的內心堤壩，讓自己積聚成洪的悲劇情懷衝瀉而出，無論有或者沒有這最後的幾句，都已不可能阻擋這股激流洶湧而出的力量，也只有這樣，只有在激流掃除一切障礙衝抵彼岸之後，新生才會出現。讓・伊夫・坦迪說：這篇文章是普魯斯特「對自己過往的整個人生最為無情的一次大清洗，將自己從內心的種種折磨、從他因為自己的多病和一套生活方式令母親憂慮至死的苦痛感受中釋放出來」。毫無疑問，這是一個精神和感情狀態正處於一種探本求源的轉化過程中的普魯斯特。一年多之後，普魯斯特提起筆展開其《針對聖見孚》的寫作，真正進入《找尋失落了的時間》的最後誕生階段。從一九〇五年至一九〇八／九年普魯斯特的神奇蛻變，至此宣告完成。

在上文我們嘗試確立的是：從〇五年至〇九年期間的這個神奇蛻變過程，是由兩大核心成分構成的，其一是普魯斯特對小說家使命的最終肯定，其二是他對母親的感情負擔的最後淨化處理，兩者緊密相扣，互為作用，任何單一的依賴都會削弱我們對《找尋》的整個面貌的豐滿體會。就前者而言，傾向在於將普魯斯特所反覆描寫的瑪德蓮甜餅所引起的自發性記憶看作為決定性的一刻，這一奇妙的體驗導致他他豁然開通，看到了一個超越時間之流的內在自我，悟出了以這個自我記錄下他過往生活的一切，這就是他再無疑惑的文學使命。就後者而言，傾向是將普魯斯特夫人在一九〇五年的去世看作為重大的分水線，只有在放下母親的重擔後，普魯斯特才能揭開新的一頁。這個傾向推向極端，就是阿麗斯・米勒的看法：讓娜是一個「壞媽媽」，是普魯斯特的哮喘病成因，是他死於呼吸困難的構成因素，是他最終只能在媽媽死後才能寫出其傑作的合理解釋。

六、淡化、昇華到最後的不朽化

果真是這樣，普魯斯特的這項神奇的蛻變就沒有什麼神奇可言，《找尋》也就不是現在這個面貌的《找尋》。普魯斯特的這項蛻變，神奇之處並非真正在於自發性記憶的魔術般力量，為他直接打開小說家使命的大門。

如果我們相信這一點，那確實是最為「美麗的誤會」，普魯斯特對自己的文學使命，早已心中有數，這是他一早就力拒父親要他從事一份足可維生的職業（外交官，律師，不管什麼）的原因。但是，奇怪的是，在這個文學使命的行動上，普魯斯特似乎一直在蹉跎歲月，用他自已其後的話說，他要找到一把真正屬於自己的聲音，寫出來的東西才是自己的東西。這完全可以理解（這似乎是所有作家難免都要面對的情況），但普魯斯特似乎看到自已的困難所在。在他內心，他有的並非只是一把自己的聲音，而是同時有另一把聲音在說話，這就是他媽媽的聲音（這恐怕則不是所有作家都必然會面對的情況）。因此，瑪德蓮甜餅所觸發起的自發性記憶，我們可以說，並非是他肯定其文學使命的一刻，而是讓他看到了實現這一使命的關鍵所在：他要做的，是淨化這兩把聲音，靜心聆聽自己內在的我的聲音，用這把完全屬於自己的聲音，進行一切的表述，哪怕這意味了畢生陪伴著他的那把媽媽的聲音要從此淡出，因而也就是媽媽這個角色同時的某種淡出。在普魯斯特的這些自發性記憶中，無論是在康貝里那些童年的日子，抑或是在威尼斯的遊歷，各種情景歷歷在目，一種無比的快樂和寧靜覆蓋他整個人，但是，有意思的是，在他眼前湧現的這些景象中，並無媽媽的蹤影，他的自發性記憶有如是一種佛洛伊德所描述的「屏障記憶」（screen memory），他所清晰看到的這些情景，實際是某種屏障，遮掩了另一層的情景，在佛洛伊德的分析個案中，這往往是一些不愉快的、需要壓抑的事情，在普魯斯特而言，卻是他對媽媽的片刻難離的依賴、媽媽對他的無微不至的愛心照顧，而大家都知道，這也同時是他們共同的重壓與折磨的所在。在這些自發記憶的剎那閃現的寧靜境界中，普魯斯特是自己的精神分析家，只有在媽媽這個角色消失之後，他的內在的我才能現身，他才能以這個「我」掌握過往的生活意義、處理現在的生活型態、完成今後的使命工作。換言之，解除媽媽這個包袱，這才真正是他苦思已久而無法克服的創作障礙。

但是，普魯斯特不是一個弒親者，他深信自己的高尚的子女情懷，更深信媽媽的高尚的母親情懷。最終，他對媽媽這個角色和這分（母子之間）的情懷的處理，可說是一個從淡化到昇華到最後的不朽化的過程，經歷無數反覆起伏的思考，構成一九〇五年至一九〇八年前後這段期間他的精神面貌的主要脈絡。讓娜去世的時候，普魯斯特三十四歲。負責照料讓娜的護士說，在其母臨終前的眼中，普魯斯特仍然是一個四歲大的孩子。而普魯斯特的回憶是：「媽媽離開人世時，也同時帶走了小馬修爾。」在感情上，普魯斯特顯然也以「小」自居。但這個說法不無反面的意思。小馬修爾走了，現在留下來的，只能是一個三十四歲的早已成年的普魯斯特，別無其它選擇。他在療養院短住了幾個月，接著，他就遷離舊屋，另覓新居，幾經選擇，最終敲定其祖舅韋爾在候斯曼大道一〇二的寓所。讓娜生前常到此探訪她的舅舅，普魯斯特的考慮是，這至少是媽媽所熟悉的地方，他無法接受住入一個讓娜全無概念的環境，他雖然獨立了，媽媽可說仍舊在身邊，這個角色只是淡出了一半。一九〇六年，普魯斯特繼一九〇四年的《亞眠的聖經》（*The Bible of Amiens*）之後翻譯的第二本羅斯金（John Ruskin）作品《芝麻與百合》（*Sesame and Lilies*）付印出版，宣告結束他的羅斯金階段，這是他最後一次從事翻譯工作，正如〇七與〇八年間的少數幾篇仿效文體的文章也將是他最後的「遊戲」作品，他的失落了的時光已進入倒數階段。普魯斯特的羅斯金階段是一個有其特殊的、重大意義的階段：這位英國十九世紀哲學家、美學家、建築評論家可說是普魯斯特最後一位全神投入消化吸收的古今國內外的名家，在這之後，普魯斯特將會用原創的、「自己的聲音」進行一切的表述。但是，普魯斯特最終的選擇和完成羅斯金兩部著作的翻譯，在其人生中所起的重大作用及其所凝聚的母親心血，則遠遠不是我們從通常的翻譯工作中所能想像得到。首先，普魯斯特的英語水平乏善可陳，讓娜大力支持甚至鼓勵普魯斯特進行這項翻譯工作，已不尋常（喬治・培特甚至認為普魯斯特翻譯羅斯金很可能是讓娜的主意）。不管如何，具有良好英語水平的讓娜已為兒子這項「逆水行舟」的挑戰做好不辭勞苦的支援準備。她逐字逐句將羅斯金的原文「直譯」為法文，再由普魯斯特作出潤飾整理。由於母子兩人的睡眠時間的「時差」，往往是在媽媽入睡了，普魯斯特在譯稿上留下了各種改動的指示，放回她房間，到了普魯斯特自己醒來的時候，修改好的文稿已經交回來。在翻譯之外，讓娜又到圖書館翻查有關羅斯金的英文資料，譯成法文提供予普魯斯特參考，陪同普魯斯特到威尼斯遊歷，拿著羅斯金的著作，按圖索驥，對照這位名評論家所描述的威尼斯著名建築物和教堂的各種細節，而當普魯斯特有所鬆懈，企圖放棄這項翻譯工作，她更一再力挽狂瀾，將他拉回到工作的軌道上。在這番心血背後，讓娜有她深沉的考慮：普魯斯特必須有所作為，不能再虛度光陰，同時她也理解到自己的健康不佳，深感到自己也可能時日無多。法國傳記作家和小說家伊芙蓮・布洛治—丹諾（Evelyne Bloch-Dano）在其二〇〇四年的《普魯斯特夫人》（*Madame Proust*）傳記中如此敘述：「她深明馬修爾的前途是何等的危機四伏，他是何等的容易走入懶散怠慢的路途；她深為憂慮的是馬修爾的缺乏意志力，他以自己的病情作為避難所。」然而，「她也同時清楚看到馬修爾所具有的優秀質素，他的異乎尋常的過人之處，她肯定自己的看法是不會有錯的。」她的使命是如何協助馬修爾發展成為一個具分量的作家。「她並沒有將翻譯與創作混為一談，但是，她知道這個翻譯項目會為普魯斯特提供一種他所需要的結構安排。在工作上組織起來會逼使普魯斯特追隨一個時間表。翻譯沒有他擅長的仿效遊戲文章那麼富有趣味性，但卻是同樣富有成果的一種規限作用。」無疑，讓娜不會不理解到，天才有時也許需要時間的琢磨，然而，她也認識到「她的兒子最欠缺的卻是意志力和堅毅精神。對幫助普魯斯特在這兩方面的鍛鍊，讓娜可說從不放棄努力。就此而言，羅斯金的翻譯工作是一種上佳的訓練。這位傳記家作出了這樣的總結：「羅斯金有關藝術與宗教的豐沃思考，為普魯斯特本身的美學和哲學的尋找思考提供了一個基礎。《亞眠的聖經》和《芝麻與百合》兩書的翻譯，以及他為譯本而寫的兩篇序文，成為普魯斯特的思想發展和小說寫作進程中非常重要的步驟。」對媽媽這分破斧沉舟的決心以及為此而付出的心血，普魯斯特如何表達他的感激之情？他會有自己的一套表述方法。

《亞眠的聖經》在一九〇四年出版，普魯斯特以此書獻給其亡父艾德里安，題詞這樣說：「謹以這本譯作獻給我親愛的父親，作為悼念。我父於一九〇三年十一月二十四日在其工作間病發倒下，於十一月二十六日與世長辭」，而對母親的功勞則全無提及，但普魯斯特這樣做，相信讓娜會全然理解。但到了《芝麻與百合》在一九〇六年即讓娜去世後的翌年面世，同樣沒有任何關於母親的獻詞或致謝。其實，即使讓娜仍然在生，有或者沒有這方面的表述，她也會感到同樣的高興，正如艾芙蓮．布洛—丹娜所說，與兒子合作翻譯羅斯金這段日子是她生命中最快樂的時光。因此，如何表述感激的情意，「壓力」全在普魯斯特身上，他最終在這方面的沉默，自然令人感到意外。坦迪指出，也是在一九〇六年上半年這個時期，「母親」一詞開始在普魯斯特的詞彙中消失，由「姨母」的說法取而代之。在寫給友人的一封信中，普魯斯特說，他所以這樣做，「是因為我開始了一項完全關於母親的寫作，在這完成之前，我不想在任何其他的寫作中提到她。」然而，我們找不到這樣的一篇作品。坦迪說，這會不會是因為文章內容過於親密，連同一批其他的稿件已遭塞麗絲特按普魯斯特的指示一起焚毀掉？抑或，這已轉化為其後的《一個弒親者的子女情懷》或者《針對聖貝孚》內容之中？坦迪說，此事有點令人費解，這可說是普魯斯特生命中一個神祕的時期，似乎充滿祕密。

也許令人費解，也許並不是真正的那麼令人費解。返回本文所追溯的過程，這是普魯斯特媽媽的角色逐步「淡出」的階段。到了一九〇七年的《一個弒親者的子女情懷》，他對母親的思考向著一個新的層次昇華演變，他的文章雖然是對亨利．布萊恩伯格的殺母新聞事件的反應，實際上是普魯斯特在自我苦思，讓娜在羅斯金項目上的巨大心血支付，出現在她生命最後幾年健康惡化並最終因尿毒症而不治的這個時期中，這難道不是一種用她的死來換取他的新生？這是他真正的弒親罪行。但普魯斯特認識到，他對母親的愛同樣是一種高尚的情懷，只不過，他的個案是反常的，他對媽媽的愛溶化在他無時或停的對媽媽的依附中，長年累月，一分一分地消耗掉媽媽的生命，不管在文章中的說法，他無意聖化自己對父母親的高尚情懷，他的報答心願是要將媽媽在自己生命中的角色不朽化。但是，這篇專門為媽媽而寫的文章去了哪裡呢？到底他有沒有寫出這篇文章呢？

到了〇八／〇九年的《針對聖貝孚》項目，這個不朽化的處理已經展露眉目。如上所述，在他的構想中，這是結合文學評論與小說創作的一部作品。開首的部分，是他與媽媽的談話，說他要寫一篇文章，針對聖貝孚以作家的生活背景和社會關係作為了解其作品的途徑，他要聽聽媽媽的意見。清楚的是，他以聖貝孚為祭旗，為他此時的全面退出社交活動提供合理化的注釋。接下去才是小說的部分。他要重建往昔與媽媽日常的娓娓細談的親密時刻，一種對媽媽的文化品味的致意，一種感謝媽媽在文學方面的哺育之恩的表示。但是，他遇到了困難。這項安排又令他返回到兩把聲音在說話的往昔情景中，與他現在尋求以完全屬於自己內在的我的聲音說話，以及要撰寫完完全全關於媽媽的東西這兩項要求，形成難以協調的矛盾。這是為什麼他要詢問朋友的意見，他的針對聖貝孚的文章，採取以媽媽的談話開始好呢，抑或返回傳統的文學批評的體裁好呢。這也解釋了為什麼當朋友，根據他們對普魯斯特的認識，主張他以媽媽的談話作為開端，他的答覆是「我同意你的意見，但我會接納這個意見嗎，我相信不會」。再三苦思琢磨之後，他走出了關鍵性的折衷一步：他將針對聖貝孚項目中已經陸續寫好的小說部分交給《法蘭西信使》的負責人，尋求先行發表，並交代說，評論聖貝孚的部分（包括與媽媽的談話）會放在書的後面，因而，原本用來申述小說創作原理的序，現在變成書的跋言，前面的小說，則成為跋言的示範實踐。但是，序也好，跋也好，結果都是蹤影全無：小說遭出版社退回，與媽媽的談話，連同針對聖貝孚的其他評論章節，則一併受到普魯斯特本人的無情拋棄，因為，隨著《找尋失落了的時間》的勢不可擋的開展，媽媽角色的淡出已告結束，代之而起的，是一種新的容顏，一個不朽的媽媽形象，一種高尚卓越的母親情懷的昇華境界。或者，倒過來說，正是這一不朽化的處理最後催生了《找尋》，媽媽的角色現在構成了小說的序文和跋言，但轉變何其的觸動人心！小說的第一卷，以主人翁孩童時期（年歲不詳）臨睡前「哀求」其媽媽再給予他「最後」一次晚安的吻別拉開序幕。說是哀求，並不誇張，而所謂最後一次，則是永無了期，媽媽轉身要離開，主人翁又再淚水盈眶，哀聲苦求，本已下定決心的媽媽，又再折回。這一晚安之吻，折磨著主人翁，折磨著媽媽，折磨著出版社的審稿人，最後，永久地折磨著一個又一個的讀者。在小說終結的第七卷中，主人翁最後一次赴約，出席貴族蓋芒提特家的一個時光無法再倒流的「化妝派對」。在書房等候管家帶領的時候，他漫無目的地瀏覽書架上的書目，順手翻出了喬治．桑德（George Sand）的小說《棄童弗朗斯瓦》（*Francois Le Champi*），霎時間，連串自發性的孩童時期的記憶湧上心頭，但是這些記憶與主人翁現在的思想感受已溶成一片：他初次接觸到本書，是在康貝里他的小房間內，無法入睡，媽媽為他朗讀本書的內容，「這可說是我生命中最為溫馨美好的而又同時最令我傷感的一個晚上，這一天，我令父母第一次完全屈服於我的要求之下（順帶指出，在那個時期，蓋芒提特家族在我心目中是完全遙不可及的一回事），而在其後，我認識到，這一個晚上也是我的沉淪的開始，我的健康和意志力日走下坡，而距離我的艱巨的目標，我也每天愈走愈遠——直到今天，好像合該這樣，我竟然在蓋芒提特大屋的書房內，才重新找回到這個目標，通過突然湧現的記憶，我不但清晰地記起了往日的種種思量摸索，而且是清晰地看到了我的人生、甚或至是藝術的目標，這真說得上是我的精彩勝利的一天。」豈只這樣，這也同時是普魯斯特一次精彩勝利的發揮。敘述者往日的軟弱意志戰勝了媽媽的「鐵石心腸」，創造了永恆的母親晚安之吻，敘述者現在尋獲的堅強意志力戰勝了藝術創作的艱巨挑戰，催生了永恆的藝術品的可能性，並且在這個永恆的時空中照亮了一種不滅的高尚母親情懷。這是三方面的勝利，沒有失敗的一方！而這三者的勝利，最後，也同時是一種戰勝時間的勝利。主人翁（敘述者）現在得以站在一個超越時間之流的位置上，以過去失落了的時光和現在重新尋獲的時光作為小說首尾結構的支柱，以其真正發自內心的聲音，任由時空的前後交錯，任由激情與思考的反覆磨擦，進行關於人生、藝術、宗教、政治、社會、情慾方方面面的表述，構成一部論者所稱的「涵蓋一切、結束一切」的文學巨著，導致英國女作家維珍尼亞·吳爾芙慨歎：「在普魯斯特之後，還有什麼好寫呢？」現在不再發言的普魯斯特夫人應會感到，當年在床邊為小馬修爾朗讀《棄童弗朗斯瓦》，心血並無白費吧。

七、明天太遲了 現在或永不

然而，當年的這一晚安之吻以及這個棄童故事的朗讀，實在又是一個成分複雜、充滿盤根錯節的慾望蠕動與想像的故事。這個苦候媽媽進來給予他一個晚安之吻的敘述者，究竟年紀多大呢？已經離開時間之流的普魯斯特在這一點上是模糊的，但一個仍在等候媽媽晚安吻別的主人翁總不致於離開幼童的階段太遠吧？在他提前吃完晚飯後，管教嚴格的祖父說：「小伙子看來有點累了。他該要睡了。況且我們今晚會吃得比較遲！」父親也跟著說：「對；走吧；快去睡覺。」無奈，他唯有依依不捨離開媽媽。但如果這個場面不似在描述真正是一個小伙子的主人翁，那麼，接下來的情景則像是描寫一個非常「早熟」的孩童。躺在床上的主人翁，由於睡姿的原因，一邊大腿壓著另一邊，在若夢若真的情景中，從他的兩腿之間誕生了他的夏娃女伴，一個為他帶來快感的泉源，「我的軀體，意識到它自身的暖流正在穿入她的溫暖中，因而奮力尋求與她合二為一，就在這刻中，我醒過來了。」美國女作家茱迪芙．瑟曼（Judith Thurman）提供了這樣的闡釋：馬修爾日夜渴求，想方設法要占有這個夢境中令他無法自拔的真正的慾望對象，想像兩人合而為一的軀體獨處伊甸園中，在這個過程中，「他改寫了《創世紀》的版本（小說《找尋失落了的時間》第一卷的《序曲》可說是普魯斯特的《創世紀》），因而令到天地首對配偶不是由一個男人和一個女人，而是由一個母親和一個兒子構成的。」她供認說：「我已經忘記了，這部小說開首的場面是如何的不知羞恥為何物，而我受到的震盪並非在於它衝破了我們一本正經的防線，而是在於我所產生的感激之情，因為它向我示範了如此無畏的表達自由。」瑟曼進一步說：「我比較年輕和經歷較淺的時候，我閱讀《找尋》，在它那裡我學到了什麼是優雅的素質。現在我的閱歷比較多了，我閱讀《找尋》，則在它那裡我領略到了那種狼吞虎咽的渴求精神。普魯斯特是一個偉大作家的典範：他有一個頑強的靈魂，其唯一軟弱的地方，是在於它無法抗拒對一切體驗和感覺的飢渴追求，特別是它好像要從這些體驗和感覺中吮吸最後一滴的意義奶液。」

母乳的哺育，這正是女作家瑟曼彷彿本能地調動的意象，作為晚安之吻這個序曲的場景布置。讓．伊夫．坦迪表示，在現有的資料和文獻中找不到任何普魯斯特有關這個晚安之吻發生在那一年的提供，但在普魯斯特早年未完成的小說《讓．桑托爾》中，主人翁這段經歷則是在七歲之前發生的，勉強仍屬幼童，雖然離開哺乳階段已遠，但又應未到夢中體驗夏娃的快感時刻。伊芙蓮．布洛治—丹諾同樣以《讓．桑托爾》中所說的年歲為依據，認為在《找尋》開首的晚安之吻的情節中，主人翁應該也是這個年歲，因為前後這兩個版本的內容基本上一樣，只不過《找尋》的鋪排則較為細緻精密，但不管如何，普魯斯特的模糊正是他現在的時間表述的策略：前後倒置，壓縮揉合，過去現在渾成一片，這就是我們的生平歷史，或者說我們的生平故事，而這個故事的意義，也只能在這樣的一種記憶狀態中去理解。七歲的馬修爾在擺脫媽媽的晚安之吻方面也許意志過分軟弱，在想像夏娃的快感方面或者顯得過分早熟，但是，普魯斯特的母親情結表達卻可以是大膽和無所保留的，也可以是隱約和迂迴曲折的，在這個苦候晚安之吻的晚上，他的軟弱意志看似戰勝了母親的鐵石心腸，然而，母親的屈服又是建立在高尚的情操上面，在這個困難的時刻，仍然不忘對兒子進行文學的培育。媽媽拿了一本小說來到床邊為他朗讀，這是外婆準備送給馬修爾的禮物：喬治．桑德所寫的《棄童弗朗斯瓦》。然而，我們說過，在普魯斯特的天地中，沒有事情是簡單的。《普魯斯特先生的書庫》（*Monsieur Proust's Library*）的作者安卡．莫爾斯坦恩（Anka Muhlstein）說：「這是『一個有點奇特的選擇』，小說中的主人翁是一個棄嬰，得到一個心地善良的磨坊工妻子瑪德蓮領養。在長大後，他離家往外地工作，然後重返家中，與此時成為寡婦的瑪德蓮結為夫婦，因而『一種子女的依附轉化為一種夫妻的幸福』，變成『一種幾乎是亂倫性質的關係。』」這確實不是一項尋常的選讀。究竟是誰人在想像這則「家庭故事」？外婆？媽媽？普魯斯特？是誰在憧憬一種有別於現實情況的家庭成分？莫爾斯坦恩從這個棄童故事中，只就普魯斯特的性取向發展作出了這樣的觀察：在小說《找尋》中，主人翁其後結束了他對媽媽的單一的凝固情結，展開了連串的異性戀情，但在真實生活中，普魯斯特與母親的難分難解的感情，卻是終身不變，因此，棄童的這段半亂倫故事大可以看作為《找尋》中的年青主人翁的感情狀態的寫照。或者，我們也可以將這個說法改動如下：在小說中，主人翁的女性對象指的其實並非真正是女性，而在真實生活中，普魯斯特的母親凝固並無妨礙他的連串男性戀情。不管如何表述，當普魯斯特思考自己的家庭故事時，他難免會想到，如果他的媽媽較為狠心一點，或者他的獨立意志較為堅強一點，故事會有什麼不同的發展？

在《普魯斯特夫人》中，伊芙蓮・布洛治—丹諾認為，普魯斯特安排了媽媽朗讀《棄童弗朗斯瓦》這段情節，可謂盡顯其文學的天才。在這個晚安之吻的晚上，情節的起伏峰迴路轉，高潮出人意表。起初是媽媽硬起心腸，不肯屈服在馬修爾屢勸無效的索求之下，而一向主張要有所約束的父親，這天竟然一反常態，要媽媽順從馬修爾的哀求，進房陪伴他，免得孩子哭哭啼啼，更難入睡。這一發展馬上令到情況完全改觀。小馬修爾原本相信他今天晚上的表現一定難逃父親的嚴厲斥責，現在竟然反過來這樣體諒他，令他大受感動。然而，他對父親的感激之情，又從屬於他對媽媽的考慮。主人翁非常明白，他的外婆、他的媽媽一再抗拒順從他的無理糾纏，實在是為了幫助他克服自己的痛苦，強化他的意志力，這是她們的愛心的表現，而爸爸的突然轉態，實際上等於是對他的一種遺棄。布洛治—丹諾指出，普魯斯特在小說這裡引入父親，賦予他重要的角色地位，實際上是鞏固媽媽與兒子感情上的緊密關係。在這個三角關係中，最終是媽媽屈服於其餘二人之下：一個在負起管教兒子的分工責任上「形同虛設」的爸爸，一個好像拒絕長大、永遠都停留在四歲大的兒子，然而，她再一次化被動為主動，整晚為兒子朗讀小說，為馬修爾帶來了他「人生中最快樂的一個晚上」。快樂是因為有媽媽陪伴在側，抑或是因為媽媽挑選的《棄童弗朗斯瓦》這本小說，「一個有點奇特的選擇」，給他帶來了無比的樂趣？但這種樂趣來自小說什麼的地方？

布洛治—丹諾主張把這段晚安之吻的情節定位為主人翁七歲之前的事情，因為這個孩子永遠不會到達理性之年。這個年歲不失其合理性，再大一點，則會削弱主人翁的晚安索求及其父母反應的戲劇說服力，再小一點，則很難相信主人翁會將自己的家庭故事想像投射在棄童弗朗斯瓦的身上。但是，普魯斯特在這段重要情節的處理上仍然是撲朔迷離的。媽媽朗讀《棄童》這本小說也許確有其事，但棄童的喻意更多像是《找尋》作者的設計安排。媽媽開始朗讀的時候，未及七歲的馬修爾（在此之前他沒有真正讀過一部小說）覺得這本書的紅色封面及其意思不明的書名彷彿代表了一種獨特的個性，有著一種神祕的吸引力。文學知識尚未啟蒙，但小馬修爾已久仰喬治．桑德的大名，他對小說家運用的各種文學表達手法全無體會，但又能感受到《棄童弗朗斯瓦》的奇異本質所散發出的一種令人困擾的情緒。如果主人翁父親這天晚上的從寬表現，令小馬修爾感到自己好像受到遺棄，這又只能是一種隱約的感受，因為，他仍未明白「棄童」一詞的含意，不僅這樣，媽媽在朗讀過程中主動將原著中的情愛場面刪去，更令棄童與養母的關係發展顯得離奇難解，儘管他反而覺得「棄童」這個名稱有著一種甜蜜可愛的感覺，相對於主人翁與女伴夏娃的肉慾快感享受，這肯定只能是一項冷卻的文學敘述。如此這般，忽前忽後，這就是普魯斯特在小說第一卷《序曲》中對自己的家庭故事所選擇作出的敘述。在早年他放棄了的小說《讓．桑托爾》中，少年主人翁對父母的憤怒與抗拒情緒，現已煙消雲散。他無需要想像一個更好的父親，他自己也不是什麼棄童。如何成為一個獨立自主的個體，只能是每人自身的責任。但是，普魯斯特不能退讓的是，在他的家庭故事這個具體個案中，母親是他生命中一個無可取代的、不可分誰的角色。至於這段關係是否萎縮了他的意志力，損害了他的健康（引起他的哮喘病），扭曲了他的性慾取向（使他成為受詛咒的一群），這不是容易說得清楚的事情。媽媽去世的時候，她帶走了小馬修爾，普魯斯特終於展開《找尋失落了的時間》的寫作時，他則要留下一個不朽的媽媽角色。從《序曲》開始，普魯斯特的部署逐步展開。晚安之吻的章節確立了母親之愛的永恆意義（其難忘之處在於主人翁是通過負面的形態——媽媽拒絕進房來給予他這一晚安之吻——體驗到母愛的不可或缺的生死攸關的重要性），接著通過引進外婆這個人物普魯斯特對母親的角色作出了一分為二、同時又是合二為一的處理：在真實生活中，普魯斯特夫人與她的母親同樣有著一種形影不離的親密關係，其後讓娜與馬修爾的情況似乎是這種關係的一種遺傳繼承；在小說中，外婆給主人翁選購了一批書籍作為送給他的禮物，媽媽則從中挑出了《棄童弗朗斯瓦》作為這個具有命運色彩之夜的讀物，這一「相當奇特的選擇」究竟是外婆抑或是媽媽的主意，或許是一個謎。再往下去，普魯斯特引入了音樂家溫托爾（Vinteuil，《找尋》中三個藝術家人物的其中一人）的女兒（沒有名字）與其女友的同性戀風光一幕，主人翁窺見了兩位少女在沙發上的纏綿混雜了情慾與虐待狂的宣洩，其女友對著溫托爾的照片唾吐洩恨，一項主人翁其後定位為無異於「女兒弒父」的褻瀆行為，因而，主人翁本身有任何對媽媽的不敬和褻瀆的情緒，現已成功轉投到溫托爾與女兒這對關係上，他並無否認或迴避存在於子女情懷中這項負面的成分，但他不想媽媽的不朽形象受到任何的玷汙。在第三卷《往蓋芒提特那邊走》中，普魯斯特安排了外婆的死亡，媽媽將會是一個不死的角色，而媽媽與兒子的永固之情則會在第六卷《愛拔蒂失蹤了》母子結伴同遊威尼斯的章節中得到感人肺腑的精彩敘述。在真實生活中，威尼斯之旅當然就是普魯斯特的羅斯金之旅，匯聚了讓娜的紀律心血和作家本人從潛移默化到渾然成家的一次旅程，但這些具體的成分在小說中，並無直接的描寫，就像作家早前關於在《費加洛報》上讀到自己文章的記憶一樣，母親從早年朗讀《棄童》開始的文學培育的苦心和功勞已轉化為一種平淡中洋溢著溫馨的動作，她把報紙拿到房間之後，即悄然引退。在這一威尼斯之旅中，讓娜的羅斯金心血化身昇華為「威尼斯的靈魂」，賦予了這個水城的琳琅滿目的中世紀建築各自的精粹和性格。馬修爾在日間出外探索活動，媽媽則留在酒店房間悠閒處理雜事，然後坐在房間的陽台上閱讀，等候兒子回來。午間時分，馬修爾乘坐小划船回來，遙見到媽媽依欄而坐，披著圍巾，她的側影在午間金黃色的陽光映照下，宛如東方藝術的小畫像，而當她聽到兒子的呼叫轉過頭來，臉上即時露出從心發出的笑容，母與子與威尼斯形成了三位一體的靈魂結合。然而，普魯斯特並沒有背棄他的藝術真誠，他並不掩飾自己的肉慾渴求，威尼斯似乎充滿誘惑，到處向他招手。誰知道他的女伴夏娃現在是什麼樣的一回事？他無法再抑制肉慾快感的衝動。可是，他們的行程已編好了，媽媽要離開了，馬修爾堅持要在威尼斯多留幾天，媽媽同樣堅決不肯，僵持不下。時間到了，酒店安排行李送往火車站去，媽媽也隨即獨自起行。現在則是馬修爾一人坐在酒店房間露台上，陪著夕陽西下，心情起伏難平，運河的對岸停泊了一所划艇，船上一位音樂家正在起伏有致地唱著《陽光頌》（*O sole mio*）。但此時的主人翁心情已無法集中，他應該堅持留下，抑或立刻趕往火車站？沒有了媽媽，威尼斯也沒有了陽光，沒有了一切的迷人魅力，這首名曲《陽光頌》一段又一段他早已背誦得出的歌詞現在變得俗不可耐。他要作出決定了，要就馬上動身，要就永遠走不了。歌詞一段又一段向著結尾推進。馬修爾飛身奔往火車站。月台上的火車廂卡已經關上了，在最後關頭，馬修爾趕上了車。媽媽的淚水正瀕臨奪眶而出，她以為兒子不會趕來了。這段充滿電影感的文字描寫彷彿預告了其後無數好萊塢電影的火車月台悲歡離合、盪氣迴腸的場面。在五十年代，美國歌星艾維斯・普里斯萊在德國服兵役時接觸到了《陽光頌》的英語版，決定要作出自己的演繹。回到美國後，他請人重新為此曲配詞，成為他在世界的冠軍歌曲曲《要就現在，要就永不》（*it's Now or Never*），將陽光頌改變為愛情頌：「明天太遲了／要就現在，要就永不／愛情不會等待」（Tomorrow will be too late/It's now or never/My love won't wait）。從威尼斯返回巴黎，在媽媽去世之後，關在隔音隔塵燈光暗淡的房間內，此時此刻的普魯斯特，心情只有一種：「明天太遲了／要就現在，要就永不／生命不會等待」，陽光頌、愛情頌合成為工作頌，這也就是他在這個時期在信中勸告朋友「趁光明還在，努力工作吧」的心境寫照。思前想後，在自發性記憶的啟發中，他掌握到過去與未來無可分割，唯有這樣，才能逐天逐天與將來匯合成為時間之流，找尋才能成為尋獲。他有了撰寫人生故事的布局結構；而在自發性記憶中，他聆聽到自己真正的內在聲音，卸下了長期以來他與媽媽的聲音混在一起的負荷，啟發了他將媽媽角色的不朽化處理，為他處理所體驗經歷過的社會百態開闢了道路。這兩項因素互相牽動配合，這就是在一九〇五年至一九〇八年這段期間發生在普魯斯特的「神奇蛻變」。他的工作車卡終於離開等待的月台，全速向前進發。

但在這個殊不尋常的家庭故事中，這段母與子情緣的開首與結尾還有一項同樣並不尋常的、有著一種冥冥中的命定色彩的安排：媽媽是嫁不逢時，兒子則是生不合時，困難的開端伏下了日後困難的結尾。一八七〇年七月，法國的拿破侖三世向普魯斯宣戰，同年八月，讓娜・韋爾與艾德里安・普魯斯特在動盪時局中簽下結婚契約，生活前景充滿未明因素，在九月三日的婚禮前夕，前線法軍已告失利，而在婚禮當天，法軍全面戰敗，君皇成為階下囚，消息正式傳到巴黎。街頭上人群聚集，高呼各種口號，情況洶湧混亂，這些情景就在讓娜居處一帶展開。出身富裕家庭、生活向來穩定的讓娜正在憧憬新一頁的開始，此時的恐懼與焦慮難以言喻。婚後一個月，讓娜懷孕，此時的巴黎已告淪陷，普魯斯軍隊四面包圍，而在讓娜與艾德里安新居所在地（一個新興的富有地區），遠處的炮火聲音不時隱約可聞。然而，布洛治・丹諾說，最大的問題還在於糧食供應與飢荒，不論貧富，情況一樣。黃油、鮮切、芝士根本沒有供應，馬鈴薯則要看一人事關係，而且價格奇貴，這簡直是一個孕婦最差劣的飲食條件。這個時期的讓娜體重不加反減。丈夫艾德里安每天在潛在的炮火威脅中往返醫院的安危，是她的另一焦慮與憂心的所在。如果說，具有超敏感神經感應的普魯斯特在母親腹中已經孕育了終身的恐懼與缺乏安全感的特性，甚至是他的哮喘病成因之一，或者不算是無稽之談。這仍未算是最壞的階段。法國在一八七一年一月宣告投降，巴黎的物資供應才逐步恢復，但是，圍繞著巴黎公社的一頁血腥殘暴的鎮壓與反鎮壓，到這一年的五月份普魯斯特出生前的兩個月達到高峰，巴黎街頭烽煙四起，炮彈此起彼落，艾德里安與讓娜終於決定撤離巴黎，搬到讓娜的家鄉安托爾（Auteuil）其舅父路易．韋爾的大屋暫住。同年七月十日普魯斯特就在這裡出生。安托爾與父親的家鄉伊利爾（Illiers）這兩處地方構成了普魯斯特童年生活的基本回憶，在小說中混合化身為康貝里（Combray），在現實生活中，則是今天法國的旅遊名勝康貝里—伊利爾。但這個由戰爭與飢荒孕育出來的嬰兒，幾乎夭折，身為防疫的醫學權威艾德里安在屋內制定了全面的衛生措施，而讓娜則二十四小時不眠不休悉心照料，慢慢養回普魯斯特的健康。是否因為這樣，這也同時令小普魯斯特形成了寸步不離媽媽的依賴？但是，這個困難的開始，並沒有真正徹底離開普魯斯特，而至少在兩方面留下其痕跡，其一就是在九歲那年突然爆發的哮喘，嚴重地影響了他的健康，令他成為一個情況時好時壞的行動不便的人；其二則是他的非常特殊的飲食習慣，既非暴食，也非厭食，但卻是一種足以令常人難以維持生命的飲食形態，更遑論是一個像他那樣支出巨大的勞動能量的人。普魯斯特家庭的多年僕人塞琳（Celine Cottin）憶述他的日常餐單如下：三個牛角包，煮沸冲出來的牛奶咖啡，伴以貝夏美沙司的雞蛋，再加少許的炸土豆和炆熟的蔬果，每天如是，有時一個月才更動一次。讓娜懷孕期間，巴黎全民皆活在飢荒恐懼之下，腹中的普魯斯特感染到這種壓力不足為奇。但生活正常化之後，普魯斯特家庭的富裕生活條件逐步恢復正常，美食佳餚並非只在宴請人客之時才登場，即在平日，在讓娜的策畫和掌管之下，廚房每天的產出供應也盡顯法蘭西的「優秀」飲食風采。在小說中，通過對管家兼主廚弗朗索瓦絲的生動描寫，展示了他對廚房活動的細微觀察和對烹調藝術的享用樂趣，沒有任何厭食的跡象。廚房內林林總總的各種工具器皿，「大缸、大鍋、小鍋、魚鍋、燉野味的砂鍋、做點心的模子、調蛋醬的小罐，以及一套各種尺碼的平底煎鍋」，似乎一應俱全，弗朗索瓦絲則像陶瓷工那樣以其熟練的手藝在這些器皿中調理出各種食譜傑作，在旁幫工的女廚手則負責處理青豆、蘆筍等蔬菜。在日常的餐單中，雞蛋、土豆、排骨、果醬、烤餅等是必備的輔助項目，在此基礎上，弗朗索瓦絲則以其四面玲籠的交際手腕和人際脈絡在中央市場和區內的各式店鋪搜購這個季節最當時得令的蔬果和上等質地的肉類，有如日本懷石料理那樣的野心，要人一口氣嚐盡當前季節的精選。回到廚房，弗朗索瓦絲的十八般武藝中，拿手好戲是烤雞，色香味俱全，在康布里遠近馳名，她烤出來的雞肉是那樣的鮮嫩，其香味甚至在主人翁

「心目中成為她的一種美德所散發的芬芳」，而她的凍汁牛肉、胡蘿蔔炆牛肉更是無出其右，而在烹調之前，她的高明之處已反映在其採購原料的過程中，因為她在挑選上等的牛臀肉、小腿肉和小牛腿，有如米開朗奇羅用八個月時間挑選最完美的大理石修建朱爾二世的陵墓那樣的一絲不苟。令人惋惜的是，像讓．伊夫．坦迪所說：普魯斯特「設計給弗朗索瓦絲的食譜，他本人反而食得很少」。如果在其早年的生活中，普魯斯特已經欠缺了常規的食指動矣的胃納衝動，他日後的表現更是每下愈況。他的飲食激情究竟去了哪裡？在其生命最後八年的貼身管家兼「主廚」的塞麗斯特對普魯斯特的飲食形態概括如下：「如果我說他基本上不食任何東西，也許不是誇張。我從來沒有聽說過一個人每天可以只靠兩杯牛奶咖啡和兩個牛角包過活。有時甚至只是一個牛角包。」塞麗斯特說：「事實上，牛奶咖啡就是他的正餐。他真正的營養成分就是靠（牛奶咖啡）中的鮮奶供應，有時一天可以飲用一公升。如果他需要的僅僅是一種提神刺激的東西，他大可以只喝黑咖啡，但在我陪伴他的那些日子中，我從來沒見過他喝過半杯黑咖啡。」

塞麗斯特在回憶錄《普魯斯特先生》（*Monsieur Proust*）中這樣說：「現在，當我能夠用更清晰的眼光回顧所發生過的一切，我從普魯斯特作為一個人和從他的生平中，我看到了重要的兩點：其一，他對事事的素質和完美的要求，這是一種屬於過去時代的完美要求，而這種要求也反映在他對往日的商店和餐廳的忠誠上面。當你了解到在他的小說中，他的眼光是如何看得深遠，你就愈會感覺到他對日常生活中的過去的依附是多麼不尋常的——當你想到，他在作品中如何描寫了某種生活和某種社會的瓦解消散；其二，是他一再表現出來的，是他為了工作而不惜完全犧牲他的健康。往往，在看到他神情疲倦的時候，我既為之難過，同時又為之擔心。在他面前的食物盤子，他碰也沒有碰過。我忍不住問他：

『你為什麼不吃點東西呢，普魯斯特先生？不進食，你如何能夠繼續下去？』

『你試想想，塞麗斯特，當一個人飽食之後，反應就會變得遲純，頭腦就會不夠靈敏。而我需要保持頭腦完全靈敏警覺的狀態。』

這重要的兩點，工作的迫切性和他對過去的緬懷情意，彼此之間也許是有關聯的。他是這樣刻不容緩地去努力盡快完成他的工作，也許這是因為他感覺到許多他所喜愛的事物正在消失中，不少更已成為淡亡的記憶。與此同時，死神也正在壓迫著他。」

賽麗斯特也許於可以補充的是，普魯斯特的拒絕進食，以及他在最後的肺炎關頭拒絕接生醫生的治療，可以說是一種死亡意欲的表現，與其媽媽在最後的尿毒症關頭拒絕接受醫生的治療，構成了一種命運遺傳的呼應，就如讓娜的母親也是死於尿毒症的命運遺傳一樣。普魯斯特說，他的媽媽去世的時候，她把小馬修爾也帶走了。當他完成了《再次尋回時間》最後的句子，他對塞麗斯特說：「現在，我可以死了。」他的死亡意志也許正是他重新要回到媽媽那裡的動力。誕生時的困難開始，逝世時的困難結尾也許是一種完美無憾的呼應。《陽光頌》歌聲再度揚起。月台上火車內媽媽的淚水幾乎奪眶而出。

第三部分 家庭想像

佛洛伊德一九〇九年的短文《家庭故事》，德文題目是《神經症患者的家庭想像》，英譯簡化為現在的《家庭故事》，似乎不再將些想像局限為神經症患者的專利，看來並無不妥之處。佛洛伊德指出，在各種各樣的小說類型中，神話小說、童話小說、悲劇小說等等，關於家庭的虛構想像是最為常見的題旨。這些想像通常都涉及幻想一個更好的家庭背景，一種更高貴例如是皇室的出身，因而又涉及想像更理想的父母親，或至少是更換其中一人，最多是幻想更換自己的父親。由此，我們大可以說，替換的想像難免最終涉及消滅的手段，「家庭想像」難免最終成為弒親的想像。

那麼，這是否同樣是希區考克家庭想像的一個方向？英國的皇室或貴族身分背景未必是他直接幻想或渴望的出身，但倫敦東區的賣漁和蔬菜的家庭業務相信也不是他非常自豪的家庭故事，事實上這種過活條件他早就推到胞弟的身上，在其日後的一切公開談話中也無隻字提及，只在其晚期的影片《狂凶記》（*Frenzy*）中有過一次的表露。那麼，他有沒有想像過更換雙親，或其中一人？我們相信，可能性很大，更換父親似乎不會多所考慮，更換母親，消除每晚懺悔的壓力，恐怕會是他樂於接受之事。

那麼，希區考克會否想像一種弒親的家庭故事，幻想自已成為一個弒親者？我們相信，可能性極低。父母、胞弟去世，希區考克全部迴避奔喪，這已是他的「想像」極限。希區考克的家庭想像，最終而言，表現在兩件事情之上。

其一，他的想像表現為一種相當罕有的觀察活動。像他所說，從小時開始，在出席所有的家庭活動和應酬中，他都是退到角落的地方，不發一言，用眼睛（後來當然就是用攝影機）觀察在場所有人的一切，也許就在想像這些人的家庭故事；少年時期，這項活動轉化為每天乘坐公共汽車到倫敦的「老卑利」（Old Bailey）高等法院，聆聽當天的各種罪案的審訊過程。由此，我們又可以引伸，希區考克的家庭想像，是一種關於犯罪（和懲罰）的想像。他是「一個知情太多的人」，知道太多人類的犯罪之情。

其二，他不容許自己的家庭想像淪為弒親的犯罪想像。在沒有較理想的情況可替代之下，美星、美食成為他的精神想像的出路。當這些想像壓抑到了無可再忍受的程度，他的「弒親」動力則演變為一種自我毀滅的死亡動力，這就是表現在《觸目驚心》的武士切腹的壯烈死亡一幕上面。

那麼，普魯斯特的情況又如何？表面看來，他並非在想像一對較理想的雙親。他想像自己是一個情況較惡劣的「棄童」。然而，棄童必然意味了不同的父母親。如此看來，他的僅次於貴族地位的資產階級家庭，他的質素卓越的雙親，依然未能構成一個美滿的家庭故事。但是，他的家庭想像又是表現在兩種似乎是普魯斯特獨有的情況上面。

其一，他仍然在想像一個更高層次的貴族天地，表現在他少年期的終極貴族想像的蓋芒提特公爵夫人（Duchess Guermantes）身上。然而，這一想像最終又回到現實的幻滅層面上，因為，在十九世紀的末期，法國的貴族階級已走到其命數的盡頭，而在小說中，普魯斯特則為這個階層寫下了它的墓誌銘。他無意在他們當中找尋理想的父母替代。

其二，我們相信，普魯斯特像所有人一樣，總會覺得父母可以更完美一點，例如他的醫學權威的父親可以承認他的哮喘病有其身體上的原因，不一定是神經衰弱症或者是歇斯底里的精神症；又或者媽媽對他的愛心壓力可以稍為放鬆一點。但如果普魯斯特的家庭想像中有任何一分半分一閃而過的弒親念頭，也會從真人真事的生活見證中得到了警告和教訓：子女對父母的情懷總是高尚的，但一旦走上弒親之路，則只有悲劇的收場。這不是他的命運，也不會是他的選擇。

那麼，普魯斯特如何處理他的家庭想像？他把第一本翻譯羅斯金的作品獻給亡父。媽媽死後，他要以獨立的作品表述他的憶母情懷，但沒有寫出來，但在最後的《找尋》中得到了無處不在的不朽化處理。他的家庭想像昇華為一種人生想像，通過內在的我對時間意義的找尋，克服或者超越任何人生或家庭不盡理想的地方，成為時間中的巨人！

致謝

我向城邦的出版人凃玉雲提出關於本書的構想和出版的可能性，像流行曲的歌詞所說，已是「二十年前今天」的事情了。事後，作者的工作進度可說非常緩慢，甚至瀕臨停頓，但出版人當年的決定則是非常快速的。在聽取了作者所選擇的文化記憶焦點之後，即席表示會予以支持，而在接下來的漫長過程中，快速的決定則表現為持續的耐心和鼓勵，成為作者的工作動力往往得以延續再進的主要因素之一，如果最終本書能有少許的地方令人露出少許「滿意的笑容」，也許就是作者能對出版人表示的一種最大的謝意吧！

此外，我也要對麥田出版社的編輯林怡君女士和她的隊友在編製本書過程中所付出的心思和精神，致以衷心的感謝。當讀者在一頁頁翻閱版面的一切，產生任何賞心悅目的感受，少有會聯想到編輯人的沉默勞動情景，而編輯人則從來沒有機會現身說：「看，這裡的安排是我作出的處理！」只有作者才知道編輯人的無形之手處處所留下的痕跡。

國家圖書館出版品預行編目資料

你知道我的感覺很好：披頭四、普魯斯特、希區考克的快樂找尋／梁濃剛著. -- 初版. -- 臺北市：麥田出版：家庭傳媒城邦分公司發行, 2020.11
面； 公分
ISBN 978-986-344-836-5（平裝）
1.世界傳記 2.通俗作品
781 109014397

世紀文化二三記憶 卷一

你知道我的感覺很好

披頭四、普魯斯特、希區考克的快樂找尋

作　　者／梁濃剛
特約編輯／莊文松
主　　編／林怡君

國際版權／吳玲緯
行　　銷／巫維珍　何維民　蘇莞婷
業　　務／李再星　陳紫晴　陳美燕　葉晉源
編輯總監／劉麗真
總 經 理／陳逸瑛
發 行 人／涂玉雲
出　　版／麥田出版
10483臺北市民生東路二段141號5樓
電話：(886)2-2500-7696　傳真：(886)2-2500-1967
發　　行／英屬蓋曼群島商家庭傳媒股份有限公司城邦分公司
10483臺北市民生東路二段141號11樓
客服服務專線：(886) 2-2500-7718、2500-7719
24小時傳真服務：(886) 2-2500-1990、2500-1991
服務時間：週一至週五09:30-12:00・13:30-17:00
郵撥帳號：19863813　戶名：書虫股份有限公司
讀者服務信箱E-mail：service@readingclub.com.tw
麥田網址／https://www.facebook.com/RyeField.Cite/
香港發行所／城邦（香港）出版集團有限公司
香港灣仔駱克道193號東超商業中心1/F
電話：(852)2508-6231　傳真：(852)2578-9337
馬新發行所／城邦（馬新）出版集團Cite (M) Sdn Bhd.
41-3, Jalan Radin Anum, Bandar Baru Sri Petaling, 57000 Kuala Lumpur, Malaysia.
電話：(603)9056-3833　傳真：(603)9057-6622
讀者服務信箱：services@cite.my

封面設計／兒日設計
印　　刷／前進彩藝有限公司

■2020年11月5日　初版一刷　　Printed in Taiwan.

定價：420元

ISBN 978-986-344-836-5